CHENGSHIGUIDAOJIAOTONGQIYE
CAIWUGUANLILILUNYUSHIWU

城市轨道交通企业
财务管理理论与实务

刘智成 王苹 王晓斌 等◎编著

中国经济出版社
CHINA ECONOMIC PUBLISHING HOUSE
·北 京·

图书在版编目（CIP）数据

城市轨道交通企业财务管理理论与实务 / 刘智成等编著. --北京：中国经济出版社，2021.7
ISBN 978-7-5136-6480-6

Ⅰ. ①城… Ⅱ. ①刘… Ⅲ. 城市铁路-交通运输企业-财务管理 Ⅳ. ①F570.6

中国版本图书馆 CIP 数据核字（2021）第 110663 号

策划编辑 姜 静
责任编辑 陈 瑞
责任印制 马小宾
封面设计 任燕飞设计

出版发行 中国经济出版社
印 刷 者 北京中石油彩色印刷有限责任公司
经 销 者 各地新华书店
开　　本 710mm×1000mm 1/16
印　　张 17.5
字　　数 305 千字
版　　次 2021 年 7 月第 1 版
印　　次 2021 年 7 月第 1 次
定　　价 79.00 元
广告经营许可证 京西工商广字第 8179 号

中国经济出版社 **网址** www.economyph.com **社址** 北京市东城区安定门外大街 58 号 **邮编** 100011
本版图书如存在印装质量问题，请与本社销售中心联系调换（联系电话：010-57512564）

编 委 会

前　言 PREFACE

城市轨道交通（以下简称城轨）作为城市交通运输体系中的重要组成部分，具有运输量大、安全快捷、正点率高等特点，在促进经济投资、城市发展、交通出行、环境改善等方面都发挥着举足轻重的作用，已成为保障城市运转的主动脉。

得益于我国对城轨建设的大力投资，我国城市轨道交通行业目前正处于飞速发展的黄金时期。据中国城市轨道交通协会统计数据，截至2020年底，我国（不含港澳台）共有45个城市开通城市轨道交通运营线路244条，运营线路总长度7969.7公里；地铁运营线路6280.8公里，其他制式城轨交通运营线路1688.9公里；在建线路近7000公里，在建线路可研批复总投资额高达4.5万亿元。和国外同行相比，国内城轨运营单位规模发展极其迅速，在相对较短的时间内达到如今的水平，但缺少上百年的逐步积累的过程。即便是北京、上海、广州、天津等国内运营轨道交通起步较早的城市，其城轨的发展史也仅有数十年。因此，国内城轨运营单位都是边发展边学习，边学习边发展。随着城轨企业涉及业务不断拓展、企业集团发展逐步多元化，投融资模式也不断在创新，财务管理的复杂度日益提高。同时，轨道交通项目面临建设投资规模大、建设周期长，建成后运营成本高，债务负担重，票款收入无法覆盖全部成本支出等压力，在运营后相当长时期内仍然需要政府补贴。财务管理作为城市轨道交通企业管理的核心内容之一，能够发挥资源配置优势，降本增效、提高企业的管控力度，从而使企业形成整体规模效益。因此，研究城市轨道交通企业的财务管理，提高财务创新能力，在我国具有现实意义。

传统财务管理书籍偏理论阐述，一般将企业财务管理的内容分为筹资管理、投资管理、营运资金管理、利润分配管理等四个方面。与其相比，本书主要结合城轨企业长期实践，以实务角度为出发点，将城轨企业财务管理分为预算管理、成本管理、统计管理、投融资管理、资金管理、资产管理、会计与税务管理、竣工财务决算管理等八个方面，融合了广州地铁集团建设、运营及经营20余年的经验，赋予了城轨企业财务管理更丰富的内容，具有非常强的实操价值。同时，本书也是第一本专门针对城轨企业财务管理理论与实务研究的书籍，在我国城市轨道交通发展如火如荼之际，本书的出版将填补城轨企业财务管理理论和实务的空白，对同行们具有一定的参考价值。

城轨企业的财务管理理论和实践目前都还在不断摸索和完善中，希望此书能够抛砖引玉，共同为城轨企业的财务管理工作出谋划策，为城轨行业的健康、可持续发展做出努力。

刘智成

2021年2月

目 录 CONTENTS

第一章

城市轨道交通概述

第一节 城市轨道交通的概念及类别

一、城市轨道交通的概念

根据中华人民共和国原建设部于2007年发布的《城市公共交通分类标准》（CJJ/T 114—2007）中的定义，城市轨道交通为采用轨道结构进行承重和导向的车辆运输系统，依据城市交通总体规划的要求，设置全封闭或部分封闭的专用轨道线路，以列车或单车形式，运送相当规模客流量的公共交通方式。

根据《城市轨道交通技术规范》（GB 50490—2009），城市轨道交通是指采用专用轨道导向运行的城市公共客运交通系统。

《广州市城市轨道交通管理条例》将城市轨道交通定义为地铁、轻轨等城市快速轨道公共客运系统。

综上所述，城市轨道交通系统泛指在城市中沿特定铁轨运行的公共交通工具，其在市区及其市郊地区或副中心区之间提供客运服务，主要满足城市及郊区居民出行的需要。

二、城市轨道交通的类别

从制式上来看，传统城市轨道交通主要分为七大类：地铁系统、轻轨系统、单轨系统、市域快轨系统、现代有轨电车系统、磁浮交通系统及APM系统（自动导向轨道快捷运输系统）。

地铁系统，全称为地下铁路系统，因其建造于地面之下而得名，是目前轨道交通的主要制式。地铁线路通常设于地下结构内，也可延伸至地面或高架桥上，一般适用于特大城市和大城市中心城区高强度、大运量、快捷客流运输服务。其优点是运量大、速度快，缺点是建设工期长、造价高。其代表线路为上海地铁1号线，这是上海的第一条地铁，于1993年5月28日开始试运营。该线途经宝山区、静安区、黄浦区、徐汇区、闵行区5个区，全长

36.89 公里，共设 28 个车站，采用 8 节编组 A 型列车。

轻轨系统，指具备和机动车混行能力的城市轨道交通系统。轻轨线路通常设于地面或高架桥上，也可延伸至地下结构内。轻轨采用高架线路时占地面积大、拆迁面积大、噪声振动大，需要占用部分道路且对城市景观有一定影响；一般适用于达不到地铁建设要求、但出行需求集中的大中城市的市郊，或者道路条件较好且对景观与噪声要求较低的城区。代表线路为长春轻轨 4 号线，采用 C 型轻轨电动列车，是长春轨道交通第二条轻轨线路。一期工程北起长春站北，南到天工路站，全长 16.33 公里，其中高架里程 13 公里，地下里程 3.3 公里。该线路共设 16 座车站，3 个地下车站，3.3 公里地下线路和车站与地铁制式相同。

单轨系统，其特点是使用的轨道只有一条，而非传统的两条平行路轨。单轨分为悬挂式与跨座式，悬挂式单轨的车体悬挂在单根轨道梁上，目前在国内尚无应用；跨座式单轨的车体骑跨在单根轨道梁上，在我国重庆已有运用并安全运营十年有余。跨座式单轨线路通常采用高架形式，同样可以延伸至地面或地下，由于具有占地小、噪声低、工期短、透光性好、经济性强、编组灵活等特点，在国外城市中心区得到广泛运用。代表线路为重庆轨道交通 2 号线，采用跨坐式单轨列车，于 2004 年 11 月 6 日开通观光运营，是中国西部地区第一条城市轨道交通线路，也是中国第一条跨座式单轨线路。线路运营里程为 31.36 公里，共设车站 25 座，其中高架站 22 座、地下站 3 座。列车穿楼而过的“网红”李子坝站就位于重庆轨道交通 2 号线。

市域快轨系统，指的是大城市市域范围内的客运轨道交通线路，服务于城市与郊区、中心城市与卫星城、重点城镇间等，主要满足市域范围长距离快捷的出行需求。代表线路为北京地铁机场线，采用直线电机牵引的 La 型地铁列车，是北京市第一条市域快轨线路，于 2008 年 7 月 19 日开通。该线路经北京市区与北京首都国际机场，采用 Y 字形回路运营，沿东直门站、三元桥站、3 号航站楼站、2 号航站楼站、三元桥站、东直门站的顺序行驶，全长 28.1 公里，共设 4 座车站，除 3 号航站楼站外其余为地下站。

现代有轨电车是采用电力驱动并在轨道上行驶的轻型轨道交通车辆。我国近年实施的现代有轨电车项目，一般在城市新区运行，并尽量设置较高的独立路权。现代有轨电车属于中低运量系统，在运能、速度等方面均低于其他城市轨道交通制式。现代有轨电车系统工程投资少、建设周期短、线路布置灵活、选线方便、不独占路权、方便乘客乘坐，但同时存在运量较低、速度较低、准点率稍差、景观效果有待改进等缺点。代表线路为成都有轨电车蓉 2 号线，采用钢轮钢轨 100%低地板现代有轨电车。该线路呈 Y 型布局，全长 39 公里，全线共设站 42 座，其中首开段合信路站至晨光站，线路长 13.7 公里，共 12 座车站。首开段已于 2018 年 12 月 26 日上午 11 时开通试运营。这条线路也是我国西南地区首条有轨电车线。

磁浮交通系统，是一种靠磁浮力（即磁的吸力和排斥力）来推动的轨道交通系统。磁浮交通系统分为高速磁浮与中低速磁浮。高速磁浮交通系统因造价高昂难以推广。中低速磁浮交通系统则具备噪声低、环保性能好、线路适应性强、乘坐舒适、运行安全可靠、建设与维护成本低、运营效益好等特点，适用于大城市轨道交通的延伸或补充、中等城市骨架客流走廊快捷运输以及旅游景区、大学园区等运输服务。代表线路为长沙磁浮快线，采用中低速磁悬浮，是中国首条拥有完全自主知识产权的中低速磁浮铁路，于 2016 年 5 月 6 日开通运营。长沙磁浮快线线路全长 18.55 公里，全程高架敷设；设车站 3 座，预留车站 2 座；列车采用 3 节编组，设计速度为每小时 100 公里。

APM 系统，即旅客自动捷运系统，也称自动导向轨道快捷运输系统，是一种无人自动驾驶、立体交叉的大众运输系统。APM 系统车辆运行和车站可以采用计算机进行控制，能实现全自动化和无人驾驶，适用于城市机场线和城市客流相对集中的点对点运输线路。代表线路为广州地铁 APM 线，采用胶轮 2 节编组列车，于 2010 年 11 月 8 日开通运营，是广州地铁首条建成运营的自动导向轨道系统线路。该线路起于广州塔站，途经天河区和海珠区，贯穿珠江新城核心区域，止于林和西站，大致呈南北走向。全长 3.94 公里，全部为地下线；共设置 9 座车站，全部为地下车站。

第二节　城市轨道交通行业概况

随着国民经济的不断发展，城市规模日益扩大，城市人口急剧增加，与之相伴的交通拥堵问题日趋严重。相比于其他交通方式，城市轨道交通具有节能、省地、运量大、全天候、少污染、安全、单位成本低、方便快捷等诸多优势。因此，为缓解交通拥堵问题，快速发展城市轨道交通并使其在城市公共交通中发挥越来越大的作用已成为各大城市的主要选择之一。

截至 2019 年年底，全球有 75 个国家和地区的 520 座城市开通了城市轨道交通系统，里程超过 28198 公里，其中地铁、轻轨、有轨电车各占 55%、5% 和 40%；2018 年，全球地铁和轻轨累计运送乘客超 681.29 亿人次，平均负荷强度 1.15 万人次/（天·公里）。总体上看，中国大陆总运营里程排名世界第一，占全球总里程的 23.92%；德国以 3615.1 公里的里程排名第二。从分制式来看，中国的地铁和轻轨里程均排名世界第一，各占全球地铁和轻轨里程的 37.78%和 30.22%；德国的有轨电车里程达 3214.4 公里，排名世界第一，占全球有轨电车里程的 28.75%。

一、国外城市轨道交通发展概况

世界上第一条城市轨道交通——地铁于 1863 年在英国伦敦建成开通。继伦敦之后，1867 年美国纽约也宣告开通地铁，其后瑞士洛桑、匈牙利布达佩斯、奥地利维也纳等城市地铁也先后问世。20 世纪下半叶，伴随着世界各大城市的发展和对快速、大容量城市公共交通的需求，城市轨道交通建设规模加大、速度加快，世界各大城市竞相建设城市轨道交通并逐渐形成网络化运营。截至 2019 年年底，国外城市轨道交通运营总里程排名全球前列的有：莫斯科、首尔、伦敦、纽约等，其运营线路里程分别为 578.3 公里、527.6 公里、464 公里、424.9 公里。客运量排名全球前列的分别为东京（年客运量近 40 亿人次）、首尔（年客运量超 30 亿人次）、莫斯科（年客运量近 25 亿人次）、纽约（年客运量近 20 亿人次）、墨西哥城（年客运量近 20 亿人次）。

二、国内城市轨道交通发展概况

相对于欧美、日本等国家和地区，我国的城市轨道交通起步较晚，但发展速度较快。我国城市轨道交通发展历程大致可分为以下六个阶段。

（一）起步阶段

从 20 世纪 50 年代至 70 年代，我国轨道交通的发展战略以人防为重、兼顾交通，其指导思想是“平战结合”，即平时用于交通，战时用于战争。根据当时的发展战略和指导思想，以修建人防设施为主的地铁应运而生，如 1965 年动工兴建的北京地铁一期工程，以及随后建设的天津轻轨（现已拆除重建），沈阳、哈尔滨的人防隧道和广州“防空九号工程”等。

（二）初步发展阶段

20 世纪 80 年代，随着我国国民经济逐步发展，城市规模随之扩大，城市基础设施特别是道路交通比较薄弱等问题显现出来，尤其是北京、上海、广州等特大城市的交通问题非常突出。为缓解城市公共交通问题，以上海地铁1号线、北京地铁2号线和复八线、广州地铁1号线等建设项目为标志，我国内地真正开始了以城市交通为目的的城市轨道交通建设。进入20世纪90年代后，我国城市轨道交通建设速度明显加快。1993年3月，国务院、原国家计委审批同意了广州地铁1号线工程可行性研究报告，随后一批城市包括沈阳、天津、南京、重庆、武汉、深圳、成都、青岛等开始筹建城市轨道交通，并进行了大量的前期考察研究工作，掀起了我国城市轨道交通建设热潮。

（三）暂停阶段

由于地铁“建设投资大、运营成本高，国家和所在城市财政目前难以承受”，1995年国务院办公厅发布《国务院办公厅关于暂停审批城市地下快速轨道交通项目的通知》（国办发〔1995〕60号）文件，明确除了北京、上海、广州三个城市之外，“今后一段时间内暂停审批城市地下快速轨道项目”。

（四）放开阶段

1998年亚洲金融危机爆发，中央采取了扩大内需的宏观调控政策，轨道交通的审批又提上日程，《国务院办公厅转发国家计委关于城市轨道交通设备国产化实施意见的通知》（国办发〔1999〕20号）印发，文件要求城市轨道交通设备国产化率不能因资金性质不同而低于70%。1999年国家相继批准了北京、上海、深圳、重庆、武汉等10个城市的轨道交通项目，新一轮轨道交通高潮再度兴起，随之而来的是固定资产投资规模持续膨胀、资金匮乏和财政压力巨大等问题日益显现，突出表现为项目资本金不足、地方政府和企业债务负担过重。

（五）规范发展阶段

21世纪初，国务院再次叫停各地的轨道交通申报工作，并为此颁布了《国务院办公厅关于加强城市快速轨道交通建设管理的通知》（国办发〔2003〕81号），文件对申报地铁和轻轨的城市分别从地方财政一般预算收入、国内生产总值、城区人口以及规划线路的客流规模等四个方面提出了严格的标准，同时要求项目资本金必须占总投资的40%以上。在这份文件中，国家客观地承认了之前建设轨道交通时政府单一的投资渠道已无法满足城市建设发展的需要，并从顶层设计上首次鲜明地提出了要对建设经营管理体制进行改革，放开城市轨道交通市场，实行投资渠道和投资主体多元化，鼓励社会资本和境外资本参与城市轨道交通的投资、建设和经营。

自 2003 年开始，第一批有北京、上海、广州、深圳、南京、重庆、武汉、大连、杭州、长春、西安、成都、青岛、哈尔滨、苏州 15 个城市的轨道交通项目获批。2009 年年底，国家发改委批复了 22 个城市的轨道交通建设项目规划，总投资达 8820.03 亿元。2012 年 9 月，又批准了 25 个地铁、轻轨项目，总投资超过 8000 亿元。这一阶段，我国一跃成为世界城市轨道交通建设大国。

（六）平稳维持阶段

2014 年以来，国家提出化解地方债务风险，轨道交通发展的步伐略有放缓；2017 年包头地铁被国家叫停，特别是 2018 年党中央提出打好防范化解金融风险、精准脱贫、污染防治三大攻坚战，地方政府隐性债务治理提上日程，城市轨道交通建设由此转入平稳维持阶段。从目前的情况来看，建设地铁的资金从哪里来、如何还的问题将在很长一段时间内是地方政府必须要面对的。

根据中国城市轨道交通协会统计数据，截至 2020 年底，我国（不含港澳台）共有 45 个城市开通城市轨道交通运营线路 244 条，运营线路总长度约 7969.7 公里，8 种制式同时在运营，其中，地铁 6280.8 公里，占比 78.81%；轻轨 217.6 公里，占比 2.73%；跨座式单轨 98.5 公里，占比 1.24%；市域快轨 819.6 公里，占比 10.28%；有轨电车 464.6 公里，占比 5.83%；磁浮交通 57.7 公里，占比 0.72%；自导向轨道系统 10.2 公里，占比 0.13%；电子导向胶轮系统 20.7 公里，占比 0.26%，详见表 1-1。

表 1-1　2020 年中国内地已开通轨道交通运营线路长度统计汇总

序号	城市	线路长度（公里）	各系统制式线路长度（公里）									
			地铁	轻轨	跨座式单轨	市域快轨	有轨电车	磁浮交通	轨道系统自导向	电子导向胶轮系统	胶轮系统导轨式	悬挂式单轨
1	北京	799.1	653	/	/	115.3	20.8	10	/	/	/	/
2	上海	834.2	693.8	/	/	56	49	29.1	6.3	/	/	/
3	天津	238.8	178.6	52.3	/	/	7.9	/	/	/	/	/
4	重庆	343.3	244.8	/	98.5	/	/	/	/	/	/	/
5	广州	531.6	505.7	/	/	/	22	/	3.9	/	/	/

续表

序号	城市	线路长度（公里）	各系统制式线路长度（公里）									
			地铁	轻轨	跨座式单轨	市域快轨	有轨电车	磁浮交通	轨道系统自导向	电子导向胶轮系统	胶轮系统导轨式	悬挂式单轨
6	深圳	422.6	410.9	/	/	/	11.7	/	/	/	/	/
7	武汉	387.5	338.4	/	/	/	49.1	/	/	/	/	/
8	南京	394.3	176.8	/	/	200.8	16.7	/	/	/	/	/
9	沈阳	211.5	114.1	/	/	/	97.4	/	/	/	/	/
10	长春	117.7	38.7	61.5	/	/	17.5	/	/	/	/	/
11	大连	181.3	54.1	103.8	/	/	23.4	/	/	/	/	/
12	成都	652	518.5	/	/	94.2	39.3	/	/	/	/	/
13	西安	239	239	/	/	/	/	/	/	/	/	/
14	哈尔滨	30.3	30.3	/	/	/	/	/	/	/	/	/
15	苏州	210.1	165.9	/	/	/	44.2	/	/	/	/	/
16	郑州	244	201	/	/	43	/	/	/	/	/	/
17	昆明	139.4	139.4	/	/	/	/	/	/	/	/	/
18	杭州	300.6	300.6	/	/	/	/	/	/	/	/	/
19	佛山	28.1	21.5	/	/	/	6.6	/	/	/	/	/
20	长沙	157.9	139.3	/	/	/	/	18.6	/	/	/	/
21	宁波	154.3	132.8	/	/	21.5	/	/	/	/	/	/
22	无锡	87.1	87.1	/	/	/	/	/	/	/	/	/
23	南昌	88.9	88.9	/	/	/	/	/	/	/	/	/
24	兰州	86.9	25.9	/	/	61	/	/	/	/	/	/
25	青岛	255	71.9	/	/	174.3	8.8	/	/	/	/	/
26	淮安	20.1	/	/	/	/	20.1	/	/	/	/	/
27	福州	58.5	58.5	/	/	/	/	/	/	/	/	/
28	东莞	37.8	37.8	/	/	/	/	/	/	/	/	/
29	南宁	108	108	/	/	/	/	/	/	/	/	/
30	合肥	112.5	112.5	/	/	/	/	/	/	/	/	/
31	石家庄	59	59	/	/	/	/	/	/	/	/	/
32	贵阳	34.8	34.8	/	/	/	/	/	/	/	/	/
33	厦门	71.9	71.9	/	/	/	/	/	/	/	/	/
34	珠海	8.8	/	/	/	/	8.8	/	/	/	/	/
35	乌鲁木齐	26.8	26.8	/	/	/	/	/	/	/	/	/
36	温州	53.5	/	/	/	53.5	/	/	/	/	/	/

续表

序号	城市	线路长度（公里）	各系统制式线路长度（公里）									
			地铁	轻轨	跨座式单轨	市域快轨	有轨电车	磁浮交通	轨道系统自导向	电子导向胶轮系统	胶轮系统导轨式	悬挂式单轨
37	济南	47.7	47.7	/	/	/	/	/	/	/	/	/
38	常州	34.2	34.2	/	/	/	/	/	/	/	/	/
39	徐州	46	46	/	/	/	/	/	/	/	/	/
40	呼和浩特	49	49	/	/	/	/	/	/	/	/	/
41	天水	12.9	/	/	/	/	12.9	/	/	/	/	/
42	三亚	8.4	/	/	/	/	8.4	/	/	/	/	/
43	太原	23.6	23.6	/	/	/	/	/	/	/	/	/
44	株洲	3	/	/	/	/	/	/	/	3	/	/
45	宜宾	17.7	/	/	/	/	/	/	/	17.7	/	/
2020合计		7969.7	6280.8	217.6	98.5	819.6	464.6	57.7	10.2	20.7	/	/

注：1. 表中经国家发改委审批的线路7047公里，占比89%；地方政府审批的线路592公里，占比7%；原铁道部审批的线路总规模331公里，占比4%。

2. 所有线网，车站数量含换乘站，每车站只计数一次。

3. 按地理区域划分，广佛线在佛山境内21.5公里，车站15个计入佛山市。

4. 有轨电车运营长度含上海松江、沈阳浑南、武汉光谷和长春有轨电车4家共计50.1公里共线运营线路长度。

从运营线网规模看，共计22个城市的线网规模达到100公里或以上。其中，上海834.2公里，北京799.1公里，2城市运营规模在全国遥遥领先，已逐步形成超大线网规模；成都、广州运营线路长度超过500公里；深圳超过400公里；南京、武汉、重庆、杭州4市均超过300公里；青岛、郑州、西安、天津、沈阳、苏州6市均超过200公里。

2020年因新冠疫情影响，全国城市轨道交通客流大幅度下降，导致客运量数据缺乏典型意义。以2019年来看，全国城轨交通2019年累计完成客运量约237.1亿人次，全国城市日均客运量约6495.9万人次，其中客运量最大的前四个城市分别为：北京1086.9万人次、上海1064.3万人次、广州906.8万人次、深圳490.8万人次。北京、上海、广州、深圳四市客运量占全国客运量的54.6%，2018年该数据约为58%。

第二章

城市轨道交通企业特征及财务管理概况

第一节　城市轨道交通的主要经济特征

一、城市轨道交通的主要经济特征

（一）准公共产品性

准公共产品是介于公共产品和私人产品之间的产物，它是指具有有限的非竞争性和非排他性的公共产品。公共物品应该由政府提供，私人物品由市场提供，准公共物品的提供方式和收费方式不同于公共物品和私人物品，既不能由政府免费提供，又不能完全由市场有偿提供，但可以将二者进行结合，即在政府的支持下部分由市场有偿提供。城市轨道交通所提供的运输服务是有偿的，消费者（乘客）需要付费才能乘坐，可以排除非付费的消费者，同时消费群体比较稳定，表明城市轨道交通具有一定的排他性和竞争性。但是，城市轨道交通是公共交通的重要组成部分，与市民的生活息息相关，票价政策的制定通常受到政府管制，票价不能依据完全成本口径进行厘定。因此，城市轨道交通应归类为准公共物品，具有很强的准公益性。

（二）正外部效应性

正外部效应是指某一经济主体的行为对其他经济主体产生有利的影响，但是这种有利的影响所带来的利益并没有被这一经济主体所获得，因此能产生一定的社会效益。从城市轨道交通的视角来说，修建并开通运营轨道交通线路不但可以有效改善城市的拥堵情况、减少私家车的出行数量、减轻市区内的空气污染和噪声污染，而且可以拉动沿线周边的房地产增值，间接提高商业的经济效益和居民住宅的价值，让市民的生活环境加以改善，并推动城市经济发展。但是这些因为建设轨道交通线路所带来的福祉并不能完全进行量化和具体的收益计算，因此就无法将这些“利益”转化成实际的收益，供轨道交通系统的建设和运营所用，并且在这种情况下，投资者也无法获得这部分较大额度的利润，从而使其丧失对于此类项目的投资热度，最后政府只能独自承担轨道交通建设所需的大量资金和运营费用。香港地铁公司 2018 年年报显示，香港地铁客运业务收入只占总收入的 36%，而香港车站商务、香港物业租赁与管理服务和中国内地及国际铁路、物业租赁与管理业务的总收入已占到了 60%，这也充分说明了：依靠单一的客运业务收入是无法将目前国内大部分已运营的轨道交通线路扭亏为盈的。因此，怎样将城市轨道交通系统建设带来的巨大正外部效应转化为可消化吸收的内部收益，来反哺轨道交通的建设和运营，从而形成有效的可持续发展机制，就成了需要重点研究的问题。

（三）规模经济效应性

轨道交通系统要发挥其巨大的效用，就必须依靠成网、成体系运行来实现。单一的线路便利性相对较差，民众乘坐轨道交通需要进行一定程度的步行或换乘，并没有实质性地解决交通便利问题，因此无法吸引足够的客流，大部分市民还是要选择更加便利的交通方式出行，票务收入也就相对较低，公益性也大打折扣；在新建线路逐步开始投入使用后，上述问题将随着线网的完善得以解决，客流量将呈现爆发式的增长，随后增速逐渐回落直到客流量渐趋稳定。客流量的增加不但可以带来客运票务的收入增长，最重要的是其能带动线路沿线的商业发展，促进商圈、住宅区、各个功能区的互联互通，后期逐步完善的线路就可以获得事半功倍的公益效益和经济效益。

二、城市轨道交通的主要运营特征

（一）运营具有时空局限性

城市轨道交通每天的运营时间是有限的，不像工业行业可以通过加班加点产出更多产品以增加收入。此外，列车只能在已经建好的有限的轨道上运行，“产品”不可能输往外地，也不可能在主线之外运行，票款收入被限制在固定的线路上。这就在一定程度上限制了城市轨道交通项目的商业化运作空间，要求必须在特定空间范围内配置资源，从而进一步限制了其融资操作的空间。

（二）运营受城市发展水平影响

由于城市轨道交通的建设要求有较高的人口和经济社会集中度，因而城市轨道交通经营受城市发展水平影响较大，城市轨道交通的服务范围主要局限在建设城市轨道交通的大城市。从世界各国城市轨道交通发展经历来看，一国人均收入在 500 美元以上时，城市轨道交通开发利用成为需要；当人均收入达到 500~2000 美元时，城市轨道交通会得到较为广泛的开发；当人均收入达到 2000 美元以上时，城市轨道交通开发利用将向高水平发展。高度集中的人口和发达的经济水平才能稀释巨额的城市轨道交通投资成本，因此，地方政府应该结合地方社会经济发展实际，慎重上马城市轨道交通项目。

（三）沿线商业开发价值较高

城市轨道交通网络汇集了稳定、巨大的客流量，使沿线的商业开发潜力大幅度提高。充分发挥城市轨道交通的网络化特点，通过规模化、集约化经营谋求其经营方式的品牌化与连锁化，可以实现城轨交通综合经济效益的最大化。附属于城市轨道交通的可供开发的商业机会往往很多，在保证安全运营的前提下，通过对广告、地下空间、沿线上盖综合体、智能卡服务等的开发可以增加城市轨道交通项目的衍生收益。依托城市轨道交通站点，将沿线场站综合体开发与所在区域的规划建设相衔接，做好交通、产业、住宅等配套，实现同步规划、同步征拆、同步建设与开发，整体提升沿线物业商业价值与开发收益。

（四）运营主体可以采用多种模式

城市轨道交通的运营有两类情形：①政府运营（包括政府直接负责运营或指定机构承担运营），并不以营利为目的。目前国内大多数城市的城市轨道交通都采用这种方式。②以营利为主要目的的商业化运营，又分两种情况，其一是运营商作为战略投资者，获得运营权是其投资于城市轨道交通的主要目的；其二是运营商不投资（或虽有投资但其目的并非为了获得运营权），通过委托或租赁合约获得运营权。商业运营的运营商可以是国有企业，也可以是民营企业以及合资企业等。

（五）运营收益具有不均衡性

城市轨道交通项目初始投资大、回收期长，前期收支难以平衡，进入门槛高。从长期看，随着城市化进程及运营网络的日益完善，未来具有长期稳定、持续增长的现金流收入，这使得项目采取市场化融资方式成为可能。

三、城市轨道交通的主要财务特征

（一）造价高，资金需求量大

制约我国城市轨道交通发展的首要问题就是项目的巨额投资。从资金募集数量方面来看，由于城市轨道交通基础设施的造价较高，而且随着通胀及人工成本的上涨造价在逐步上升，资金需求量也在逐步增大。以广州地铁为例，2009 年已建成的 1~4 号线平均每公里造价约为 3.5 亿元，而根据已批复的广州轨道交通第三期建设规划，批复线路总长度为 259.48 公里，资金总需求约为 2195.71 亿元，平均每公里造价已高达 8.48 亿元。每公里建设成本高，资金需求量非常大，单纯依靠政府财政出资早已不能支持项目的顺利推进与完工，因此需要借助多种融资方式进行资金的募集。

（二）建设周期及项目投资回报周期长

从投资回报周期以及风险性方面来看，城市轨道交通项目具有投资回报周期长以及风险较大的特点。这是因为轨道交通的建设难度较大，建设周期较长，国内一条城市轨道交通的平均建设时间为 5 年，资金成本相对较高。而且即使轨道交通开始运行后，在短时间内也很难达到盈利。一般而言，城轨交通至少需要运行 20 年之后才能使现金流达到平衡状态，投资回收周期较长，投资风险较大。

（三）资产专用性强，沉淀成本大

从资产使用方面来看，城市轨道交通资产具有很强的专用性，沉淀成本大。受到轨道交通自身特点的影响，资产的利用具有较强的专用性，不能将其挪用到其他项目中，因此很难利用资产进行抵押贷款。同时，极高的固定成本和运营成本，使得单线生产的平均成本居高不下，平均成本和边际成本相差悬殊。加之较强的社会公益性及公共服务产品低票价的要求，导致主营业务的财务收益率差，拉长了项目的静态和动态投资回收期，形成城市轨道交通行业进入的财务壁垒。这就决定了商业资本投资于城市轨道交通往往面临较大风险，因此不能按照一般商业性项目运作模式来考虑城市轨道交通的投融资模式，而是必须要依托政府信用支撑庞大的资金需求，完全商业化难度较大。

（四）盈利能力弱，债务负担重

城市轨道交通由于其准公益性特点，普遍盈利能力相对不强。全国（不含港澳台）城市轨道交通企业在扣除政府补贴后能实现盈利的只有深圳地铁、武汉地铁等少数几家，且其盈利多是依靠土地一级或二级开发得来。从债务负担来看，有统计数据的 21 家城轨企业 2018 年平均负债超过 900 亿元，平均资产负债率约为53%，中位值60.79%，其中最高的长春地铁、济南地铁资产负债率甚至高达75%左右。债务重、盈利能力弱使城轨企业财务管理面临更大的困难。

第二节　城市轨道交通企业财务管理模式

财务管理是企业管理中极为重要的一部分，“其本质是资本的投放与收益的获取活动”，是企业集团在经济环境下，为保证集团整体战略目标的实现，依据各种信息与资源，对集团进行的一系列财务活动，主要负责组织企业关于资金管理、投融资的财务决策活动。财务管理模式是指企业在财务管理活动中形成的标准化、制度化的管理活动。我国城轨企业财务管理模式有以下几种。

一、集权式财务管理模式

集权式财务管理模式是指“企业集团中的母公司对子公司的所有财务决策权都进行集中统一，子公司没有财务决策权”。母公司把子公司的业务看作集团业务的扩大，子公司在某种程度上只相当于母公司的一个分部或分厂，母公司对于整个集团具有绝对控制力，对下属各子公司采取统一管理和严格控制，大部分财务管理决策权都集中于母公司，包括子公司对外投融资决策、资本增减变动决策、资金调配、投资收益分配决策、财务人员任免、业绩评价等，都由母公司进行统一管理，子公司只享有少部分决策权，譬如一些短期预算、日常财务收支管理等。

集权式财务管理模式的优点：有利于集团整体战略的实施和最终目标的实现，有利于企业融资决策的制定与实施，有利于集团进行合理纳税筹划及有效降低财务费用、管理费用及成本。其缺点在于集权控制会分散母公司精力，并且导致决策信息失真、政策制定灵活性差，不利于母公司进行战略管理，难以应付复杂多变的环境以及容易挫伤子公司的积极性等。

二、分权式财务管理模式

与集权式财务管理模式对应，分权式财务管理模式是将决策权分散于各子公司，子公司拥有充分的财务管理权限，母公司对子公司实施以间接管理方式为主的财务管理体制。集团母公司和子公司是代理的关系，对子公司以间接管理为主，鼓励子公司积极扩展自己的市场份额，参加市场竞争，给予子公司足够的自主财务权，包括子公司的预算调整、资金调配、财务收支、费用开支、财务人员任免、职工工资福利及奖金等。子公司在贯彻落实母公司宏观战略的前提下，自主经营，自担风险，最后由母公司对经营结果进行考核和评价。

分权式财务管理模式的优点：有利于企业战略的制定，财务决策针对性强、周期短，有利于对子公司管理层的培养、调动子公司的积极性。其缺点在于子公司拥有较大的财务决策权和经营自主权后，容易产生本位主义，会在一定程度上影响集团公司行使财务权力，不利于在各子公司之间调动和调配资源，不利于企业的资源共享；此外，对子公司过度分权容易产生经营活动的不和谐，增加子公司之间的矛盾，影响企业规模效应，进一步削弱集团整体竞争力。

三、相融式财务管理模式

顾名思义，相融式财务管理模式是结合了集权式管理模式和分权式管理模式的一种综合性管理模式，既结合了两者的优点，又弥补了对应的缺点。相融式财务管理模式强调分权基础上的适度集权，集预算、投入、资金、运营、分配等管理为一体，更加适合事业部制的组织结构。具体是指集团按照行业、产品、服务、所在区域、客户群体的不同，将其业务划分为不同的事业部，并授予其较充分的经营自主权。一方面，事业部可以根据市场及自身情况不同，自主决策、自主经营、自负盈亏；另一方面，集团母公司又对其保留着最高管理权和决策权，包括决定人事任免、薪酬定制、并购重组等重大事项。

相融式财务管理模式的优点是结合了两种管理模式的优点，但也存在一些明显的缺点，最主要的是不好把握集权与分权的“度”。如果母公司对子公司日常经营活动干涉过多，会使子公司的正常经营被扰乱；而母公司过度分权，又容易导致子公司不顾全局，为了自身利益而损害集团内其他子公司甚至整个集团的利益。

而随着现代网络通信技术在财务管理的广泛应用，相融式财务管理模式也渐渐发生了变化。集团企业可以利用现代网络技术，在集团公司和各成员企业之间建立一套有效的信息共享机制以及财务数据体系，集成内部财务、业务与财务、供应链，统一企业物流、信息流与资金流，实现对财务信息的实时掌握与及时监控。使得集团公司在充分授权的情况下又能实施有效的财务管控，在集权与分权方面实现平衡。

大部分集团企业开始借助现代通信技术、智能技术建立财务共享中心，对财务组织进行功能的重塑，形成集战略财务、共享财务、业务财务“三位一体”的财务管理体系。该体系包括三个层次：第一层为战略财务（集团财务），主要负责集团会计政策管理、税务政策研究、财务稽核与评价等会计管理职能以及预算管理、成本管理、资金管理、投融资管理、资产管理等战略类别职能；第二层为共享财务，主要负责为属地提供单据审核、会计处理、报表编制、税务申报及档案管理等标准化服务；第三层为属地业务财务，参与到业务最前端，通过预算分析、成本管控、税务筹划、政策分析等方式加强业务财务融合，实施风险防范，帮助战略落地。三个层级交互关系表现为：战略财务为共享财务及业务财务提供专业指导与规划指引，共享财务为战略财务及业务财务提供数据支持，业务财务为战略财务和共享财务提供前端业务支撑，如图 2-1 所示。

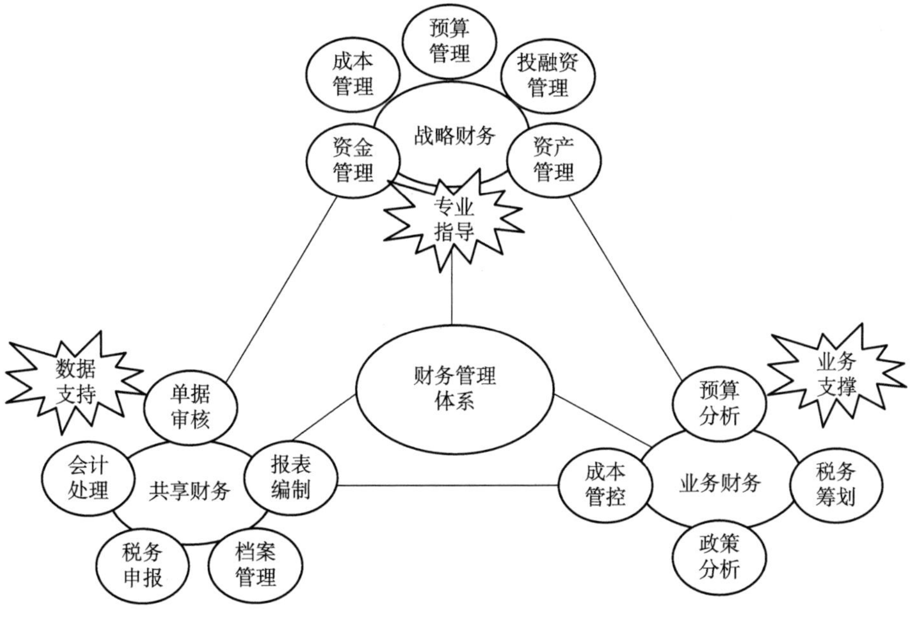

图 2-1　“三位一体”的财务管理体系

第三节　城市轨道交通企业财务管理的意义及主要内容

一、城市轨道交通企业财务管理的意义

财务管理是城市轨道交通项目建设管理的基础，是企业内部管理的中枢。财务管理渗透和贯穿于轨道交通项目建设的一切经济活动之中，项目建设的资金筹集、使用和分配，涉及资金的经济活动都属于财务管理的范围。轨道交通项目建设中的成本预算、核算、结算、决算，每个环节都离不开财务的反映和调控，财务核算、财务监督更是轨道交通项目建设的有效制约手段。

财务管理是实现轨道交通企业与外部单位有效衔接的工具。通过财务管理会计核算，对原始数据进行收集、分类、归纳、总结，对轨道交通项目建设的过程和结果进行评价和分析，并对未来财务活动及其结果做出预测，使企业能够向外界提供准确、真实的信息，从而有助于银行信贷决策的制定、税务机关依法征税以及国家宏观调控的实施。

财务管理有利于对资金进行合理分配、降低工程成本。加强资金管理、提高资金的安全性是财务管理的首要任务；提高资金使用效率，才能有效降低轨道交通项目建设成本，节约资源。在轨道交通项目建设中，拥有完善的、科学的财务管理体系，能够对项目施工建设过程中的资金消耗进行优化与管理，合理降低工程成本这在很大程度上保证了轨道交通建设项目的落实。

二、城市轨道交通企业财务管理的主要内容

城轨企业长期的实践过程赋予了财务管理更丰富和更广泛的内容，本书主要从实际财务管理工作角度，将财务管理的主要内容分为全面预算管理、成本管理、统计管理、投融资管理、资金管理、资产管理、会计与税务管理、竣工财务决算管理八个方面来具体介绍。

（一）全面预算管理

全面预算管理，是指企业以发展战略为导向，在对企业内、外部环境进行科学分析和预测的基础上，对预算年度内各类经济资源、经营、投融资等行为合理预计，确定预算期内经营管理目标，并围绕预算目标进行财务控制

和监督的一系列管理过程。全面预算管理通常包括预算的编制、执行与控制、滚动管理、调整、反馈与分析、考核评价等管理活动。

（二）成本管理

成本管理，是企业在运营过程中实施成本预测、成本决策、成本计划、成本控制、成本核算、成本分析和成本考核等一系列管理活动的总称。成本管理一般由成本规划、成本计算、成本控制和业绩评价四项内容组成。

（三）统计管理

统计的作用主要体现在信息、咨询、监督三大职能上。统计工作是依据职位的工作量化指标进行有效且全面的数据反馈，系统地反映生产运作过程的变化，为公司岗位中的每一个员工在单位时间内对企业所做出的贡献或价值提供真实可靠的数据资料，同时起到监督作用。通过统计工作，可以提高城轨企业公信力、促进企业发展，并为领导提供重要参考依据。统计工作是公司经营管理和决策的基础，统计数据是否真实、准确，将直接影响公司的研判和决策。

（四）投融资管理

投融资涵盖了一般企业财务管理活动中的两项重要内容：融资（或筹资）管理和投资。企业经营活动必然产生大量现金支付需求，如果这些现金支付需求得不到满足，企业就会发生财务危机，甚至导致破产。财务的首要任务就是满足这些基本的资金需求，融资管理是企业财务管理的首要环节，是企业投资活动的基础。

投资是指企业资金的运用，是为了获得收益或避免风险而进行的资金投放活动。在投资过程中，企业必须考虑投资规模。同时，企业还必须通过投资方向和投资方式的选择，确定合理的投资结构，以提高投资效益、降低投资风险。投资决策的成败，对企业未来经营成败具有根本性的影响。

（五）资金管理

资金管理是对企业资金来源和资金使用进行计划、控制、监督、考核等工作的总称。企业经营的重心在于管理，而管理的重心是财务管理，财务管理的命门又在于资金管理。在企业运营过程中必须密切监控和不断优化资金管控体系，以保证在资金链循环良性运转的同时，提高资金运营的效率和效益。

（六）资产管理

城市轨道交通行业是重资产行业，各城市轨道交通企业非流动资产占比普遍在80%以上，固定资产及在建工程占比一般也在70%以上，因此，城市轨道交通企业资产管理主要应为固定资产管理，另外，因土地、无形资产（主要为专利、商标、专有技术等）的稀缺和不可替代性，上述资产也应纳入城市轨道交通企业资产管理工作重点。如何专业、有效管理轨道交通企业资产，实现国有资产保值增值，是各轨道交通企业面临的重要课题。

（七）会计与税务管理

轨道交通企业会计管理主要包括会计确认、记录、计量和报告，为企业内部管理者，以及外部监管机构、投资者提供决策相关的财务信息。税务管理主要涉及增值税、城市维护建设税、企业所得税、土地增值税等税项的管理。

（八）竣工财务决算管理

竣工财务决算是指在工程竣工验收交付使用阶段，由建设单位编制的建设项目从筹建到竣工验收、交付使用全过程中实际支付的全部建设费用。竣工财务决算是整个建设工程的最终价格，是作为建设单位财务部门汇总固定资产的主要依据。城市轨道交通属于准公益性质、重资产行业，具有政府指导性，财政资金是项目的重要资金来源。因此，城轨项目的竣工财务决算的作用与意义也具有其普遍性与特殊性。

第三章

城市轨道交通企业的预算管理

第一节 城市轨道交通企业预算管理现状

一、全面预算管理的基本涵义

全面预算管理，是指企业以发展战略为导向，在对企业内、外部环境进行科学分析和预测的基础上，对预算年度内各类经济资源、经营、投融资等行为合理预计，确定预算期内经营管理目标，并围绕预算目标进行财务控制和监督的一系列管理过程。全面预算管理通常包括预算的编制、执行与控制、滚动管理、调整、反馈与分析、考核评价等管理活动。

作为能贯穿企业运营全过程、将企业的所有关键问题融合于一个体系之中的创新型企业管理模式，全面预算管理被我国学术界和企业界寄予厚望，用以全面提升企业管理效率，是实现国有企业华丽转身的良方。为此，在2002年4月10日财政部印发的《关于企业实行财务预算管理的指导意见》（财企〔2002〕102号）中，将全面预算管理界定为：利用预算对企业内部各部门、各单位的各种财务与非财务资源进行分配、考核、控制，以便有效地组织和协调企业的生产经营活动，完成既定的经营目标，并指导企业实施预算管理。国务院国资委于2007年颁布《中央企业财务预算管理暂行办法》，并于2011年颁布《关于进一步深化中央企业全面预算管理工作的通知》（国资发评价〔2011〕167号），对全面预算管理的组织体系、理念、编制方法、对标管理、控制、考核和信息化建设提出了指导性的建议和要求，随后各地方国资委在此基础上相继颁布各自的财务预算管理办法，预示着全面预算管理在我国大型国有企业的全面推行。

二、城市轨道交通企业预算管理的特点

（一）预算管控模式需适应不同发展阶段进行调整与改善

我国城市轨道交通行业经历数十年的发展，已从导入期向成长期发展，甚至已有部分城市的轨道交通行业跨入成熟期。在2019年，上海、北京、广

州线网规模分别达到810公里、772公里、501公里，城轨企业总资产规模均达到3000亿元以上。上述城市轨道交通产业在经历高速发展后将趋向稳定发展，对应的预算管控模式也随着产业发展阶段的变化而不断发展，从传统的财务预算管控模式、业务导向的全面预算管控模式，发展到目前的战略导向的综合平衡全面预算管控模式。

（二）不同业务预算管理目标存在差异同时又紧密联系

城轨企业业务多元化发展的特性，导致不同业务的管理目标差异较大，建设业务关注线网工程的建设进度和建设投资类指标，运营业务关注运营质量和成本类指标，房产业务关注项目盈利情况和盈利性指标。但同时，城轨企业特有的"轨道+土地"投融资模式又使得建设业务的投入资金由房地产业务的一级土地整理业务收入补充，运营业务的准公益性经营缺口由房地产开发与附属资源开发等多种经营的盈利补充。预算管理上不能把业务目标进行单独管理和完全切分，也不能一视同仁忽视指标差异性，因此预算目标需在差异化管理的同时兼顾关联管理。

（三）基于准公益性企业的特性，寻求长期可持续经营发展的模式是核心

因轨道交通行业的运营业务具有准公益性的特点，运营业务一般是亏损的，因此寻求以房产业务为首的多种经营业务的盈利补亏，形成长期可持续经营发展的模式是行业考虑的首要问题。在预算管理上，强调多种经营业务的盈利管理、模式创新，预算管理目标要体现以上关注点。

（四）预算管理的重心是成本管控

城市轨道交通具有准公益性和正外部性的经济属性，其建设投资大、回收周期长，票价制定受到政府管制无法按完全成本定价，运营收入无法覆盖全部成本（如人工、能耗、维修、折旧等）。同时，企业的运营成本发生又与运营业务的运行、资产的维修规程息息相关，有一定的作业规律可循。因此，为了适应这种特点，在预算管理上要强调运营业务的成本管理，发展出行业特色的作业成本管控手段与定额管理方式。

三、轨道交通企业预算管理存在的问题

（一）仅选择财务指标作为考核目标，忽略非财务指标的重要性

就大部分企业而言，预算的考核主要侧重于选择财务指标，这种单一的

考核目标在建设期、运营初期能够取得较好效果，但随着产业和企业规模的发展，单一考核目标难以满足各单位的需求。特别是随着客户满意度、服务质量等非财务指标对企业经营和预算的影响越来越显著，单一考核目标下的考核结果很难准确反映企业的预算考核现状。如果仅考核财务指标，则预算考核会演变为数字游戏，从而产生不良后果。

（二）业务目标切离，忽略业务指标之间的关联性

轨道交通企业预算管理的特点之一是业务目标存在差异同时又紧密关联。但在企业发展过程中，各业务分属不同业务单位进行管理，各业务的经营管理差异性较大，导致各业务单位出现各自为政的情况，业务之间没有匹配发展。以建设业务为例，线路建设资金主要来源于房产业务的一级土地整理带来的土地收益，如果一级土地整理业务滞后于线路建设进度，那么会导致企业出现资金短缺的情况，加大融资负担和财务风险。因此，在预算管理上，需强调业务的融合发展。

（三）预算激励约束机制不健全

预算考核是预算管理的前提，科学合理的考核机制可以确保预算管理落到实处。通过制定预算评价机制，可实现预算管理的科学量化，有效推动预算管理。在预算执行结果评估的基础上，对预算完成情况、预算编制的准确性与及时性进行考核。但在实际执行过程中，被考核单位往往通过申请预算调整对目标进行调整，绩效评价小组审核不严，使得预算目标失去刚性，不利于树立预算的权威性，从而导致预算管理不能起到约束与激励的作用。

（四）预算管理与经营管理脱节，企业经营计划管理体系不健全

预算管理是一种计划管理手段，执行到实处依靠的是企业生产经营计划落地。预算管理脱离企业的经营管理，缺少经营管理的落地实施，则预算目标是无法达成的。经营管理失去了预算管理的目标前提将会失去目的性，也就无法有效安排生产计划。部分企业将预算看成是财务预算，实际经营管理中未将预算目标进行分解和计划铺排，预算和经营相割离，导致了预算管理失去其作用，从而也无法监督经营管理。

（五）战略长期目标和预算目标未充分协调平衡

全面预算管理中的预算目标是企业战略发展目标的分解，是实现企业长期战略目标的阶段性目标。但就目前我国的实际现状来看，全面预算管理通

常为短期预算，预算目标为短期目标，预算目标未能较好地承接企业长期战略目标，导致企业经营管理上短视，未能站在更高的战略层面上促使企业发展。

四、全面预算管理对轨道交通企业的意义

（一）推进轨道交通企业战略目标的实现

全面预算目标是以企业战略目标为导向，通过承接战略目标并将其分解为各业务的关键指标目标值，从而支持战略目标的实现。

（二）促进轨道交通企业经营管理计划的实施

通过分解预算目标，各业务经营管理目标对接预算分解目标，经营管理目标分解为企业的生产或市场等计划，使得预算和经营计划紧密衔接，促进企业经营管理计划的实施。

（三）支持轨道交通企业的绩效管理

全面预算下达的各业务指标体现企业应实现的年度目标和任务，目标的执行结果作为年终绩效及激励的评价依据，从而支持绩效管理。

（四）适应轨道交通企业的业务差异性和变化

全面预算充分考虑业务的差异性和变化，对运营业务选择成本指标，对房产业务选择盈利性指标，对建设投资类业务选择投融资指标，并且根据各业务发展的不同阶段更换指标，从而适应业务差异性和变化。

（五）促进轨道交通企业进行对标管理

收集整理企业历史指标完成情况、行业指标对标值形成指标库，通过对标，从各个方面与行业标杆进行比较、分析、判断，通过学习他人的先进经验来改善自身的不足，不断追求优秀业绩从而形成良性循环。

第二节　城市轨道交通企业全面预算管理模式与体系

一、城市轨道交通企业预算管理模式

随着国内城市轨道交通的快速发展，各地城市轨道交通企业管理的资产、资金、资源规模日益扩大，传统的财务预算管理方式已不能满足企业快速发

展的需求，各地企业纷纷寻找和实施适合城市轨道交通企业的预算管理模式。国内城市轨道交通经过40多年的发展，不断探索和实践，建立了一套基本符合中国具体国情和适应各地城市发展阶段的预算管理方式，根据各地城市轨道交通发展阶段的不同，主要有以下预算管控模式。

（一）传统的财务预算管控模式

传统的财务预算管控模式是以财务报表三大表为核心，采用经典的预测财务报表编制方法，编制未来的财务预算，并以关键财务指标进行预算管理的模式。在传统的财务预算管控模式下，财务人员编制预算时，首先评估业务发展的状况并预测主要收支项目和投融资项目，进而编制预计利润表与预计现金流量表，最后根据以上两大表编制预计资产负债表，以预计利润表、预计资产负债表、预计现金流量表的财务报表三大表为基础是此预算管控模式的鲜明特点。在日常预算管控中，通常以收入、成本、利润、资产负债率、投资资金量、筹集资金量等关键财务指标进行管理，将关键财务指标分解到各部门并进行绩效管理。由于传统的财务预算管控模式易于应用、操作简便，适合业务类别和规模较小的情况，通常应用在城市轨道交通筹备期和建设期、运营初期。但此类预算管控模式考虑的业务因素不够充分，并且以传统财务指标进行管理，会导致短期财务目标与业务管理目标、战略目标产生偏差，从而不适用于业务发展的成长期。

（二）业务导向的全面预算管控模式

业务导向的全面预算管控模式是以业务管理目标和业务预算为核心，采用以业务预算为基础的预算编制方法，并以关键业务指标进行预算管理的模式。在业务导向的全面预算管控模式下，财务人员编制预算时首先确定具体业务的关键管理目标，进而根据关键管理目标所需匹配的资源编制具体业务经营预算，最后根据具体业务预算编制企业整体全面预算方案，以具体业务经营预算为基础是此预算管控模式的特点。在日常预算管控中，通常以各业务的特色关键指标对业务进行管理，例如建设业务适用投资工作量、资金支付量，运营业务适用人公里成本、收入成本比，房产业务适用收入、利润率等，将关键指标作为各业务绩效评价基准。此类预算管控模式聚焦于核心业务的发展目标，集中主要资源用以发展核心业务，能够适应业务发展的成长期，通常应用于城市轨道交通运营初期和中期。但在此类预算管控模式下，各业务发展目标不一，相互之间存在孤岛效应，不能够将各业务的发展匹配起来，会导致业务发展目标与战略目标产生偏差，不能够适应业务多元化发展趋势。

（三）战略导向的综合平衡全面预算管控模式

战略导向的综合平衡全面预算管控模式是以战略规划为核心，以企业中长期战略规划目标为基础，应用BSC平衡计分卡的绩效评价方法，构建“战略目标—组织绩效目标—个人绩效目标”管控体系的预算管控模式。在战略导向的综合平衡全面预算管控模式下，财务人员编制预算时首先根据企业中长期战略规划明确具体的战略规划目标，进而将战略规划目标分解为各部门的组织绩效目标，最后综合平衡各类目标并编制企业整体全面预算方案，以战略规划为基础是此预算管控模式的特点。在日常预算管控中，通常综合财务、客户、内部流程、学习与发展四个维度的各类指标进行管理，通过BSC平衡计分卡评分方法对各部门进行绩效评价。此类预算管控模式对比以上两种管控方式，有以下优点。

（1）综合考虑各类非财务指标，实现财务指标和非财务指标的平衡，避免传统的财务预算管控模式的缺点。实现企业的长期目标和短期目标的平衡，推动企业战略规划目标的实现，避免业务导向的全面预算管控模式的缺点。

（2）实现领先指标与滞后指标之间的平衡。财务、客户、内部流程、学习与发展这四个方面包含了领先指标和滞后指标。财务指标就是一个滞后指标，它只能反映企业上一年度发生的情况，不能告诉企业如何改善业绩和实现可持续发展。而对于后三项领先指标的关注，能够推动企业通过改善领先指标从而推动滞后指标的发展，例如通过客户维度下客户满意度等指标的改善推动销售额业务指标、收入财务指标的增长。

（3）实现企业组织内部群体与外部群体的平衡。预算管控过程中综合应用了客户、内部流程、学习与发展、财务等方面的指标，全面涵盖了包括股东、客户、员工等利益相关方的关键指标。

（4）通过构建“战略目标—组织绩效目标—个人绩效目标”的管控体系，推动了目标的有效分解与执行，使得公司层面、业务层、员工层形成合力，成为利益共同体，从而实现企业愿景。

正因为以上优点，战略导向的综合平衡全面预算管控模式越发成为目前各地城市轨道交通企业的最优选择，能够为轨道交通业务的快速发展、多元化发展提供有效管理方式。企业愿景、战略规划目标、业务发展目标、利益方的不同，使得各城市轨道交通企业所平衡的目标和内容存在差异，因此战略导向的综合平衡全面预算管控模式正处于不断扩充内涵、适应业务发展而不断调整的发展阶段中。

二、全面预算管理体系

城轨企业针对战略规划需要、业务发展阶段、授权管理方式选择不同的企业财务管理模式，企业财务管理模式决定了全面预算管理体系的特点。集权式财务管理模式对下属单位全面预算管理权限进行集中控制与决策，分权式财务管理模式对下属单位全面预算管理权限进行相对充分的授权与决策。而相融式财务管理模式则结合两者特点，在强调分权基础上的适度集权，体现在全面预算管理上，通过战略规划目标、业务预算关键指标、绩效管理等方面进行束约与激励，合理地进行管理授权，激发下属单位发展动力，这也是大部分城轨企业采取的财务管理模式。

作为财务管理的核心，全面预算自被城轨企业专门引入及推广以来，就一直在企业内部控制和经营管理上扮演着重要角色。随着轨道交通企业对企业中长期战略规划、全面预算管理的重视程度加大，为实现对地铁建设、运营、多种经营等全业务及全部门管控，一套以战略为导向、以绩效考评为目标、以全面预算为平台、以标准成本管理为手段的全面预算管理体系被建立起来。

以广州地铁为例，其在相融式财务管理模式基础上，将全面预算管控作为企业管控的重要手段之一与有效的沟通桥梁，将战略规划、全面预算、标准成本管理、绩效考评四方面联接起来，形成“四位一体”的全面预算管理体系，如图 3-1 所示。

（一）前端树立确保战略落实、引导资源配置的全面预算管理理念

企业应在公司使命愿景的基础上，结合内外部环境和利益相关者分析，制定中长期战略规划。全面预算上承企业战略目标，下启企业具体业务活动，贯穿企业管控始终，突出全员、全过程、全业务、全价值链，形成自上而下的，从集团到事业部至子公司，到部门、员工的目标一致、行动一致的管理体系。在战略规划目标的基础上，全面预算管理以平衡计分卡为桥梁，从财务、客户、内部流程、学习与发展四个维度对战略目标进行逐层分解，形成以

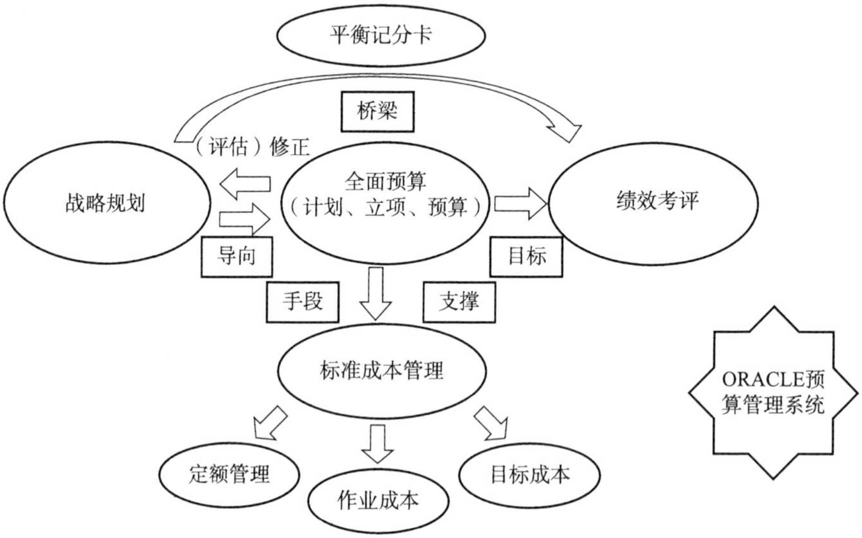

图 3-1 “四位一体”的全面预算管理体系

地铁建设业务、运营业务、物业开发业务等城轨企业业务为核心的分业务的年度计划指导纲要（应包括关键指标体系和年度重点工作）作为年度预算编制的指导目标，实现了分业务年度预算管理目标的差异化，并强调预算管理对实现企业战略目标的意义。此外，每年还应根据上一年度各业务预算执行情况对中长期战略规划进行滚动修编，以实现长期战略规划和短期预算的无缝衔接。

（二）中端搭建完善的全面预算控制平台

预算管理的根本点在于通过预算平台来代替管理，使预算成为一种自动的管理机制。为了配合全面预算管理体系的实施，轨道交通企业应形成以企业全面预算管理办法为核心的制度体系，对全面预算组织体系、编制、执行、反馈及分析等环节提出规范化的要求。同时，针对各业务特点，出台相应的实施细则，并形成预算编制表格体系、信息反馈体系以及预算考核表格体系，统一预算管理要求和预算数据格式，促进预算管理工作的常态化和长效执行。轨道交通企业全面预算控制平台如图 3-2 所示。

此外，企业应建立以管理报告和经营例会为手段的运作体系，通过月度预算执行情况分析、季度财务分析管理报告、季度经营例会点评、季度滚动预算，实现对下属各业务板块的经营情况跟踪、预算差异分析、预警、工作布置，以确保年度预算目标的完成。

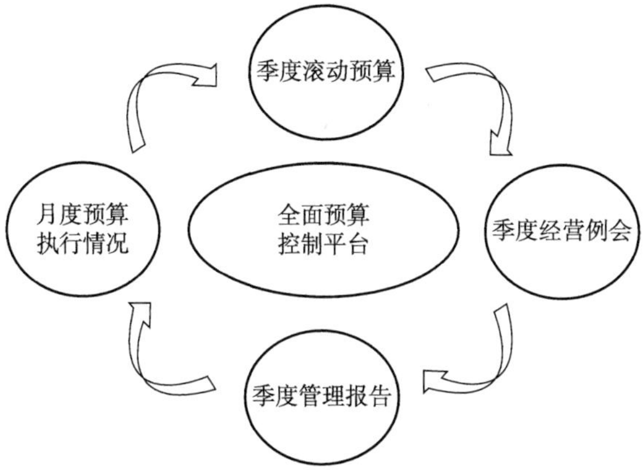

图 3-2　轨道交通企业全面预算控制平台

（三）后端改善型平衡计分卡绩效管理确保战略规划和年度预算的有效落地

为确保企业战略规划和年度预算的有效落地，轨道交通企业应在绩效考评管理上引入平衡计分卡的管理方法，实施以战略为导向的组织绩效管理。在具体实施方面，首先应通过识别企业价值创造的关键成功因素，结合企业重大战略举措，搭建绩效指标体系，强化对企业整体战略目标、战略重点及中长期目标实现的引导；其次在考核内容与权重设置相统一的基础上，综合考量企业战略重点、不同业务的发展阶段、市场化程度、行业及企业特点等共性和个性需求；最终通过自上而下的"战略目标—组织绩效目标—个人岗位绩效目标"三级分解，实现目标落地和考核激励，保证各级目标涵盖关键绩效指标以及年度重点工作。

"四位一体"的全面预算管理体系通过预算管理体系实现了战略规划、预算编制、执行反馈、评价考核的闭环管理，有效保障了企业战略的落地，确保了企业经营目标的实现，对经营管理过程的成本、费用进行有效的控制，防范财务风险，为年终业绩考评提供了依据，从而助力轨道交通企业的健康有序发展。

第三节　城市轨道交通企业全面预算管理架构与流程

一、全面预算管理组织架构

一般而言，城轨企业的全面预算管理组织架构主要是以公司下设董事会为首，通过制定企业全面预算管理办法，明确预算管理体制以及各预算执行单位的职责权限、授权批准程序和工作协调机制。图 3-3 是较为经典的国有城市轨道交通企业的全面预算管理组织架构。

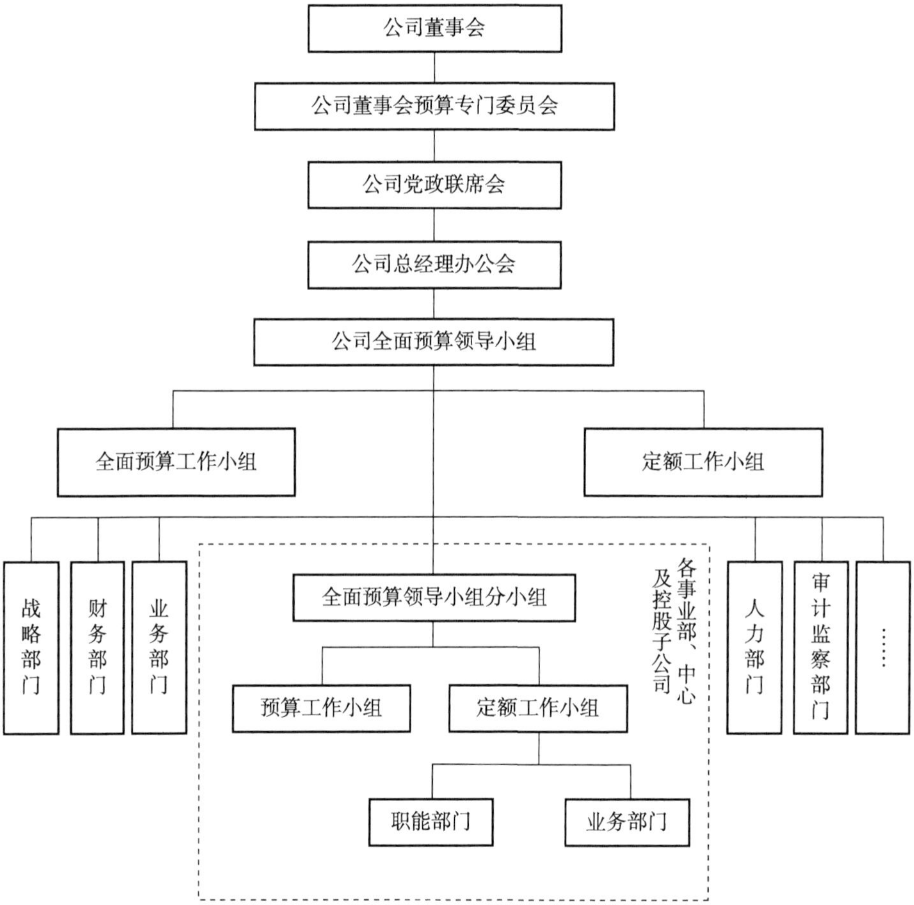

图 3-3　轨道交通企业的全面预算管理组织架构

以城轨企业为例，全面预算的审核机构包括董事会、董事会预算专门委员会、党政联席会、总经理办公会、全面预算领导小组、全面预算工作小组、定额工作小组。其中，董事会下设预算专门委员会履行全面预算管理职责，成员由熟悉企业预算、财务及经营管理等方面专业知识并具备相应组织能力的董事组成，主要负责审议上报政府直接监管部门的年度经营目标、年度预算方案及调整方案，协调解决全面预算编制和执行中的重大问题，监督检查全面预算执行情况，提出对预算执行单位考核和奖惩意见。全面预算工作小组、定额工作小组为全面预算工作的具体组织机构，负责日常全面预算管理、定额管理工作。全面预算工作小组负责组织企业全面预算的编制、审核、汇总及报送工作，组织编订企业全面预算方案及调整方案；定额工作小组负责组织企业定额管理工作，负责定额的编制、审核、下达等。

全面预算执行单位包括企业的职能部门和业务部门，各预算执行单位专（兼）职预算管理人员及预算系统关键用户，主要负责在审核机构的领导下，组织本部门、单位的全面预算管理工作。

通过建立以上完善的全面预算管理组织架构，轨道交通企业可以有效地组织实施全面预算工作，规范全面预算的编制程序和方法，同时强化执行监督，加强财务监督和完善内部控制机制，使预算管理职责权限清晰明确，有效提升沟通协调效率。

二、城市轨道交通企业全面预算管理流程

城市轨道交通企业全面预算管理流程包括：全面预算的编制、全面预算的执行与控制、全面预算的调整、全面预算的反馈与分析、全面预算的考核评价，各管理流程的详细内容如下。

（一）全面预算的编制

1. 预算编制依据、目的、内容

城轨企业的全面预算编制依据主要包括以下三个部分。

（1）城市轨道交通的建设规划文件，主要是政府下发的有关当地城市线路建设的规划文件。

（2）企业发展战略规划，主要是企业战略部门根据企业发展目标确定中长期战略规划。

（3）年度经营目标，主要是企业战略部门、财务部门根据企业中长期战略规划分解的当年度企业关键年度目标。

城轨企业的全面预算编制目的主要是：确保企业长期战略规划的实现；发挥财务管理的导向作用，合理配置资源；提供信息，支持决策；为年度经营业绩提供考核依据。

轨道交通企业的全面预算编制内容一般包括年度经营发展计划、项目立项与专项工作计划、年度预算三大类，各企业对相关编制内容的名称各有不同，但涵盖的内容基本一致。

（1）年度经营发展计划。年度经营发展计划包括经营目标、专业计划。

经营目标体现为经营收入、利润、利润率、建设投资、房地产开发投资、土地整理等城轨企业的主要经营指标。

专业计划包括主要业务指标和重要工作计划。各部门、单位专业计划种类包括建设业务、运营业务、房产业务、多种经营、人力资源、财务管理、市场营销、科研技改、安全管理等；职能管理方面的专业计划种类包括管理业务计划、人力资源计划、财务计划、科研计划、市场或生产计划等。

（2）项目立项与专项工作计划。项目立项是企业针对重要项目的预算管理，主要是对年度预算中产生影响的项目进行提前审核与安排。专项工作计划是根据项目分类，集中对同类项目进行管理的计划安排。

（3）年度预算包括业务预算、筹资预算、投资预算、财务预算。

业务预算反映预算期内公司可能形成现金收付的生产经营活动的预算，包括各类业务指标预算、材料采购预算、市场营销项目预算、科学研究项目预算、咨询项目预算、大中（架）修项目预算等轨道交通企业的预算内容。

筹资预算包括负债筹资和股权筹资预算，具体包括公司在预算期内新借入的长短期借款，经批准发行的债券、中票、股票，对原有借款、债券还本付息、支付股利的预算，以及预计政府投入的资本金等。

投资预算是在预算期内进行资本性投资活动的预算，包括固定资产投资预算、建设投资预算、房地产开发投资项目预算、经营性投资及其他专项投资预算等，根据轨道交通企业的特点，还包括房地产土地整理预算、设备更新改造项目预算等。

财务预算包括收入预算、成本费用类预算、预计资产负债表、现金流量表预算等。在现阶段，城轨企业关注的核心是收入预算、成本费用类预算：

收入预算是预算期内各部门、单位销售各种产品或者提供各种劳务可能实现的销售量或者业务量及其收入的预算，主要依据年度经营目标、预测的市场情况或劳务需求、合同签订情况以及市场价格等编制。收入预算包括主营业务收入预算和其他业务收入预算。

成本费用类预算包括成本预算、经营费用预算、管理费用预算。成本预算是对预算期内为了实现收入预算而在人力、物力、财力方面必要的直接成本所作的预算，主要依据企业有关成本定额、费用标准、物价水平、上年实际执行情况等资料编制；经营费用预算根据经营相关的项目预算、费用开支标准，结合上年实际费用水平和预算期内的变化因素进行编制；管理费用预算根据企业业务发展的需要、费用开支标准和企业降低成本、费用的要求，结合上年实际费用水平和预算期内的变化因素进行编制。

2. 预算的编制方法

城轨企业经营业务较为多元，应根据行业特性和不同预算项目，合理选择固定预算、弹性预算、滚动预算、零基预算、增量预算、概率预算等方法编制预算：

（1）固定预算是根据预算期内正常的、可实现的某一业务量水平编制的预算，一般适用于固定费用或者数额比较稳定的预算项目，如办公费、汽车费用、房租水电、图书资料费、通信费等。

（2）弹性预算是在按照成本（费用）习性分类的基础上，根据量、本、利之间的依存关系编制的预算，一般适用于与预算执行单位业务量有关的成本（费用）、利润等预算项目，如工资及工资性支出、业务招待费、物料消耗等。

（3）滚动预算是随时间的推移和市场条件的变化而自行延伸并进行同步调整的预算。

（4）零基预算是对预算收支以零为基点，对预算期内各项支出的必要性、合理性或者各项收入的可行性以及预算数额的大小，逐项审议决策从而予以确定收支水平的预算，一般适用于不经常发生的或者预算编制基础变化较大的预算项目，如固定资产投资、委外维修费等。

（5）增量预算是以基期成本费用水平为基础，结合预算期业务量水平及有关影响成本因素的未来变动情况，通过调整有关原有费用项目而编制的预算，一般适用于预算编制基础变化不大的预算项目，如固定业务预算等。

（6）概率预算是对具有不确定性的预算项目，估计其在预算期内可能的变动范围及出现在各个变动范围内的概率，并计算其期望值，从而编制的预算，一般适用于难以预测变动趋势的预算项目，如开拓新业务等。

就城轨企业各项业务所适用预算编制方法而言，运营业务由于经营线路较为稳定，一般可根据线路运营数量采用增量预算；房产业务由于每年销售项目情况不同，一般以零基预算为主；建设业务由于匹配政府轨道交通项目投资计划，一般以滚动预算为主。由于各业务下存在不同性质的预算项目，实务中会结合以上预算编制方法综合编制企业全面预算。

3. 预算的编制程序

全面预算的编制按照“自上而下、分级编制、逐级汇总、综合平衡”的程序进行。全面预算编制一般自预算年度前一年第四季度启动，具体安排应在每年的全面预算编制方案中进行明确。

（1）下达目标。根据企业建立的滚动战略编制机制，公司高、中层就滚动战略、年度战略目标达成一致，全面预算工作小组以此年度经营目标作为下一年度企业全面预算的总体目标，下达到各预算执行单位。

（2）布置。全面预算工作小组根据企业滚动战略、年度经营目标及全面预算管理工作的重点编写企业年度全面预算编制方案并对各预算执行单位布置年度全面预算的编制。

（3）编制上报。各预算执行单位按照企业下达的年度目标和年度全面预算编制方案，结合实际情况以及预测的执行条件，提出各预算执行单位的年度全面预算编制方案，并根据已形成的定额标准和成本费用开支标准，编写年度经营发展计划、项目立项及详细的年度预算，并上报企业全面预算工作小组。

对于财务信息系统建设完备的轨道交通企业，年度全面预算的编制需在预算系统上完成，编制相关的附件、说明及补充材料均通过预算系统上报，并按预算系统的审批流程上报企业全面预算工作小组。

同时，各预算执行单位根据各地主管部门下发的年度预算编制方案要求编制年度企业预算情况说明书以及预算报表表单，并在规定时间内上报企业全面预算工作小组。

（4）审核平衡。全面预算工作小组对各预算执行单位上报的年度经营发展计划、项目立项及年度预算进行沟通、审核、汇总，提出综合平衡的初步审核意见；对各预算执行单位上报的全面预算，根据所下达的关键预算目标、编制要求、定额标准进行符合性审查，同时对授权外的项目进行沟通、审核、汇总，提出综合平衡的初步审核意见，组织编订企业全面预算方案，并形成根据政府部门要求上报的预预算和正式预算。

（5）统筹上报、下达执行。经企业各预算审核机构审核后，提出正式的反馈意见，要求有关部门、单位进行修正，并在每年年底前正式下达下一年度预算到各预算执行单位，并向政府相关部门上报正式预算。

4. 预算编制关注重点

（1）编制全面预算应根据行业特性和自身特点合理设计全面预算基础指

标体系，积极与行业先进水平、国际先进水平对接。预算指标应选择城市轨道交通行业指标、企业绩效评价标准值、预算执行历史平均值等进行对标管理，并重点关注企业经营类指标及股东报酬类指标。其中企业经营类指标主要包括营业总收入、营业总成本、营业利润、利润总额、归属于母公司所有者的净利润、收入增长率、利润率、成本指标（如人公里成本、成本费用收入比）等；股东报酬类指标包括归属于母公司所有者权益、净资产收益率、国有资本保值增值率等。

（2）落实企业成本管控规划方案要求，加强对成本费用的管控，建立控本提效的长效机制。规范制定成本费用开支标准，严格控制成本费用开支范围和规模，加强投入产出的预算控制；对于成本费用增长快于收入增长且成本费用利润率下降的业务或项目，编制全面预算时应重点突出降本增效，适当压低成本费用的预算规模。

（3）贯彻落实政府规定，控制相关成本费用。结合政府对“三公经费”的管理要求，严控公务差旅费、接待费、会议费、汽车购置和运行费用的预算开支。

（4）严格按照国家相关规定，加强对对外投资、固定资产投资以及金融性资产投资业务的风险评估和预算控制。对资产负债率过高、偿债能力低下以及投资回报差的业务或项目，应严格控制投资规模；注重防范财务风险，严格控制担保、抵押和金融负债等规模；严格控制非主业投资预算，加强对非主业投资和无效投资的清理；对已立项的投资项目，应编制资金筹措和资金投入进度预算。

（5）编制全面预算应将逾期担保、逾期债务、不良投资、不良债权等问题的清理和处置作为重要内容，在全面预算内容中予以重点分析说明，按照会计准则合理预计资产减值准备，积极消化潜亏挂账，控制新潜亏的出现。

（6）编制全面预算应统筹规划企业合并与分立、产权划拨与转让等产权变动及重大资产处置事项，在全面预算内容中予以重点分析说明，合理预计其影响，保证资产保值增值。

（二）全面预算的执行与控制

1. 预算的分解

在全面预算的执行与控制方面，企业年度全面预算一经下达，各预算执行单位依照下达的年度全面预算，将年度预算各项指标分解至各个月份及二级部门。各预算执行单位将全面预算作为预算期内组织、协调各项经营活动的基本依据，各项工作必须严格按预算执行，同时将预算指标层层分解，认真组织落实到各部门、各环节、各岗位，形成全方位的全面预算执行责任体系。

2. 预算控制方法

预算控制原则上实施金额管理，同时适用项目管理、数量管理，一般而言企业会通过预算管理软件进行管理：

（1）金额管理。从预算的金额方面进行管理。预算金额管理通过预算系统生成的预算代码实现，在预算执行时，经办人需填写预算代码，通过预算代码，实现对预算金额的控制。

（2）项目管理。对于立项项目，从项目总额进行管理。年度预算编制时，需填写立项项目的项目总额。

（3）数量管理。对一些立项的项目除进行金额管理外，还需从预算的数量方面进行管理，如计算机设备购置项目、办公设备购置项目。

3. 成本费用的控制

城轨企业对各预算执行单位进行成本费用指标控制，应根据各业务、部门的特点进行不同的管控，同时挂钩部门绩效和工资总额，以激发各级组织和单位对于成本费用管控的积极性，促进企业降本增效。

如：职能类部门对明细项目实行逐项控制，经营类单位进行分类管理控制：运营类业务要求强化经营与成本意识，强调线网成本指标如收入成本比、车公里及人公里成本等关键成本指标对比历史水平要提升，引导对标行业最优值；建设类业务则通过设置建管费红线比例进行限制，同时建设部门工资总额增长要匹配投资工作量效益增长；竞争类业务要求收入利润指标对比历史水平提升，同时向行业优秀值靠拢，从而逐步促使企业收入、利润、成本控制指标提升，保障企业的高质量可持续发展。

4. 全面预算的滚动管理

滚动预算分为年度内滚动预算和周期内滚动预算。

年度内滚动预算的编制：分月预算一经下达，原则上要按照分月预算推进，但对于由于预算无法预期到的事项或外部因素发生重大变化（如市场环境、宏观经济变化，国家政策法规调整等）所导致的分月预算编制基础不成立或者预算执行结果产生重大偏差，经审核机构同意后，原则上可在年度预算总目标不变的前提下，在年度内进行预算滚动。

周期内滚动预算的编制：对于重大预算项目实行单独滚动预算管理。对于建设投资项目、运营业务、房地产开发投资项目、土地整理及储备类项目等对资金和经济效益有着重大影响的预算项目，需结合年度计划指导纲要的编制及预算执行情况分析，对战略规划目标执行情况进行滚动评估，主要分析战略目标设定前提条件变化情况，在确保总体战略目标的前提下，滚动编制未来三年或中长期预算，具体如下。

（1）建设投资项目。根据最新的新线建设工期策划，充分考虑完成关键工期目标所需具备的前提条件，倒排未来三年关键工期目标，并以此为依据逐年编制各个项目未来三年的新线建设投资工作量及资金投资预算。

（2）运营业务。对于运营业务重大支出项目，如车辆大架修、设备及房建类大中修等重大支出项目，要求以单个项目为单元，根据各业务部门编制未来三年的维修计划，相应逐年编制未来三年维修费用预算、材料购置预算及投资预算。此外，还要求结合运输计划，提出未来三年的运营业务车公里控制目标。对于运营新线储备人员人工成本，需结合最新的新线建设工期，根据新线储备人员预计到位情况，编制未来三年的运营新线储备人员工资及工资性费用预算。

（3）房地产开发投资项目。对于在建及已建的房地产开发投资项目，以单个项目为基础，分业态、分租售模式逐年编制项目开发周期的预算目标，在建项目重点关注投资额、资金支付额、关键工期等，销售类物业重点关注销售面积和签约额、销售收入、项目利润率等，租赁类物业重点关注出租率、租赁收入和坪效、折旧、利息等。

（4）土地整理及储备类项目。根据企业总体战略目标、建设资金需求、经营利润要求，编制未来三年或中长期的土地整理及储备类项目预算，重点关注地铁建设金筹措目标的实现、运营业务的利润反哺和房地产业务的可持续经营发展。

（5）其他对经营有着重大影响的项目，可根据企业管理要求实施滚动预算管理。

（三）全面预算的调整

1. 调整的原因

全面预算一经下达，原则上不再调整，强化预算刚性。预算执行过程中出现以下情形之一，导致全面预算编制基本假设发生重大变化的，可予以调整。

（1）自然灾害等不可抗力因素。

（2）国家经济政策发生重大调整。

（3）市场环境发生重大变化。

（4）企业发生分立、合并等重大资产重组行为。

（5）其他重大影响因素。

2. 调整的原则

对于预算调整事项，应当遵循以下原则。

（1）对调整所依据的客观原因必须出具真实、准确的依据。

（2）调整重点应针对预算执行中的重大差异。

（3）差异调整后的预算目标应力求最优。

3. 调整的内容、程序

对于预算的调整，要求各预算执行单位将全面预算调整情况及时上报企业预算审核机构，经批准或备案后分解执行，全面预算调整报告内容如下。

（1）主要指标的调整情况。

（2）调整的原因。

（3）预计执行情况及保障措施。

在预算调整程序上，区分关键预算目标与非关键预算目标，实施不同的授权审批程序。对于非关键预算目标，应根据目标重要程度，由不同审批机构分层审批。对于关键预算目标应进行层层审批，由全面预算工作小组上报，经由全面预算领导小组、总经理办公会、党政联席会审核，上报董事会预算专门委员会审议、董事会审定后，报送政府直接监管部门审批。

（四）全面预算的反馈与分析

1. 预算执行情况的报送

预算执行情况的报送包括对内报送和对外报送。

（1）在对内报送方面，各预算执行单位按时向财务部门报送预算执行情况，月度终了后上报月度预算执行情况表（包括建设投资预算执行情况表、收入及利润预算执行情况表、各成本费用预算执行情况表、财务会计报表等）；季度终了、年度终了限定时限内报送预算执行情况分析报告及授权内的全面预算调整情况总结及分析。

财务部门负责汇总及分析各预算执行单位的预算执行情况表，并将企业月度预算执行情况快报报送企业董事长、总经理、预算分管领导、全面预算工作小组组长；季度以及年度终了后将预算执行情况分析报告报送企业董事长、总经理、预算分管领导、全面预算工作小组组长。

（2）在对外报送方面，根据政府对预算执行的监督要求，各预算执行单位应按照集团的布置要求，按时提交政府要求的财务报表、预算执行报表等资料并保证质量。

2. 预算的分析

各预算执行单位每季度编写预算执行情况分析报告，客观地分析差异原因，由财务部门汇总并提出相应的建议，对有关预算差异的处理意见应严格遵照执行，并将执行结果报送集团备案。

预算执行情况表和预算执行情况分析报告应至少包括以下内容：全年预算数、本期预算数、本期实际发生数、本期差异额（率）、累计预算数、累计实际发生数、累计差异数（率）；对差异额（包括有利差异和不利差异）进行分析，其他关键预算指标的执行差异分析；产生不利差异的原因、责任归属、改进措施，形成有利差异的原因和今后进行巩固、推广的建议。

3. 预算的预警

各预算执行单位在预算执行过程中，如发现预算关键目标的执行结果与预算数的偏差较大（超过±预算值）或出现风险事项影响年度预算目标完成的，应在上报预算执行情况的同时，查明原因及对存在问题提出改进措施、发出内部预警，及时将风险事项的说明和拟解决方案报送相关管理部门。对于发出预警的指标，各预算执行单位应根据指标的执行结果对预算数的偏差情况进行深入分析，提出优化措施和建议。对于风险事项，各预算执行单位必须主动和及时报送企业，及时预警与提出解决方案。

（五）全面预算的考核评价

全面预算的考核评价是发挥预算约束与激励作用的必要措施，是企业绩效评价的主要内容，预算年度终了，根据各预算执行单位的年度全面预算执行情况对各预算执行单位进行评价，预算考核的主要内容如下。

1. 预算目标执行情况

主要考核全面预算的关键目标完成情况，预算执行偏差率原则上控制在±差率以内，并纳入企业年度组织绩效考核方案的核心评价内容，与各部门、单位负责人的奖惩挂钩。

2. 预算管理工作

重点考核各部门、单位预算管理工作的推进和完善情况，主要包括预算管理制度体系的建设与执行情况、预算资料报送的及时性和准确性、预算分析报告质量。

3. 预算目标确定的合理性

主要考核预算目标与战略规划的衔接，与行业先进水平、国际先进水平、预算执行历史水平的对标比较情况。

4. 预算控制的有效性

主要考核各部门、单位预算管理体系的有效性、成本费用控制、预算分析与预警、跟踪落实等情况。

第四节　城市轨道交通企业财务分析管理研究

一、城市轨道交通企业财务分析的特点

城轨企业的业务有不同特性，因此导致其管理目标与分析维度不同。主要体现为以下三点：

业务发展目标存在差异。如建设业务关注建设投资类指标，运营业务关注成本类指标，房产业务和多种经营业务关注利润率指标，应根据业务发展目标选择合适的财务分析管理模式。

业务市场化程度存在差异。如建设业务和运营业务为准公益类业务，不能从市场化角度进行管理，房产业务和多种经营业务是竞争类业务，具有市场化的特性，应从市场化角度进行管理。

业务之间存在紧密关联。如建设业务的投入资金的补充来源于房地产一级土地整理业务，运营业务的准公益性经营缺口通过房产业务和多种经营业务的盈利进行弥补，因此不能将业务目标进行单独管理和完全切分，预算管理要强调业务差异化与协同管理。

二、轨道交通企业财务分析管理模式

城市轨道交通企业的下属各业务之间存在差异性，管理侧重点以及发展

方向不同，为引导业务与产业的发展，根据不同业务的战略规划、业务特点，业务的财务管理形成了差异化的财务分析管理模式，如图 3-4 所示。

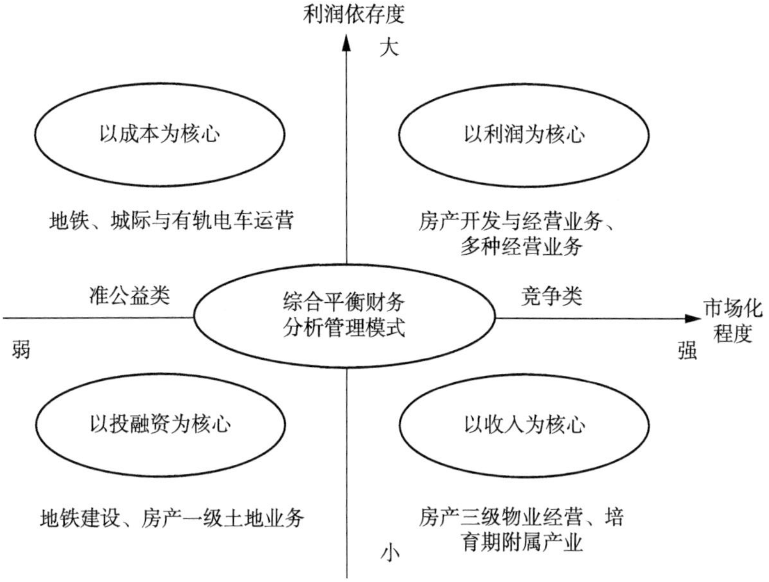

图 3-4　轨道交通企业对各业务的财务分析管理模式选择

（一）以成本为核心的财务分析管理模式

城市轨道交通具有一定的非竞争性，属于准公共物品，市场化程度较低，票价政策的制定通常受到政府管制，并普遍存在运营初期收入无法覆盖运营成本、运营中后期维修成本较高的特点，因此对于地铁、城际及有轨电车等运营业务，应采取以成本为核心的财务分析管理模式。

以成本为核心的财务分析管理模式就是以成本为核心，预算编制以成本预算为起点，以成本控制为轴心，绩效指标以成本为主要考核指标的管控模式。此财务分析管理模式主要关注成本类财务指标，如人公里成本、成本费用收入比等。

在财务管控上主要包括三个基本环节：设定目标成本、分解落实目标成本、实现目标成本。设定目标成本环节主要是制定成本类财务指标目标值，如人公里成本、成本费用收入比等，并要求每年同比下降一定比例。分解落实目标成本主要是分解运营主要成本项目指标，包括人工成本、电费、维修费等，分解各成本项目的目标成本值，下达成本管控目标。实现目标成本主要是成本控制过程，将制定的目标成本，按照内部绩效激励与考核原则，对各级责任单位和个人的成本和费用进行控制、分析、调整和考评，以保证目标成本的实现。

（二）以利润为核心的财务分析管理模式

城市轨道交通的可持续发展关键在于构建可持续的商业模式，轨道交通企业一般通过构建“地铁+物业”“地铁+相关产业”经营模式，通过房产开发收益、产业发展贡献，增强自我造血能力，形成可持续发展模式。经营盈利主要源于房产开发与经营、多种经营业务等竞争类业务，业务市场化程度高。对于此类业务，应采取以利润为核心的财务分析管理模式。

此类财务分析管理模式主要关注经营增长类指标，如利润率、收入增长率、新签合同额等。在以利润为核心的财务分析管理模式上，制定利润目标的重点在于利润目标应具备战略与统一性、可行与激励性。战略与统一性是指制定利润目标与集团战略规划目标相匹配，充分考虑业务发展的长远规划、保持业务竞争优势，以长远目光制定目标；统一性是各业务的利润目标以产业整体发展为目标，与集团整体的发展目标协调一致。可行与激励性是指制定利润目标时充分考虑战略发展需求、内外部环境分析、内部协商情况，使得目标具备先进性而又非高不可攀，不过高和过低，同时绩效兑现体现激励性。

（三）以投融资为核心的财务分析管理模式

城市轨道交通的建设业务、一级土地业务的发展目标是以完成投资任务目标和提升筹集资金能力为导向，强化投融资能力，寻求投融资模式创新。以上业务具有市场化程度低、利润依存度低，主要依赖政府融资以及自身投融资的特点。

对于此类业务，应采取以投融资为核心的财务分析管理模式。在财务管控上，建设投资业务主要是通过做好政府投资项目管理以及未来建设投资目标筹划，在确保完成新线开通的前提下，力争每年投资保持平滑增长；在土地出让业务方面，通过做好中长期土地出让计划和年度土地出让投资目标，衔接建设资金平衡方案，有效筹措资金，确保地铁建设资金来源；同时每月定期检查投资完成情况，并协调解决存在的问题，确保完成建设投资任务。

在投融资模式方面，进一步寻求入股相关产业的模式创新，如广州地铁入股创兴银行、广州农商行的“地铁+银行”模式、深圳地铁入股万科地产的“地铁+房产”模式，多种途径推进投融资业务的发展与创新，保障投融资目标的完成。

（四）以收入为核心的财务分析管理模式

城市轨道交通的房产物业经营业务、处于培育期的附属产业等业务市场化程度较高，且对于产业链发展具有重要意义，在财务管控上应侧重于收入类指标，如收入指标、新签合同额指标。此类财务分析管理模式与以利润为核心的模式有所不同，更侧重于扩大市场规模、增强产业协同性，因此在兼顾利润指标的同时，重点考核收入指标。

在财务管控上，房产物业经营业务的发展目标是稳定提升商业价值，提高物业收益，针对持有型可经营物业，以达到并超过同类物业价格水平及出租率为目标，做好营销策划，盘活并确保物业可持续保值增值，重点关注物业经营收入和物业出租率，对持有型可经营物业预算指标进行考核；针对销售型物业，加快项目开发，实现项目销售和收益回笼，重点关注存量项目年度销售收入和住宅销售签约额；针对培育期的附属产业公司，主要是以扩大市场占有率、成为行业领先企业为目标，重点关注收入、新签合同额、市场占有率等指标。

（五）综合平衡财务分析管理模式

对于企业整体业务，采取综合平衡财务分析管理模式，对不同业务采取以上四种财务分析管理模式，将各业务的管理目标协调一致，以实现企业整体财务管理目标。

三、财务分析管理对经营决策的支持作用

（一）使企业的决策和管理由分散化转为系统化

通过财务分析管理，可使企业管理层对企业内部各业务、各层次、各环节的生产经营进行全面系统的综合协调和动态监控，从而为企业的有效决策提供保障。

（二）有利于及时发现偏差并进行控制

财务分析过程中以预算数、定额数作为各预算执行单位的实际执行的标准，通过实际数与标准的对比分析，及时发现脱离企业预算目标的差异并分析原因，及时反馈给各预算执行单位，从而及时采取必要措施，实现企业的

生产经营活动的事中控制。

（三）有助于企业对各预算执行单位工作业绩的考核和评价

经企业集体决策形成的全面预算目标是考核和评价各个预算执行单位业绩的衡量标准。因此，在企业绩效管理方面，可通过分析各预算执行单位的预算指标的完成情况，分析实际偏离预算的程度，从而查找出现偏差的原因，划分责任和绩效成果，评价其经营业绩，从而落实奖惩政策。

第四章

城市轨道交通企业的成本管理

第一节　城市轨道交通企业成本管理现状

一、成本管理的概念

成本管理，是指企业在运营过程中实施成本预测、成本决策、成本计划、成本控制、成本核算、成本分析和成本考核等一系列管理活动的总称。

成本管理一般由成本规划、成本计算、成本控制和业绩评价四项内容组成。其中，成本规划是根据企业的竞争战略和所处的经济环境制定的，也是对成本管理做出的规划，为具体的成本管理提供思路和总体要求。成本计算是成本管理系统的信息基础。成本控制是利用成本计算提供的信息，采取经济、技术和组织等手段实现成本降低或成本改善的一系列活动。业绩评价是对成本控制效果的评估，目的在于改进原有的成本控制活动，激励约束员工和团体的成本行为。

企业应结合自身的成本管理目标和实际情况，在保证产品功能和服务质量的前提下，选择应用适合企业的成本管理工具或综合应用不同成本管理工具，以更好地实现成本管理目标，从而助力企业应对日益激烈的商业竞争环境，为企业提供持久的竞争优势。

二、成本管理的发展与演变

作为企业管理理论的重要组成部分，成本管理理论的发展迄今为止已有数百年的历史，人们对成本的认识随着社会经济环境、企业经营环境的变化也在不断发展和演变。

一般来说，成本管理理论的发展大体可以分为以下四个阶段。

（一）萌芽期（15 世纪—20 世纪初期）

这一时期，成本管理的主要目的是满足人们计算销售损益的需要，对产品成本进行估价以制定合理的决策。成本管理主要体现在成本核算以及事后对企业各年的实际成本进行相互比较的层面上。

（二）形成期（20 世纪初期—20 世纪 30 年代）

这一时期，美国提出了“以计件工资和标准化工作原理来控制工人生产效率”的思想，随后，美国会计师卡特·哈里逊第一次设计出一套完整的标准成本会计制度，从此标准成本脱离实验进入了实施阶段，产生了量本利分析、弹性预算和直接成本、固定成本的概念和工具，到 20 世纪 30 年代，标准成本的现实性又进一步扩大，人们逐渐以现行标准成本代替理想标准成本。

（三）发展期（20 世纪 40 年代）

20 世纪 40 年代，企业规模的不断扩大和市场竞争的日益激烈促使企业广泛推行职能管理和行为科学管理。这一时期陆续产生了“价值工程”的概念、目标成本管理理论体系，以及责任成本和变动成本的核算方法。

（四）成熟期（“二战”后）

“二战”以后，工业迅猛发展，激烈的市场竞争使实业家们的经营理念发生了巨大变化，由原先的生产导向型逐渐转变为顾客导向型，这一观念的转变给企业家们的生产目的、生产流程、管理方法等都带来了巨大影响，也使成本会计发生了深刻的变革。这一时期主要有以下几种成本管理理论产生。

（1）适时制。即以需求带动生产，生产需要时才购入零部件，保持低库存。

（2）全面质量管理。这主要是由顾客的需要和期望驱动，持续地改进产品质量和投入成本。

（3）战略成本管理。战略成本管理从宏观的角度将影响成本的因素扩展到了生产系统以外，着眼于企业长期性、根本性问题的解决。

（4）作业成本管理。作业成本管理的基本原理是：视企业的工作流程为一系列作业的集合，根据市场需求，以顾客订单为起点，核定作业消耗量、作业成本，提示资源动因、作业动因，并进行成本动因管理、作业管理，减少供产销各环节的存货积压、资金积压，提高公司经营效益。

（5）产品生命周期成本理论。这一理论把成本控制的范围由生产成本扩展到全生命周期成本，着眼于成本的发生源泉，立足于事前的、周密的、全盘的分析考察，这是现代成本管理思想的巨大飞跃。

（6）限制理论。该理论对成本会计系统的影响主要表现在，在某些情况下，不能一味地强调降低成本和费用，要有逆向思维，在企业的薄弱环节加大投入。

（7）基准管理和持续改进。基准就是以公司外部或内部最优的业绩标准来衡量自身的生产活动；持续改进意味着管理人员不是一次性地确定基准，而是持续不断地改进提高。基准管理和持续改进主要是指向本行业最好的公司对标学习，以同质产品的最低成本作为基准，实行企业再造工程以增强竞争力。

纵观成本管理理论发展的历程，从最初的成本核算、成本节约到全面成本管理，是科技进步和市场竞争共同推动的结果，也是人们对成本本质认识不断加深的体现。成本管理理论发展的外因在于企业环境变迁提出的现实要求，内因在于制造技术的进步和管理方法的改进。

三、成本管理的主要模式

企业成本管理模式受到众多因素的影响，一般来说，现代成本管理模式应该是战略成本管理模式。其基本内容是关注成本驱动因素，运用价值链分析工具，明确成本管理在企业战略中的功能定位，主要包括价值链分析、战略定位分析和成本动因分析。

（一）价值链分析

价值链可分为企业内部价值链和行业价值链两类。通过企业内部价值链分析，可以找出产生顾客价值的主要作业活动，对客户需求做出快速反应；改善行业价值链的联系，使得企业与其上、下游共同降低成本，提高相关企业的整体优势，寻找双赢的机会；通过对竞争对手的价值链进行分析，可以发现企业与对手相比，成本差异发生在价值链的哪个部分。

（二）战略定位分析

战略定位分析的内容包括总体战略与竞争战略。其中，总体战略是指从产品生命周期的原理出发，通过企业产品生命周期与市场地位（以市场份额为评判指标）相结合的分析方法，为企业的产品进行定位；竞争战略分为成本领先战略、差异化战略和目标集聚战略。

（三）成本动因分析

成本动因分析是从战略高度对企业成本结构和成本行为进行全面了解，找出引起成本变动的因素，并通过不断控制与完善，寻求降低成本以获得长期竞争优势的战略途径，成本动因分析贯穿于战略成本管理的始终。

四、城市轨道交通企业成本管理的特点

从全生命周期的角度来看，城市轨道交通的总成本主要分为前期规划设计费用、建设费用以及运营维护成本。其中，前期规划设计费用和建设费用

又可以合并为线路建设总成本，这部分成本受城市轨道建设规划、城市经济发展水平等外部宏观因素影响，同时，该部分费用最终将会体现在运营期的固定资产折旧费用和摊销费用上，因此，本章重点围绕运营维护成本展开论述。

城市轨道交通企业的运营维护成本构成主要为人工成本（包括运营服务、维修服务、管理技术支持等）、能耗支出、维修费用、折旧摊销、安检成本、后勤保障成本以及其他运营费用等项目费用。具体的成本构成大致情况如表 4-1 所示。

表 4-1 城市轨道交通企业的成本构成

成本项目	成本占比（%）
人工成本	50~60
能耗支出	12~15
维修费用	10~15
折旧摊销	8~20
安检成本	7~12
后勤保障成本	10~15
其他运营费用	3~5

如表 4-1 所示，运营维护成本中人工成本占比往往会超过一半，折旧摊销则因运营企业无力承担高额折旧成本和资产更新改造投入，各地采用了不同的折旧政策，做法不一。能耗支出和维修费用各自占比为 10%~15%，其成本水平因线路运营阶段的不同而变化。其他运营费则主要有保洁费、护卫费等项目费用。

城市轨道交通企业运营成本具有成本规模大、固定成本高、成本动因复杂的特点。运营成本受线路规划设计阶段的路由（始发/终点站、换乘站及途经站）、工艺选择、设备选型（车辆等）等前期因素影响。同时，城轨企业属于准公益性企业，其运输票价属于政府定价范畴，票务收入无法覆盖地铁运营的完全成本，政府主管部门对该类企业的基本要求是把社会效益放在首位，内部加强成本控制，提升运营效率和保障能力，兼顾经营业绩和国有资本保值增值。

五、轨道交通企业成本管理的难点

一般来说，城市轨道交通企业成本管理存在的主要问题有运营成本规模大、增长快，收入无法覆盖成本，安全成本投入大，成本动因复杂，成本精细化管理难度大等。

（一）成本规模大、增长快

轨道交通由于具有客流量大、车站数量多、列车开行密度大、运营里程长等特点，因此其对应的运营成本大。近年来，随着各个地市地铁线网规划批复，开通线路不断增长，地铁线网规模扩大，特别是部分郊区线路的开通运营，成本随之急剧增长。运营企业面临极大的成本管控压力。

（二）票务收入无法覆盖成本

地铁票价属于政府定价，通常要综合考虑当地经济发展水平、财政收入与居民收入情况，票价较低，具有公益性。但是运营成本是由市场化水平来决定的，单靠票价收入，无法弥补运营成本。随着郊区线路的开通，两者之间的缺口越来越大。

（三）安全成本投入大

由于城市轨道交通多处于地下密封环境、客流量大，因此运营安全显得尤为重要，为了确保运营安全、旅客快速疏散、保障运营服务质量，需要大量确保运营安全的成本支出，包括安检支出、护卫支出、确保设备安全运行的维修支出等。

（四）成本动因复杂

运营成本按照业务特点和性质，可分为客运服务、维修服务和管理支持三大类，其中，不同类型成本的作业动因不同，动因层级复杂，譬如维修服务成本，按照专业划分可以再细分为电客车、车辆设备、通信、信号、AFC、变电、接触网、房建、线路、感应板、环控、自动化、屏蔽门等，按照维修类型又可以进一步划分为预防性维修、日常故障修、专项修、架中修、大修等。不同专业、不同类型的维修作业的动因均存在不同。

（五）成本精细化管理难度大

轨道交通企业管理的资产数量多、员工人数多、专业多、组织架构复杂，成本精细化管理难度很大。需要充分运用好各种成本管理的工具和方法，搭建业务端的成本管理基础信息系统，夯实成本管理的基础，才能做到运营成本管理精细化，进而不断地改善和提升成本管理效益。

六、成本管理工作对轨道交通企业的意义

做好成本管理工作，对于任何一个企业都显得极为重要，对轨道交通企

业而言，成本管控压力巨大，更为如此。

（1）加强成本管理是保障轨道交通企业可持续发展、满足国资部门监管、支撑企业发展战略实施的必然要求。

（2）加强成本管理是促进企业改善经营管理、转变经营机制、全面提高企业素质和活力的重要手段。

（3）通过成本费用效益管理与预算管理的有效结合，对成本费用的投放进行约束和调节，有效支撑企业价值创造活动，实现成本费用效益最大化。

第二节　城市轨道交通企业成本管理体系

一、城市轨道交通企业成本管理的原则

城市轨道交通运营企业的成本管理，必须立足于本行业的客观情况和运营特点，结合企业的运作模式选择适合自身的成本管理方法和工具，指导本企业的成本管理工作。其中，首先需要明确成本管理的基本原则，总体来看，主要应围绕以下原则指导成本管理工作开展。

（一）战略匹配原则

城市轨道交通运营成本管理工作应以企业战略为目标、成本定额标准为依据、成本费用核算为基础，准确反映企业生产经营活动消耗。

（二）业务融合原则

城市轨道交通运营成本管理工作应企业业务模式为基础，将成本管理嵌入业务的各领域、各层次、各环节，建立效益管理体系，组织资源预算分配，实施成本效益归口管理，为企业经营管理服务。

（三）成本效益原则

城市轨道交通运营成本管理工作在应用相关工具方法时，应权衡其为企业带来的收益和付出的成本，避免获得的收益小于其投入的成本。

（四）重要性原则

城市轨道交通运营成本管理工作应重点关注对成本具有重大影响的项目，譬如：人工、维修、水电费等，对于不具有重要性的项目可以适当简化处理。

二、城市轨道交通企业成本的分类体系

按照管理的维度不同，轨道交通运营成本的分类也不同。具体有以下分类。

（一）按管理属性分类

按管理属性分类，可以将运营成本划分为主要运营成本、工资及工资性费用、行政性费用、管理性费用、财务费用、后勤保障费用等成本类型。

（二）按成本核算科目分类

按成本核算科目分类，可以将运营成本划分为人工费、折旧费、维修费、水电费、保洁绿化费、安检护卫费、交易服务费、间接管理费等成本类型。

（三）按业务特点分类

根据运营业务特点和性质，运营作业成本可分为客运服务、维修服务和管理支持三大类，其中：客运服务成本是指地铁客运服务过程所需消耗的人力、物料、能耗等成本费用，主要包括站务服务、乘务服务、票务服务和调度控制的成本费用，如表 4-2 所示。

表 4-2　客运服务成本构成

作业内容	成本费用	
	一级	二级
站务服务	人工成本	站务员人工成本
		其他人工成本
	材料成本	材料成本
	委外成本	委外成本
	电耗	电耗—环控
		电耗—照明
乘务服务	人工成本	电客车司机人工成本
		工程车司机人工成本
		车厂人工成本
	材料成本	材料成本
	电耗	电耗—牵引

续表

作业内容	成本费用	
	一级	二级
票务服务	人工成本	制票员人工成本
		收益核对员人工成本
		票务管理员人工成本
		其他人工成本
	材料成本	材料消耗
		车票印制费
		发票印制费
	委外成本	
调度控制	人工成本	行车调度人工成本
		OCC 值班人工成本
	材料费	材料成本

维修服务成本是指为保障地铁设备设施正常运行，运营单位对设备设施检维修作业所消耗的人力、物料和委外维修等成本费用，主要包括电客车、车辆设备、通信、信号、AFC、变电、接触网、自动化、环控电气、门梯、线路、房建等专业预防性维护、视情更换、大架修的人力、物料消耗以及委外维修等成本费用，如表 4-3 所示。

表 4-3 维修服务成本构成

资产组			作业内容		成本费用
一级	二级	三级	一级	二级	
电客车	A 型车	A1、A2、A3，…	日常维修维护	预防性维护	人工成本/材料费
				视情更换	
	B 型车	B1、B2、B3，…		委外维修	
			大架修	必修必换	人工成本/材料费
	L 型车	L1、L2、L3，…		视情更换	
				委外维修	
	APM 线车型	APM		高价周转件更换	周转件摊销

续表

资产组			作业内容		成本费用
一级	二级	三级	一级	二级	
车辆设备	不落轮镟床、公铁两用车、工程车、固定式架车机、移动式架车机、洗车机、立体仓库、其他		日常维修维护	预防性维护	人工成本/材料费
通信	传输、交换、广播、时钟、视频监控、无线、电源				
信号	连锁站设备、二级连锁站设备、非连锁站设备、车载设备、轨旁设备、OCC 设备、车辆段设备			视情更换	
AFC	车站级终端设备	闸机、自动售票机、半自动售票机、其他设备			
	清分系统	综合中央计算机系统（ICCS）、线路中央计算机系统（LCC）		委外维修	
	门禁系统			视情更换	
变电	主变电所、牵引降压混合变电所、降压变电所		大中修	必修必换	人工成本/材料费
接触网	刚性接触网、柔性接触网、接触轨				
自动化	FAS、BAS、SCADA、气体灭火、综合监控			视情更换	
环控电气	环控、低压配电、给排水				
门梯	电扶梯、屏蔽门			委外维修	
线路	不含感应板、含感应板				
房建				高价周转件更换	周转件摊销

管理支持成本是指为保障正常生产运营所发生的办公费、会议费、差旅费、业务招待费、保洁费、清洁绿化费、业务宣传费、劳务费、乘客赔偿金、安全生产费、技术图书资料费、咨询费、销售费用等管理和行政性费用，等

等，如表 4-4 所示。

表 4-4 管理支持成本构成

成本费用动因	成本费用
人员动因类费用	宣传费
	办公费及低值易耗品摊销
	技术图书资料费
	通信费
	劳动保护费
	劳务费
	会议费
资产动因类费用	办公维修费
	检验检测费
	财产保险费
	保洁费
	清洁绿化费
	汽车费用
	警卫费
	消防费
营业规模类费用	地铁卡交易费
	业务接待费
	销售费用
	乘客赔偿金
行为动因类费用	差旅费
	咨询费
	技术开发费
	招投标费用
	招聘费用
	协会会费
	租赁费
	公安分局水电经费

续表

成本费用动因	成本费用
政策动因类费用	排污费
	卫生监测费
	涵洞管理费
	安全生产费
	办公折旧费
	长期待摊费用
	无形资产摊销
	不可预见费

三、城市轨道交通企业成本的组织实施

为了确保成本管理工作的有效落实并取得成效，需要在企业内部建立成本管理体系，通常通过以下几个方面的相互联系和相互作用来实现成本管理的职能和使命。

（一）组织机构

企业应该搭建成本管理的机构，在公司统一指导下，对各单位成本费用实行分级授权管理。

各单位需树立成本管理理念，做到业务与经济相结合，成本管理与责任相结合。一般来说，应由企业总经理亲自挂帅，分管财务、业务的相关领导组成成本管理领导小组；由财务部门牵头，各事业部、中心、子公司一把手组成工作小组。建立中长期成本管控规划、年度成本管理工作计划、定期成本管理工作例会机制来保障成本管理工作的落实和推动实施。将各运营单位的成本管控工作执行情况与企业组织绩效考核衔接，各单位将成本管控工作分解到员工绩效考核中，层层落实责任。

（二）管理程序

成本管理工作全过程具体包括成本预测、成本规划、成本控制、成本核算、成本分析及考核激励六个环节。各环节通过不断总结和优化，构成成本管理循环，如图 4-1 所示。

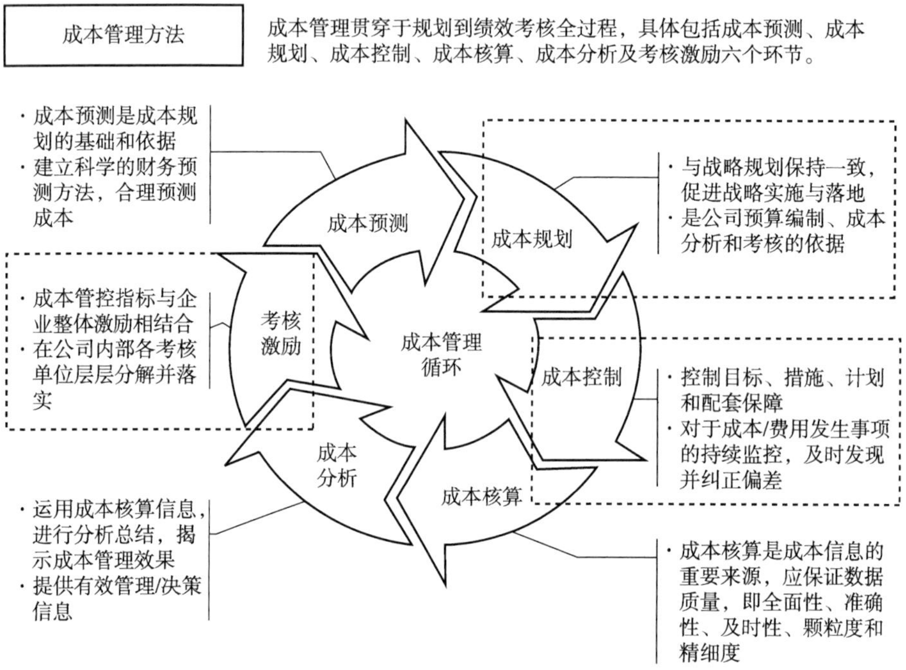

图 4-1　成本管理工作示意图

成本管理六大环节具体内容如下。

（1）成本预测。建立科学的财务预测方法，合理预测成本，是成本规划的基础和依据。

（2）成本规划。与战略规划保持一致，促进战略实施与落地，是企业预算编制、成本控制、成本分析和考核的依据。

（3）成本控制。持续监控成本、费用发生事项，及时发现并纠正偏差。

（4）成本核算。对成本、费用进行确认、计量、记录、分配、计算等，是成本信息的重要来源，应保证数据质量（即全面性、准确性、及时性、颗粒度和精细度）。

（5）成本分析。运用成本核算信息，进行分析总结，揭示成本管理效果，提供有效管理及决策信息。

（6）考核激励。把成本的实际完成情况与应承担的成本责任进行对比，考核、评价成本管理目标的完成情况。成本管控指标与公司整体激励相结合，公司各有关单位需将成本考核激励进行层层分解并落实。

（三）过程控制

做好成本管理的过程控制，对于能否实现成本管理效果十分重要。一般来说，每个会计年度终了 90 日内，各部门、单位需提交年度成本管理工作总结报告，总结年度成本管理工作的成果，分析本单位成本管理工作经验并提出完善建议，报集团公司财务管理部，作为年度成本管理水平的评价依据。

定期做好成本管理的检查监督工作，通过对成本目标制定合理性、成本控制有效性、成本核算准确性以及成本分析有效性的审核，以保证成本管理的持续优化。

财务管理部门应定期组织对各单位成本管理体系搭建、制度建立情况、成本费用预算执行及反馈情况、成本差异分析及改进落实情况进行监督和检查，并将检查结果纳入定期财务工作评价与检查范围。企业应根据年度成本管理工作重点，设定成本管理考核指标，根据年度组织绩效考核方案纳入考核。

第三节　城市轨道交通企业成本管理的主要方法与应用

结合城市轨道交通企业的成本特点，较为适合轨道交通企业的成本管理方法有定额管理、作业成本管理以及战略成本管理等。

一、定额管理

定额管理是指用来合理安排和使用人力、物力、财力的一种管理方法，定额即在生产经营活动中，对人力、物力、财力的配备、利用和消耗，以及获得的成果等方面所应遵守的标准或应达到的水平。

（一）定额管理的类别

城市轨道交通企业运营业务的定额可以分为配置定额、标准定额和配套定额等类别。

1. 配置定额

配置定额是指对公司的设备、物资等各种有形非货币资产进行配置的数量和价格标准。具体分为以下四大类。

（1）设备及用品配置定额。这包括对计算机设备、办公设备及用品、劳保用品、安全消防用品、制服、营销用品、客运生产用品、工器具、生产设备设定的配置定额。

（2）人员配置定额。这是指根据实际业务情况，按照每单位业务产出设定的人员配置数量。

（3）成本费用配置定额。这是指根据业务实际情况、匹配业务量、设定的各项成本费用的单位配置标准。

（4）库存配置定额。这是指为了使生产经营不间断，并达到一定的用户服务水平而保留的库存物资配置水平。

2. 标准定额

标准定额是指在一定的生产条件下，为实现生产经营目标所需消耗的合理资源数量和价格标准。具体分为以下三大类。

（1）工时标准定额。这是指完成单位生产任务所消耗的工时数量。

（2）材料消耗标准定额。这是指在一定条件下，完成单位产品或完成单位工作量所需消耗材料的数量和价格标准。材料消耗定额可以按照维修修程类别，进行分类细化。

（3）能耗标准定额。这是指在一定的生产条件和设备正常运转情况下，为生产单位产品或完成单位工作量所需消耗的能源数量和价格标准。

3. 配套定额

配套定额是指用以辅助支持配置定额、标准定额编制和管理的配套支持指标。具体分为以下三类。

（1）维修规程。这是指各类设备的检修作业规程，用以辅助支持材料消耗标准定额的编制和管理。

（2）经济订货批量。这是指物料一次订货的最经济、有效的数量，用以辅助支持库存配置定额的编制和管理。

（3）其他辅助支持配置定额、标准定额编制和管理的配套指标。

企业应该制订和编写年度定额工作计划，并下发至各部门、单位、各事业部、中心，要求其编制本部门的详细定额工作计划。工作计划的内容主要包括年度定额工作目标和任务，新编定额的内容、已有定额执行的检查内容、定额例行修订的内容，年度定额编制、检查和修订工作的时间安排，各部门的责任落实等内容。

其中，定额编制是根据设备修程、作业环节、作业动因等，结合历史数据和实际业务需求，形成定额标准，可以采用经验估算法、统计分析法、写实查定法以及技术计算法等常用办法进行编制。定额标准水平应介于先进水平与一般水平之间，使大多数单位或个人经过努力可以实现，激励其逐步向先进水平靠近。程序上应按照“自下而上、分级编制、逐级汇总”的程序进行。编制时间则可根据每年公司制订的定额工作计划确定。

（二）定额管理成果应用

定额管理成果可应用在企业经营、成本管理的多个方面，主要有以下几个方面。

（1）预算管理。定额是预算编制和资源配置的重要依据，通过定额管理，可以提高全面预算管理的科学性，提高年度预算、项目立项编制的准确性，从而实现资源的有效配置，提高企业资金的利用效率。

（2）成本管理。定额是成本执行中的控制标准，严格按照定额进行物资配置和成本控制，有助于树立成本理念，降低营运成本，实现减亏增效。

（3）绩效考核。定额能够为企业经营考核目标的设定提供科学、有效的依据，从而真正发挥绩效管理的作用。绩效考核通过实际数与预算目标值的对照，考核各部门、单位的经营业绩，决定相关的奖惩方案。

（4）决策支持。定额作为对比分析的参照标准，能为公司在经营管理、市场开拓和投资决策等方面提供重要的决策依据。各部门、单位在进行新投资项目的可行性研究时，需运用定额进行“成本—效益”分析，从而判断项目的可行性。

二、作业成本管理

作业成本管理可以很好地将成本管理深入作业层次，识别各作业环节的成本动因，根据成本动因对各项作业所产生的资源消耗进行分摊，按成本对象对各项直接成本和分摊成本进行成本归集、管理和分析，从而指导企业有效地执行必要的作业，消除和精简不能创造价值的作业，达到降低成本、提高效率的目的。在轨道交通行业，北京、香港、上海、广州等地地铁公司的实践也证明了作业成本管理是控制运营成本的有效手段。

（一）作业成本的应用原理

作业成本推广应用的出发点是根据运营业务的价值链，梳理运营价值活动、责任单位、作业环节和责任成本四要素之间的两两映射关系，以作业活动为桥梁，建立成本与责任单位的联系。分类制定成本管控策略的思路如图4-2所示。

在按责任单位核定责任成本、制定控制策略的基础上，基于全成本观与作业成本方法的运用，运营部门的成本优化策略突出体现为两个方面：①按

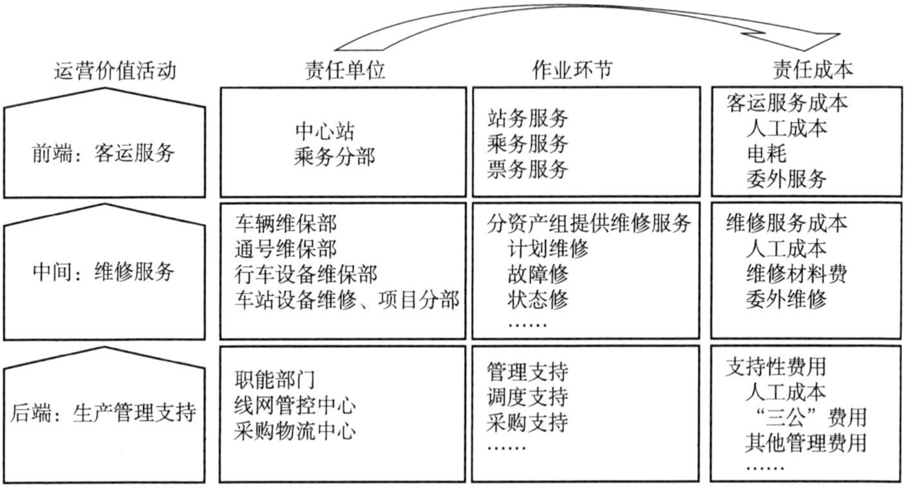

图 4-2 分类制定成本管控策略的思路

价值活动分类管理。按照运营价值链将运营业务分解为前端客运服务、中间的维修服务与后端的生产管理支持三大类，分别针对每类业务活动的重点成本项目设定管控策略，如表 4-5 所示。②以作业为纽带，针对每类价值活动进行“成本资源—作业活动—成本对象—责任中心”的四维映射，将成本管控措施深度植入业务前端。

表 4-5 各项主要成本的具体改进策略

价值链分类	业务端控制策略	分项闭环管控策略	
客运服务	服务策略优化，如服务标准与排班方式优化； 运输策略与计划能力的提升； 客运服务与设备能力、维修服务的协调 信息技术支撑 ……	标准成本总体策略	应用作业成本法核定三大服务环节的标准值
		人工成本—车务	对标 CoMET① 体系，引入定额工时分作业核定配员标准，以单位配员评价劳动生产率并考核。优化人工成本激励方式，引导责任单元通过服务模式的优化从业务源头控制人工成本，比肩成熟、先进企业，实现单位配员与员工人均收入的双指标提高
		电耗 能耗	映射到作业：将牵引电耗计入乘务服务环节，将环控、照明计入站务服务环节 分解落实责任：明确不同责任中心的电耗管控时点与要求。如：车辆中心在车辆选型与技改决策阶段控制牵引电耗；车务中心在列车运营组织与乘务服务阶段影响牵引电耗

① 世界地铁协会（Community of Metros）的简称。

续表

价值链分类	业务端控制策略	分项闭环管控策略	
维修服务	资产全生命周期管理的成熟 维修模式优化，如委外维修 维修策略优化，如应急响应 维修过程优化，如增加状态修 ……	标准成本 总体策略	面向资产组、按检修作业分类核定标准值
		维修 材料	按照资产组精细成本对象：按照设备包精细成本核算对象，支持全生命周期成本分析 映射到作业：按检修作业探寻材料消耗规律 规范数据口径：明确预防性维修、大/架修、大/中修各类材料的归类口径
		人工成本— 三大维修中心	对标 CoMET 体系，按资产组、按维修项目的定额工时、时间利用率核定单位配员标准，通过“标准—计划—实际配员”分析，逐步提升劳动生产率 优化人工成本激励方式，引导责任单位通过维修模式的优化从源头控制人工成本，比肩成熟、先进企业，实现单位配员与员工人均收入的双指标提高
		委外 项目	作业成本视角：按照作业环节，将委外维修与自修成本同样匹配到资产组，增加成本的可比性 全成本管理：按作业活动统筹自主维修与委外维修的材料消耗与人工小时。将委外工时、小时费率等委外作业成本测算模型纳入委外项目论证与合同管理系统
生产管理 支持性活动	技术改造； 科技创新； 管理能力提升	支持性成本费用	动因分析方法核定标准：包括辅助生产支持与管理支持费用标准。按照五类成本动因逐项核定成本标准，再分摊到各作业环节或专业

（二）作业成本法在运营成本管理中的具体应用

1. 作业成本法在标准成本指标建立方面的应用

城市轨道交通运营成本标准，是根据企业生产经营活动已经达到的技术和管理水平，对轨道交通运营过程中的标准作业活动，经过精确的调查分析和技术测定所制定的正常情况下的最优成本消耗标准。该成本标准与轨道交通企业的安全运营标准、客运服务标准及维修服务标准相适应，是企业标准管理的一个重要组成部分。标准成本体系数不仅包括核定标准值，还包括运用核定的标准值进行定额修订、成本预算、成本分析、行业对标与考核激励的全过程。为此，标准成本管理体系的建立需要经历从初始核定、对比互动、持续优化的过程。通过动因分析确立单位成本指标、核定标准值，确保向责任中心下达的成本指标不受组织动态调整、业务规模扩张的影响，成本目标更加科学、有效。以客运服务作业为例，其标准成本值的核定具体有以下四个步骤。

第一步，梳理标准作业库。以乘客界面为起点，地铁运营的客运服务可以划分三个主要作业环节和一个生产支持环节：①站务服务。包括车站向乘客提供的各项服务，主要由车务中心下辖车务部门的中心站完成。②乘务服务。是指从乘客上车到下车的乘务服务过程，主要由各乘务分部的电客车司机及其他随车人员完成。③票务服务。是指制票与收入稽核等工作，由票务部门完成。④生产支持。包括调度、计划、质量安全等各项生产支持工作。由调度部、质量安全部等共同完成。不同的作业环节消耗不同的资源，映射对应的成本。如站务服务主要映射的成本为人工成本、照明电费与环控电费；乘务服务主要映射的成本是人工成本、牵引电耗；票务服务主要映射的成本是人工成本、材料费等。通过对作业库的梳理，可以将成本按作业库进行归集。

第二步，核定作业级成本标准。以站务服务作业的人工成本标准为例，作业级成本标准包括四个指标：标准小时费率、定额工时、时间利用率标准与站均人工成本标准。需要说明的是，定额工时是指站务服务在岗的标准值班工时，不包括培训、待岗等非工作时间。站均或是单位客流的站务服务定额工时水平反映公司服务排班的效率与现场管理能力。时间利用率标准是指人均在岗时间占制度工时的比例。时间利用率标准反映地铁公司的人员利用效率与配员的合理性。

第三步，核定成本对象级成本标准。依据所有作业环节的标准成本，合并同类成本项目，便可得到某条线路总体的客运服务成本。如人工成本为站务服务、乘务服务与票务服务及生产支持四类人工成本加总形成。将各项成本加总，即得到该线路客运服务的总人工成本。此时，运输业务的客运服务的作业成本体系已经搭建完成，某条线路客运服务的总成本既可以按照传统的人工、电费、材料等成本项目的加合，也可以按照新核定的四个作业环节成本标准加合。

第四步，测算单位成本指标。测算单位客运服务单位成本指标，即客公里客服成本、每站客服成本与车公里客服成本。上述单位成本指标可以成为各线路间、行业间成本水平的对比分析指标。特别值得提示，客公里成本还可以将客运服务成本与客运收入挂钩，分析各线路运营的效益水平。客公里客服成本、车公里客服成本可以与 CoMET 要求的“运营费用/乘客公里”“运营成本/车公里”两指标口径一致，以便于与国际同行进行对标。

2. 作业成本在维修成本精细化管理方面的应用

与客运服务不同的是，资产维修服务是指面向各类资产的具体维修活动，维修作业是针对具体的资产组或设备组合功能设置与实施的，因此我们引入了资产组的概念，如电客车、通迅、门梯等作为资产组进行成本归集。而各类资产组又可以按照维修作业修程，区分为大修、架修、专项修、日常修等作业。维修成本精细化管理的核心是建立“资源—作业—资产组—责任单位”的四维映射模型，且管理精细度首先取决于资产组的划分级次。相关关系如图 4-3。

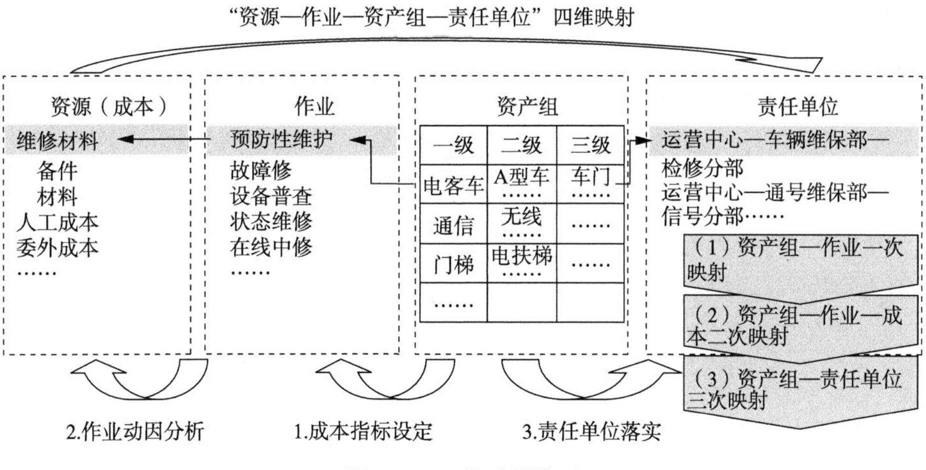

图 4-3　四维映射模型

资产组概念的引入使得运营成本的成本对象更加精细，维修成本的责任落实也从“成本—责任中心”的二维一次映射，转换为“成本—作业—资产组—责任中心”的四维三次映射。源于业务本源核定的标准成本，能够适应企业组织变革的影响，因此更具生命力。具体操作方法如下。

（1）选定资产组精细度，设定资产组级单位成本指标，分类梳理检修作业，完成“资产组—作业”的一次映射。具体分为三个步骤：首先，与运营资产组相联系，选定成本对象的精细度。其次，分析提炼资产规模动因，设定资产组级单位成本指标。最后，按照资产组的类别梳理维修作业库，完成从“资产组到作业库的一次映射”。

（2）从作业到资源，分析作业成本动因，设定作业级成本指标，完成“资产组—作业—成本”的二次映射。将维修作业按照修程，区分为大修、架修、专项修、日常修等，其中日常修又根据维修策略的不同划分为预防性维修、故障修、状态修、技改、设备普查等作业类型。按作业类型、回归到资产组搭建标准作业成本体系。

（3）落实成本责任，完成从“资产组—责任单位”的三次映射。以资产组为起点核定最小单元的成本标准，按照资产组的维修职责、维修模式落实成本责任，通过模块化组合的方式快速核定责任单位的目标成本，可以克服组织与职责的调整造成的成本数据不可比现象，有利于运营单位适应动态的组织变化持续积累数据，清晰落实基层成本管理责任。

（4）核定维修服务作业标准成本值。同样，资产的维修业务也可以按照上述客运服务的四个步骤进行维修作业成本标准值的核定，核定出某类资产组年度的维修成本或某类资产组单次架（大）修维修成本。如：

某类资产年度预防性（故障修）维修成本=单位资产年度材料成本×资产规模+预防修（故障修）维修定额工时×维修小时工资费率×标准小时利用率

某类资产单次架（大）修成本=单位资产单次必耗材料成本×资产规模+单位资产单次必用备品件成本×资产规模+单位资产单次生产周转件摊销×资产规模+单位资产单次视情更换成本×资产规模+单位资产单次架（中）修维修工时×维修小时工资费率×标准小时利用率+单位资产单次委外成本×资产规模

其中：某类资产单次架（大）成本还可以按规程年限分摊至年度，形成某类资产年度分摊架、中、大修维修成本。一般架（中）修维修成本考虑按5年进行分摊，大修成本考虑按10年进行分摊。

将上述各类维修作业成本汇总便可得出某类资产组年度维修标准成本值。即：某类资产组年度维修作业成本=某类资产当年度预防修、故障修等日常修维修成本+分摊至当年度的某类资产架（中、大修）维修作业成本+按工时分摊的其他生产管理支持性成本（如有）。

3. 作业成本法在企业经营管理方面的结合应用

作业成本法不仅是一种先进的成本计算方法，同时也是实现成本计算与成本管理控制相结合的行之有效的“全面成本管理制度”。运用作业成本法的重要意义远不仅局限于能够提供准确的成本信息，其通过对企业整个价值链管理实施持续改善，从而提高企业的获利能力和竞争能力。通过应用作业成本原理核定的标准成本体系，是城市轨道交通运营业务开展成本管理工作的重要工具，进而可以给预算与定额管理、成本管理与控制、成本分析、考核激励、对比管理等带来一系列的管理变革，与之结合起来进行广泛的应用。

（1）与预算管理方面的结合应用。在预算编制阶段，相对于宏观的年度预算、微观的作业定额，作业标准成本是基于单位资产规模的中观成本指标，因此，作业成本标准值不会因业务修程的微观变化而非常摇摆不定。同时，作业标准成本也不会像宏观的预算数据一样随组织机构的调整而频繁变动。为此，作业标准成本是衔接定额与预算的中间桥梁。有了作业标准成本，各生产中心编制预算时，只需要预测年度的作业量水平，参考单位作业成本单耗标准制进行分专业、分项目成本预算的编制。财务部门可以运用标准作业成本测定年度预算值，审核各单位的成本预算。如果超标准，需履行特殊事项申请审批程序。即：预算单位只需按照年度生产计划输入作业量指标，系统将自动依据设定的作业单耗标准成本测算出年度预算数据与关键预算指标（如车公里成本）。当预算责任单位预算申请高于按照标准成本测算的预算值时，必须以特殊事项申请的方式说明原因，作为预算审核的依据，大大提升了预算审核的质量与效率。

（2）在成本对标分析方面的应用。在作业成本标准值体系逐渐完善的基础上，城市轨道交通运营企业可以进一步搭建运营作业成本分析模型（系统）（图 4-4），建立运营成本数据中心，形成多维的分析模型与报表体系，实现企业运营成本管理一体化、智能化，提升城市轨道交通运营企业成本管控水平，提高业务和财务的数据质量和效率，为管理决策提供支持保障。

同时，有了标准作业成本，成本分析从过去的预算值与实际值对比分析，转变为作业标准值、预算值与实际值的两两对比分析，从业务源头发掘成本差异原因，评价维修、服务模式改变对成本带来的影响，在分析报表、分析内容方面深入发挥标准作业成本在成本分析过程中深度发掘业务动因的效果，推动管理持续优化。

（3）下沉成本责任，强化激励考核方面的应用。通过引入作业标准成本，

图 4-4　轨道交通运营作业成本分析模型（系统）

可以推动内部核算，下沉成本责任，强化考核激励。实施作业成本的过程，也是分解成本目标，下沉成本责任的过程。按照作业动因进行成本归类，有助于找到规律准确核定成本标准。将作业成本映射到各级责任部门，乃至班组，可以实现成本责任的分解落实，有助于成本考核与内部激励方案的制定，并且源于业务本源核定的标准成本，可以不受组织调整的影响，更好适应企业组织变革，更具生命力。通过建立作业成本标准，明确考核引导目标，将对标纳入考核激励方案，兼顾实际水平、标准值水平、COMET 国际先进水平设定内部激励考核方案，如当完成预算标准成本时予以一定比例的激励，当超越预算标准贴近行业先进成本标准时，则给予更大比例的激励，推动各个业务单元自觉的提高作业效率，消除无价值作业，降低作业成本，从业务源头提升成本管理能力。

（4）为项目经济效益评价方面提供决策支持。作业成本管理成果可以为城轨企业“走出去”提供数据支撑，为 PPP 项目财务评价提供决策支持。近年来，城市轨道交通采用委托运营、PPP 模式的方式越来越多，国内具有一定经验、管理领先的城轨运营商，先后开始探索“走出去”，积极参与国内外委托运营、PPP 项目。然而，由于城市轨道交通项目的特性，要求运营商必须具备多年的轨道交通运营管理经验，积累丰富的轨道交通运营作业成本数据，熟悉影响运营成本的关键动因，才能更好的为项目开展提供基础，为项目的财务评价提供更好的决策支持。作业成本管理思维下，更强调全成本观管理，通过逐步积累完善已开通线路资产全生命周期成本指标数据库（见下表4-6），对内可用于成本调控，对外可用于指导企业外拓项目市场报价或委外服务项目的价格预测，全面支持城轨企业“走出去”“引进来”等业务的开展，提升了作业成本管理服务于企业经济效益的价值。

表4-6 地铁运营生命周期成本指标数据库

指标	单位	1999年	……	2018年	1999—2018年合计
一、成本动因指标					
（一）运营里程	万车公里	×××	×××	×××	×××
（二）客运量	万人次	×××	×××	×××	×××
二、成本表现数据					
（一）运营成本	万元	×××	×××	×××	×××
1. 人工成本	万元	×××	×××	×××	×××
2. 电费	万元	×××	×××	×××	×××
牵引电费	万元	×××	×××	×××	×××
环控电费	万元	×××	×××	×××	×××
3. 维修费（作业成本）	万元	×××	×××	×××	×××
自修	万元	×××	×××	×××	×××
人工成本	万元	×××	×××	×××	×××
材料成本	万元	×××	×××	×××	×××
（二）资源经营成本					
三、成本标准指标					
（一）车公里运营成本	元/车公里	×××	×××	×××	×××
1. 车公里人工	元/车公里	×××	×××	×××	×××
2. 车公里电费	元/车公里	×××	×××	×××	×××
其中：车公里牵引电费	元/车公里	×××	×××	×××	×××
每站每日环控照明	元/站·日	×××	×××	×××	×××
3. 车公里维修成本	元/车公里	×××	×××	×××	×××
自修	元/车公里	×××	×××	×××	×××
人工成本	元/车公里	×××	×××	×××	×××
（二）人公里运营成本					
四、KPI指标					
（票款收入+补贴收入）/乘客人次	元/人次	×××	×××	×××	×××

三、战略成本管理

近年来，基于资产全生命周期管理，大多数城市的轨道交通企业选择了规划设计、建设、运营一体化的运作管理模式。在推广运用较为成熟的标准成本管理、成本定额管理、作业成本管理、目标成本管理等管理工具的同时，先进的轨道交通企业开始思考探索战略成本管理在轨道交通企业的应用实践。

（一）战略成本管理的涵义与原理

战略成本管理是成本管理与战略管理有机结合的产物，是传统成本管理对竞争环境变化所做出的一种适应性变革。国内理论界的主要观点是认为战略成本管理关注成本管理的战略环境、战略规划、战略实施和战略业绩，其含义可表述为不同战略选择下如何组织成本管理，如何利用成本信息进行战略选择，以及不同战略选择下如何组织成本管理。战略成本管理以战略视角对企业及其关联企业的成本行为和成本结构进行分析，服务于企业战略目标，从而持续获得和保持企业持久竞争优势而进行的成本管理。

战略成本管理包括两个层面的内容：一是从成本角度分析、选择和优化企业战略；二是对成本实施控制的战略。前者是企业战略中的成本侧面，后者是在前者的基础上为了提高成本管理的有效性而对成本管理制度、方法和措施等所进行的谋划。其原理主要是通过战略性成本信息的提供与分析利用，以促进企业竞争优势的形成和成本持续降低环境的建立。

（二）战略成本管理在轨道交通企业的具体应用

1. 战略成本管理的三个层次

根据资产全生命周期的管理理念以及轨道交通企业“规划—设计—建设—运营”一体化管理特点，在战略成本管理思想指导下，可以将轨道交通企业的成本管控划分为战略成本（规划设计成本）、建设成本、运营成本三个层次，三个层次之间相互渗透，相互影响，如图 4-5 所示。

规划设计与建设阶段决定着建设成本，并为后端运营成本管控奠定基础，而在进行运营成本管控的同时，又可结合实际运营经验，对前端线路规划设计与建设阶段提出需求及改进优化建议，从而起到牵引规划设计与建设的作用，构筑闭合的一体化成本管控，在确保社会效益的同时取得最优的经济效益。各层次的成本相互关系有以下几点。

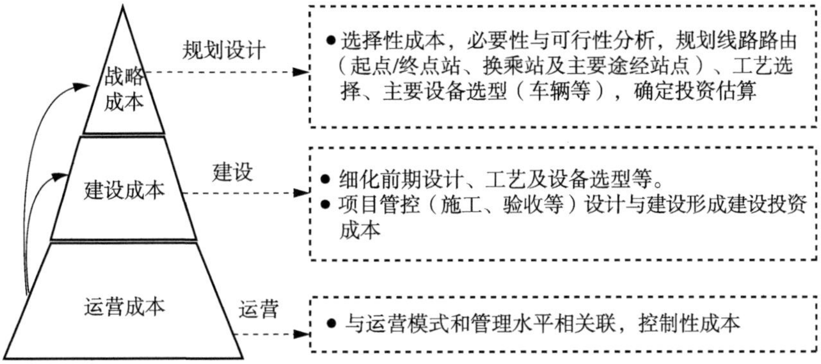

图 4-5　轨道交通企业成本管控层次

（1）战略成本（规划设计成本）。轨道交通线路规划设计主要确定线路的路由（起点/终点站、换乘站及主要途经站点及车辆段等）、工艺选择（明挖/暗挖/盾构）、主要设备选型（车型及关键专业系统）等，并据此形成投资估算，在较大程度上决定了建设成本规模。同时，线路路由是人员密集型还是规划引导型直接影响了后期运营的收入，且与工艺选择、设备选型等共同决定了线路建成开通后的运营成本水平与管控空间。

（2）建设成本。轨道交通线路建设阶段主要开展招投标与项目管理等工作，在该阶段需落实具体工艺、细化设备选型、开展招投标管理、施工管控等，并形成建设投资成本。建设阶段为承上启下的环节，在线路规划设计成本规模下，应结合地质条件与后续运营管理需要，优先运用先进技术、工艺，选用节能、耐用、安全性高的材料和设备，构建低成本运营的基础。

（3）运营成本。在运营阶段，运营成本与公司运营模式和管理水平紧密相关，更多为控制性、执行成本的管控，主要通过组织设计、流程优化、模式创新、作业规范化管理等来提升管理水平与人员效率，实现降本增效。

2. 战略成本管理的具体实施

轨道交通企业可以结合上述三个层次的管控重点，围绕以下几个方面展开实施战略成本管理，打破传统思维，实现管理创新。

（1）在规划设计阶段，前置优化设备选型。全生命周期成本理论认为，设计阶段各种方案的选择和决策，基本上决定了整个产品全生命周期中70%以上的成本，可见其对成本控制的价值贡献与影响是重大的，如图 4-6

所示。

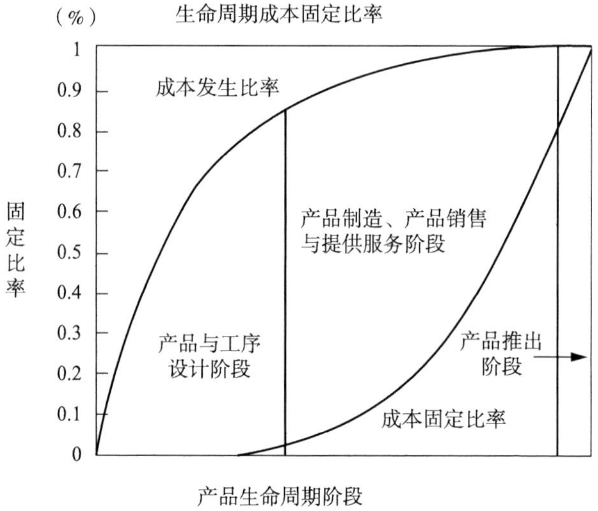

图 4-6　产品生命周期阶段

轨道交通企业可以在该阶段开展以下两个方面的工作，确保在规划设计阶段的决策做到经济最优：一是尝试建立新线设备选型决策模型，通过搭建设计回访、运营反馈的定期互动机制，由运营部门通过运营经验和成本数据分析，每年定期向设计部门反馈设计改进与完善的建议。财务部门通过持续梳理和线路全生命周期成本数据的积累，对历史成本数据进行分析，用以输入指导和调控前期新线设备选型设计优化与决策。二是在相对稳定、可靠、成熟的前提下，以及基于对最优技术和设备选型的决策下，企业对于设备选型或技术应用尽量做到归一化和简单化，使得后续运营阶段的资产维修可以实现材料、技术、人员等资源共享，降低运营成本，避免管理或技术差异带来的一系列成本增加与维修难度的增加。

（2）大力推进“四新”研究与应用，成本理念贯穿设计与建设环节。在新线初步设计阶段，鼓励设计单位采用“四新”技术进行设计；在新线施工阶段，激励施工单位根据工程实际，应用新工法、新工艺，采用先进机械、仪器设备，提高工作效率，加强新技术培训，提升新技术应用水平。比如在广州地铁，通过编制地铁新线建设“四新”应用项目清单，重点围绕车站照明系统与环控空调系统、车辆段光伏发电与雨水综合利用应用、变电所再生制动逆变回馈装置、列车车辆制动能量回馈装置等系列具有明显经济效益的项目开展“四新”应用与创新工作。对新建线路车辆、行车、通风空调、扶梯、AFC与PIDS等6个专业引入11项新的节能措施；在车辆、信号、综合监控、装修、给排水、通风空调、屏蔽门、机电低压、供电等9个专业引入21项新工艺、新材料，减少人工操作，降低建设与运营成本。通过“四新”应用与加大对科研投入，可以促使企业从战略层面获取自身特有的、持续的成本和效率竞争优势。

（3）探索机电设备建设期与维保期一体化招标模式，促进全生命周期成本闭环管理。在新线设备采购阶段，将机电系统设备安装和运维服务打包采购，实现“建造—运维服务一体化”，由设备采购建设单位参与设备后续的运营维护，从而促使设备采购建设单位延伸评估设备的全生命周期成本。通过上述采购模式创新，可以达成以下成本管理效果：一是可以降低业主在建设期的资金支付压力，将原来在建设期应该支付的部分设备采购成本与运维期的维保绩效表现进行挂钩支付；二是提高设备供应商的主观能动性，在建设阶段就要提前考虑降低维保阶段的成本，提升产品质量与使用寿命；三是充分发挥运营部门运维管埋经验，在建设招标前段可以提前介入，提出改进需求。

（4）聚焦关键变动成本项目，优化作业与管理模式，合理控制运营成本。在运营维护阶段，主要把成本管理工作的重心聚焦在决定企业成本态势的驱动因素上，开展战略成本动因分析，包括结构性成本动因和执行性成本动因，这里可理解为运营组织管理模式和运营作业流程。通过不断优化和寻找最优、最适合的作业与管理模式，奠定运营低成本的基础。譬如，在人工成本方面，优化岗位工种，通过实施前台技能综合化、后台技能精深化，提高人均产能；探索推行站务员早晚高峰非全日制用工、后勤业务外包、辅助性岗位委外等多元化用工模式，降低用工成本。在能耗方面，顺应供给侧改革，实施直购用电政策，降低基础电价，试点采用合同能源管理模式，利用合作单位技术与资金投入，实现节能技术与产品改进。在维修方面，优化维修规程，采用委外修与自修相结合模式；在采购管理方面，推行维修物资本地化采购，引入电商平台，促进物资“零库存”，降低维修材料的采购价格与储存成本。在流程管理方面，推行作业成本，将地铁运营业务分类成客运服务、维修服务及管理支持三类价值活动，以作业为纽带，精细单位成本指标。

（三）战略成本实施中应关注的成功关键因素

1. 设立强有力的组织保障体系，自上而下推动成本管理理念宣贯与落地实施

战略成本管理是全价值链条的成本管理，上自战略规划，下至生产作业，贯穿企业活动全过程，因此涉及的并不只是财务一个部门的工作，而是价值链条上各环节的责任者，需要全员、全过程、全环节共同实施，统一思想认识，需要强有力的组织保障。设立由总经理亲自挂帅，分管财务与业务的相关领导组成的成本管理委员会将有利于战略成本管理工作推动与实施。同时，在成本管理委员会之下，可以设立由财务部门牵头，各关键职能、业务与技术部门一把手共同参与的成本管理工作组，共同组织、协调、推进、检查、考核成本管理工作。在成本管理委员会的组织下，企业定期就成本管控意义、作用及成果进行宣贯，使各层级管理者充分意识到实施战略成本管控不仅是管理的需要，更是企业战略目标实现、可持续发展的保障。

2. 发挥财务部门成本规划者、价值引领者的作用，提升价值引领

战略成本管理是以服务于企业的战略管理为目标，因此，在开展战略成本管理工作中，财务部门不再是以控制或监督成本为目的，而是成本的规划者、价值的引领者。以合作伙伴、战略协同者的身份，与业务部门共同探讨如何设定成本规划预期目标、落实成本管理实施路径，引领企业聚集于完善产品、改善业绩、价值创造、管理提升、流程改造等目标。广州地铁的具体做法是，由集团公司主要领导带领财务部门对公司各级业务单位开展调研，分析公司成本结构，通过与国内外同行、历史成本的对比，结合战略规划财务目标，滚动提出集团层面中长期（3~5 年）的关键成本项目管控规划目标，明确未来提升优化方向，各业务部门根据总体规划目标提出具体切实可行的分解至具体年度的战略成本实施路径，明确关键里程碑节点，责任牵头部门与配合部门，并纳入组织绩效考核。集团财务管理部每半年定期检查推进情况，每年总结一次，评估各规划目标的实施情况以及带来的效益、管理提升情况，以确保持续改进、完善。

3. 建立成本管控的激励机制，激发全员的主人翁精神与成本管控主动性

为推动成本管控工作落地，体现成本管控的目标、约束、引导、激励

作用，企业应建立相应的配套激励机制，激励范围包括对有贡献的员工、遴选出的项目（方案）、成本管控考核结果优秀的部门奖励等，激励方式上可以采取与岗位绩效、岗位晋升挂钩、薪酬奖励、通报表扬等方式，激发员工不断学习、力求创新，人人参与成本管理，人人与企业的发展成果共享。

第五章

城市轨道交通企业的统计管理

第一节　城市轨道交通企业统计管理概况

交通运输统计工作的内涵正在发生重大变化。新的发展理念要求我们及时研究建立新的统计指标和统计监测制度，提供适应新需求的数据产品。此外，互联网技术的应用和大数据时代的到来，为统计数据和信息提供了更加广泛和更具深度的来源，统计成果的导向性也日渐突出，将为进一步做好财务管理工作提供支撑。因此，将统计管理工作内容纳入本书非常有必要。

一、统计管理工作概述

统计的作用主要体现在信息、咨询、监督三大职能上。统计工作是依据量化指标进行有效且全面的数据反馈，系统地反映生产运作过程的变化，为公司岗位中的每一个员工在单位时间内对企业所做出的贡献或价值提供真实可靠的数据资料，起到监督作用。通过统计工作，可以提高轨道交通企业公信力、促进企业发展，并为领导提供重要参考依据。

统计工作是公司经营管理和决策的基础，统计数据是否真实、准确，将直接影响公司的研判和决策。目前，公司对统计工作的要求不再局限于简单的数据提供和信息服务，而是要求进行有情况、有观点、有深度的统计分析，更要有前瞻性、精准性的研判和对策。并且，统计不但要做好以往的常规统计，还应注重先行性指标、新业态指标，查漏补缺，向先进单位学习，持续改进，紧跟公司发展节奏。

二、城市轨道交通统计工作的特征

不少人认为“统计”无非是报表和数据的集合，这种认知是对当前统计工作的片面理解。传统的统计是通过报表采集数据，进行处理和汇总后，按类别有序排列形成统计数据的集合，并以汇编等载体形式展现，供以查阅和运用。这只是统计的常规工作。随着国家治理、社会管理、市场监管等多种需求的日益增多和交通运输事业发展阶段的转变，城市轨道交通统计工作的内涵正在发生重大变化，并呈现新特征。

（一）城市轨道交通统计内容日益丰富

当前我国经济进入新的发展阶段，城市轨道交通发展与国家发展大势紧密相连，正在由以基础设施建设为主转向建设、运营、管理、服务全面发展。新的发展理念要求我们在继续关注基础设施建设和运输生产总量的同时，更加关注行业对国民经济的拉动和贡献，更加关注发展的结构、质量与效益，更加关注综合交通和绿色交通发展，特别要关注国家重大战略和供给侧结构性改革。需要及时研究建立新的统计指标和统计监测制度，提供适应新需求的数据产品。

（二）城市轨道交通统计工作领域不断延伸

新的形势要求城市轨道交通统计工作不能仅局限于数据的采集、处理、汇总和“数字简单文字化”，而是要在这些数据的基础上，深度分析挖掘背后的信息，研究规律性特征，发现苗头性问题，预判发展趋势，提出措施建议。当前，城市轨道交通统计工作已经从传统的生产数据逐步向分析、挖掘和运用数据延伸，经济运行分析已经成为城市轨道交通统计工作的“半壁江山”。

（三）统计数据信息来源渠道多元化

统计数据作为信息表现的重要形式之一，不应也不能只依赖于传统的来源渠道。互联网技术的应用和大数据时代的到来，为统计数据和信息提供了更加广泛和更具深度的来源。海量的生产和行政记录、个性行为信息可以直接或者间接转化成为统计数据，相对于传统的生产方式更加准确、及时、可信。

（四）统计成果的导向性日渐突出

统计的价值，一方面是提供全面、及时、准确、科学的统计数据信息，客观反映发展实际，这是统计的基础性作用；另一方面是揭示规律性特征、苗头性问题和趋势性方向，并进行预警、预判与预测，有效引导宏观决策、市场发展和社会预期，这是统计的导向性作用。城市轨道交通统计在更好发挥反映行业发展实际这一基础性作用的同时，依托面向不同层次、内容丰富、形式多样、渠道多元的统计产品和服务，逐步成为推动宏观调控精准化和行业管理精细化、有效引导市场和社会预期的重要手段。

三、城市轨道交通企业统计管理存在的问题

随着社会科技进步，网络信息化对统计工作影响逐渐扩大，并扮演着越来越重要的角色。统计报表从纸质报表变成电子报表，层级审批也通过信息化实现简便化，上传及发布更加便捷，对统计数据的分析也更加多样化。然而，在实际统计管理工作中，仍然存在不少问题。

（一）企业对统计工作重视程度不够

一些企业规模较大，企业管理工作的重点更多偏向对经营、销售、人员的管理，对于统计管理的应用不够重视，以至于统计管理工作没有在企业管理中发挥其真正的价值。此外，企业统计人员一般由其他岗位员工兼任，很少聘用专业化的统计人员，兼职人员通常认为统计工作为辅助工作，重视程度不够，业务水平也有限。

（二）统计数据不够全面

部分企业统计管理体系和管理制度不健全，使得企业开展统计工作时，管理者对一些较为核心的数据往往提供得较为模糊，导致统计数据及质量常常出现问题。同时，企业内部缺乏相应的管理人员参与到具体工作中去，使得统计流程缺乏严谨性和客观性，这对统计结果造成了严重的影响。

（三）企业缺乏完善的统计管理制度

部分企业使用的统计管理体制只是在原来的管理体制的基础上做了简单的修改，或者借鉴其他国家统计管理的成果与经验，但在修正的时候没有注意创新，也没有注意与企业自身实际情况相结合，只是简单的改变。统计管理体制的创新程度不够，统计管理的效果也不明显。一些企业没有建立科学合理的统计管理制度，导致统计工作在应用中存在一定的盲目性和随意性，严重阻碍经济统计工作的顺利进行。

（四）传统统计数据收集和分析方法受到冲击

传统的企业数据主要依靠人工进行计算和统计，在数据信息化飞速发展的时代背景下，庞大的信息流、数据流已远远超出传统信息分析、转存系统的工作能力，传统的统计方法和体系已无法适应当今信息化时代的发展，并且在确保信息稳定、充分利用信息资源、获取庞大数据的内在价值方面暴露出越来越大的局限性。

（五）传统统计工作标准面临挑战

在数据结构简单的传统统计模式下，由于受到数据量和数据处理水平的限制，企业的传统统计工作均是事后统计、事前分析及预测相应不足，多数统计数据只是简单加工的初级信息产品，缺乏高质量的深加工统计信息以提供给企业管理者进行决策。此外，受统计信息不对称、相关信息共享较难实现的影响，统计工作效果不明显，这也在很大程度上限制了现代统计工作满足企业经营管理的要求。

第二节　城市轨道交通企业统计管理发展趋势研究

统计信息作为企业信息的主体，贯穿于企业生产、经营、管理活动的各个环节。在社会信息化环境下，企业信息化的目的主要在于通过信息的开发功能、增值功能、预测功能、选择功能和控制功能来实现企业市场竞争力的提高。因此，在企业信息化过程中，企业统计必须充分利用网络信息化手段深入分析相关统计资料，使统计信息系统化、完整化、标准化，积极开发符合企业管理和决策的统计信息，使统计管理充分发挥信息、咨询、监督的职能。着眼于未来，城市轨道交通企业统计为适应未来变化的需求，应该往以下方面发展。

一、建立适应大数据时代要求的统计指标体系

传统企业统计工作主要建立在企业内部信息流和数据量基础上，局限于企业经营过程中投入产出的存量和流量数据的核算分析，集中反映企业内部活动情况，缺乏对外部环境及相关经营活动的全面认识。面对当今日趋激烈的市场竞争，统计工作亟须转换服务理念，拓宽统计口径，扩大统计空间范围，建立多层次全方位的统计指标体系，如反映企业技术环境的创新能力水平统计、反映企业人才资源的创造力水平统计、反映企业经营环境的产品竞争力水平统计等。只有构建适应大数据时代和市场经济环境、更准确反映企业生产经营状态的统计数据体系，才能形成全面有效的企业统计信息系统。各指标制定部门协同联动，充分挖掘统计数据资源，才能为企业制定发展战略提供有效的数据支撑，从而有效增强企业竞争力。

二、搭建服务大数据时代要求的信息资源共享平台

信息化的发展使得企业拥有海量的数据，但是不同部门间的信息是隔离的，各业务系统之间存在一定的壁垒，尚未完全实现信息资源共享。只有逐步打破信息封锁，消除信息孤岛现象，才能充分挖掘数据资源，实现大数据的企业价值。这便需要企业搭建安全可靠的信息共享平台，以实现多部门数据流核算统计以及海量数据处理分析的目的。通过搭建统计数据及相关信息共享平台，企业内部信息流和数据流实现跨部门、跨区域、跨层级实时存储、更新、共享，相关统计部门运用云计算等先进技术对历史和实时数据提取、整理、分类，充分挖掘数据实际效用价值，为企业各部门决策提供有效依据。

三、建立匹配大数据时代要求的复合型统计人才队伍

企业统计工作已逐渐由描述统计演化发展为推理统计，不仅要反映企业经营状况，更要强化统计工作的信息决策功能，这便对统计人员提出了更高层次的要求。为适应企业发展需求，统计部门一方面要加强对统计人员的统计专业知识培养，引导其结合定性研究与定量分析，建立适用本企业特点和市场需要的数据库与内部报表体系；另一方面需培养其对新型科技的应用，包括计算机的熟练掌握和相关统计软件的应用，充分利用信息技术的优势，加快信息处理、传递和反馈速度，实现统计数据的及时更新，同时增强统计人员的风险意识，对风险因素进行充分考虑，更好地服务于企业管理。另外，要加强对统计人员的培训与指导工作，定期组织统计人员学习国家颁布的《中华人民共和国统计法》和统计政策，了解国家对企业统计工作的具体需求，提升统计人员工作的专业化。

第三节　城市轨道交通企业统计管理实践与探索

一、城市轨道交通企业统计管理指导思想

结合近年来城市轨道交通统计改革创新的理论、实践和成果，针对发展中出现的新情况和新问题，着力完善城市轨道交通统计体制机制，压实数据质量责任，规范统计工作关系和调查行为，提升统计服务能力。

（一）坚持真实准确

树立数据质量是生命线的理念，强化政治责任意识，提高政治站位，保障统计人员独立行使统计职权。

（二）坚持依法统计

按照依法统计、依法治统的总体要求，赋予企业统计机构和统计人员依法行使统计调查的职权，以及维护统计调查对象合法权益的义务。

（三）坚持统一规范

加强对统计工作的统筹，在调查项目制定、调查组织实施、运行分析监测、统计资料管理等环节，充分发挥部门综合统计机构的归口管理作用。

（四）坚持共享公开

树立共享为常态、保密为例外的理念，积极推动统计信息在部门内和部门间的交换共享，依法依规公布统计资料，不断丰富公布内容。

（五）坚持违规必惩

加强统计监督检查，对各种统计违规行为实行零容忍，让违规者一处失信、处处受限，努力营造“不敢违规、不想违规”的统计氛围。

二、城市轨道交通企业统计管理原则

（一）数据集中统一归口管理的原则

除各公司为满足政府部门所在地统计需要的本单位日常统计报表和“四大工程”① 中要上报的本单位统计资料信息外，其他政府等部门所需要的统计数据均由企业的综合统计管理部门负责归口管理，并依据重要性、专业性和时效性等原则划分各类报表对外报送部门。

（二）统计资料报备原则

轨道交通企业的各主要单位根据业务需要，制定以企业统计指标标准为主导的符合本单位生产经营的统计指标标准、统计资料规范化标准、统计实施细则等，编制完成后在规定时间内报企业的综合统计管理部门备案。企业

① “四大工程”是指基本单位名录库、企业一套表制度、数据采集处理软件系统和联网直报系统等互相联系、共为整体的四大工程。

授权对外报送各类报表的单位、各公司为满足政府在地统计要求报送的各类报表，均要在规定时间内报企业的综合统计管理部门备案。

（三）新增业务（新增资源）补充上报原则

企业凡报告期有新增业务（新增资源）的，需在规定时间内编制统计报表，据实报送企业的综合统计管理部门，以便及时调整该单位统计报表的业务内涵。

三、城市轨道交通企业统计管理实践与探索

为适应目前统计管理工作要求，需建立完善的统计管理体系、管理流程、管理标准、数据管理平台，并加强统计人才队伍建设、行业对标管理和统计竣工验收。下面以轨道交通运营企业的实践经验为例，探索适合城市轨道交通企业的统计管理模式。

（一）建立健全城市轨道交通企业统计组织层级

轨道交通企业的业务往往较为多元化，为实现数据统一，分工协作，有效地完成企业统计工作，应根据企业组织架构分级设立统计部门，明确各层级的职责，各司其职，各负其责。以广州地铁为例，在企业层面，设立统计综合管理部门，作为企业统计管理的归口管理部门，负责复核各事业部门报送的统计数据，按对外报送数据及内部管理需求设置统计报表，统一对政府部门及行业协会报送统计数据；在各事业部设立统计管理部门，负责收集与审核基层部门报送的统计数据，向企业统计综合管理部门报送统计数据；最后，在各基层业务部门设立统计部门或岗位，负责收集业务数据，形成统计台账，向事业部统计部门报送统计数据。图 5-1 是统计组织部门层级的架构图。

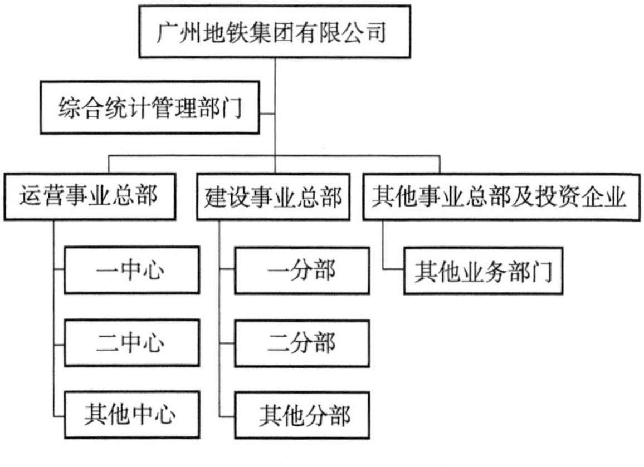

图 5-1　统计组织部门层级架构图

（二）建立健全城市轨道交通企业统计报表体系

城市轨道交通属于城市公共交通的一部分，城市公共交通企业是多工种的联合劳动生产单位，它的生产活动分散流动，生产范围面广、点多，经营管理也比较复杂。所以，反映企业经营活动的统计工作，内容也比较广泛，不但要反映公共交通企业经营活动的统计工作，也要反映公共交通企业的经济效益，更重要的是反映企业的社会效益。在企业统计工作中既有服务性统计指标，也有交通企业管理的各项统计指标。为了正确、全面地反映他们的各自情况，就需要把不同的统计指标有机联合起来，形成科学完整的城市轨道交通企业统计指标。统计指标在设置上要兼顾城市轨道交通企业的两重性，既要有公共事业服务供应方面的指标，也要有企业管理的统计指标。

根据我国国情的实际需要，城市公共交通企业统计指标体系经过不断改革和完善后，目前已基本建立并健全。根据政府职能部门、业务主管部门和企事业单位各级职权的不同，城市公共交通企业指标体系被划分为三级管理。国家政府职能部门管理的指标主要是反映包含轨道交通企业在内的公共交通企业发展情况，大部分属于宏观方面的统计指标；业务主管部门根据各地实际情况的不同，适当增加二级管理指标；企业管理的指标，除了满足以上两级管理部门的统计指标需求外，还需要有自身经营管理需求的统计指标。三个层次的指标，既各自独立，又有内在联系，并且协调统一、相辅相成，便于城市间、企业间的横向信息交流。目前城市公共交通统计指标包括以下六个方面：运营统计指标、安全统计指标、服务质量统计指标、技术统计指标、劳动统计指标、产品价值统计指标。各指标通过从不同方面对城市公共交通企业进行考核与评价，有利于企业提升自身的管理以及提供更好的社会服务。

以广州地铁为例，结合政府部门统计工作和企业自身管理要求，已建立了较为完善的统计报表体系，同时对统计指标形成分层分类管理，对外为政府部门及行业协会提供服务支持，对内为领导层提供决策依据，以及为业务部门减负提速。每年年初将公司内部统计工作任务下达至各业务部门及事业部，以便更全面地掌握公司统计数据，有利于更好地编制公司统计报表。各业务部门按统计工作任务要求收集统计数据，定期报送内部统计报表，公司统计部门收到统计报表后，需进行归档，年底对各业务部门及事业部进行考核。统计报表按报表期可以分为月报、季报、年报，运用不同时期报表更有利于对统计数据进行宏观及详细分析。报表主要统计运营数据、服务指标、生产数据、经营数据、投资数据、企业职工数据以及日常消耗数据等，通过不同数据能对企业全面状况进行分析了解。报表报送对象分为内部及外部，统一由企业统计部门报送，内部报送至部门及公司领导，以便领导及时掌握企业状况，作出科学合理的决策；外部报送至政府部门，包括统计局、交通运输局、发展改革委、国资委以及街道办事处等，政府各部门通过统计报表，更好地对各企业进行监管并提出优化改善方案。

此外，为了积累原始数据，确保数据统计有依据，也同时要求各业务部门必须建立下列台账：①综合指标台账，反映企业基本情况和生产、经营、效益等各方面的进度分析综合台账。②财务管理指标综合台账，反映企业经营收入、成本、资金到位、财务支出等财务管理综合台账。③人事劳动工资台账，反映人员增减变动、员工工资和劳保福利、员工出勤和工时利用、劳动生产率等情况的台账。④固定资产台账，反映固定资产原值、折旧、净值和固定资产调出调入、报废、盘盈、盘亏等情况的台账。

（三）健全城市轨道交通企业统计法规和标准体系

为科学、有效地组织和开展统计工作，保证统计资料的准确性和及时性，轨道交通运营企业应制定统计管理办法。同时，为满足“地铁+物业”的战略发展模式下的管理需要，以及进一步与国际行业标准接轨的要求，企业可参照国内外地铁行业标准，并结合公司的业务发展和政府的相关指标调整，制定《统计指标标准》。《统计指标标准》包括固定资产投资、运营、房地产、多种经营、环境工程、能耗、科研、限额以上批发零售贸易、劳动工资、综合管理等多个部分内容。该标准也下发给各个业务单位的统计人员，作为统计人员开展日常统计工作的工具书，便于统一数据的统计标准，保证数据统计质量。

此外，为便于查询历史统计数据、支持决策，以及提升数据报送效率和报送质量，企业可梳理常用的统计指标，包括建设投资工作量、建设资金支付、客流量、运营里程、正点率、能耗等指标，对近十年统计数据进行汇总整理，并汇编成册。

（四）建立和完善城市轨道交通企业统计报表流程

企业综合统计管理部门负责建立统计报表流程，编制企业的报表流程图，并做好统计报表的编制、修改、收集和管理。企业对外（政府等部门）报送的统计报表，由企业综合统计管理部门负责归口管理，并依据重要性、专业性和时效性等原则划分各类报表的对外报送部门；各业务部门上报的统计报表，由企业综合统计管理部门负责编制、修改、收集和管理；各业务部门根据政府在地统计相关规定对外报送的统计报表，由各业务部门的综合统计管理部门负责管理；各业务部门的内部统计报表，由本部门的综合统计管理部门负责编制、修改、收集和管理，经本部门负责人同意，报企业综合统计管理部门备案后下达执行。

（五）加强统计数据质量管理，建立数据指标管理体系

为规范企业内外部数据指标报送管理工作，明确相关职责，统一数据指标统计口径，提高数据指标报送质量、数据指标填报效率和数据指标管理水平，应本着“减轻基层负担、规范数据管理、提高填报效率、实现数据共享”的原则，加强数据指标管理。

城市轨道交通企业可制定数据指标管理办法。该办法适用于在内部工作会议、报告、宣传材料等所涉及的报表类数据指标和报告类数据指标，以及对外部单位（指政府部门、行业协会等外部单位）报送的报表类数据指标和报告类数据指标。数据指标管理具体内容主要包括：数据指标报送审批管理、数据指标统计标准管理、数据指标监督检查管理等内容。

针对数据指标报送审批管理，各业务部门需遵循以下原则。

（1）对外报出的数据指标原则上需经由数据指标归口管理部门获取、审核和报出。针对报送时间要求紧、有系统直接支持的数据指标，经数据指标归口管理部门授权以及确认数据指标的统计口径和获取渠道后，可由受权报送部门对外报出；若数据指标的时间维度、统计口径、数据是一致的，则受权报送部门仅需向数据指标归口管理部门确认一次即可多次对外报出。

（2）受权报送部门在对外报出数据指标的同时，须抄送给数据指标归口管理部门。

针对数据指标统计标准管理，主要目的是规范企业的数据标准建设、维护、检查等工作，确保在数据指标统计过程中的一致性和准确性，提高数据统计质量，最终服务于业务管理需要与支持管理决策。

针对数据指标监督检查管理，需遵循以下原则。

（1）普遍管控、重点稽核的原则。要对纳入本规范内所报送的数据质量进行管控；对企业重要数据采取重点稽核策略，需急迫解决的数据质量问题，要迅速查明原因，制订合理可行的解决方案，采取措施尽快改进。

（2）标准管理、过程受控的原则。制定数据指标统计标准，明确数据获取来源，指导和规范数据质量管理工作；要建立数据质量管理台账，记录和跟踪数据质量问题的处理。

（3）闭环的数据质量持续改进原则。要建立数据质量管理的闭环流程，通过数据质量问题发现、评估分析、质量改进等闭环管理流程持续改进数据质量。要优先改进数据源系统的数据质量。

（六）加强统计管理在经营分析和企业决策的应用

建立规范的城市轨道交通经济运行分析日常工作规则和工作机制。进一步提高城市轨道交通经济运行分析报告质量，加强城市轨道交通对经济社会发展的贡献分析、城市轨道交通与宏观经济和重点产业的关联性分析、行业重大决策事中事后跟踪分析。加快构建城市轨道交通监测预警分析体系，增强行业分析预判能力。

统计部门需围绕企业的轨道交通建设、运营（含广、通、商资源开发）、规划土地储备、房地产开发经营的各项工作的总体要求和重点、热点、难点问题，加强跟踪分析，密切注视出现的新情况、新问题和一些重大事件，定期组织建设投资进度跟踪会议、企业经营例会，提供有价值的统计分析报告和对策建议，为各级领导进行有效的宏观调控提供决策依据。

（七）加强城市轨道交通行业对标管理

行业对标的出发点是以行业内最具竞争性的企业或行业中领先的企业在生产、服务、管理的绩效及实践为基准和追赶的目标，通过资料收集、比较分析、跟踪学习、改善自身而达到追赶标杆企业、引领行业先进性的效果。

1. 对标流程

对标流程主要分为以下几个步骤。

（1）立标。选定标杆，发现问题。对照相关制度和标准，结合本单位实际，分析现状，从工作各要素入手，找到学习和追赶的目标企业，形成对标指标体系。

（2）对标。标杆比较，对比分析。对照对标指标及业务方法，确定工作计划，开展对标，积极导入绩效管理理念，把对标工作与绩效考核挂钩，建立指标评价体系。

（3）达标。改进问题，缩小差距。根据对标评价，针对本单位存在的差距和工作中的不足，编制改进方案，形成实践、修改、完善、提高、再实践的循环。

（4）创标。持续改进，固化成果。通过对标管理工作不断实施改进和创新，并形成知识积累和沉淀，超越最初选定的标杆对象，形成更先进的实践方法、工作标准和操作模式，创立行业标准并形成标杆。

2. 对标管理的目的

对标管理是追求卓越的过程，有助于企业认清自身的优势和差距；有助于增强典范意识，创造卓越绩效；有助于找准自身定位，看到与行业标杆的差距，塑造核心能力；有助于紧贴行业发展趋势，组织创新流程再造；有助于创造各类交流机会与体系化的数据分析，培养经营人才。对标管理应将焦点放在过程上而不是结果上，可以帮助企业达到突破性的绩效改善，促进企业不断进行自我修正与自我突破。

3. 轨道交通企业行业对标管理体系

为完善业务差异化的全面预算指标体系，要积极对接行业先进与国际先进，保持经营指标的领先，城轨企业应实行差异化的对标管理。

（1）在企业经营的层面上，落实国资委经营业绩考核实施方案对经营指标的要求，在股东价值与企业成长维度上，重点关注国有资本保值增值率和营业收入平均增长率，并通过行业对标（横向比较）和企业历史水平对标（纵向比较）进行有效提高，保障企业的资产保值增值能力。

（2）在企业业务运营的层面上，各单位的预算指标应选择城市轨道交通行业指标、企业绩效评价标准值、预算执行历史平均值等进行对标管理，对不同业务进行差异化的指标管理，并进一步引入各产业的领先指标，完善和丰富预算管理指标体系的内容。对于地铁、城际、有轨电车运营业务，重点关注成本指标，如人公里成本、成本费用收入比等，对于多种经营业务（房产业务、资源业务、子公司及合作公司的经营业务），重点关注经营增长指标，如收入增长率、利润率、新签合同额、租金坪效、运营补亏度等指标。

4. 轨道交通企业行业对标工作思路

轨道交通企业行业对标管理工作思路从企业的战略目标出发，紧扣业务经营活动与管理行为，总体思路分为以下三点。

（1）一套体系、统一领导、分级推进。一般由企业战略发展部门牵头，组建工作小组，围绕企业战略目标及管理界面的“职责、标准、效率、成效”，制定对标工作策划，进一步明确工作方向及计划，各部门根据策划分头推进。

（2）以点带面、先易后难、逐步推广。各业务单位要对照自身岗位职责、对照企业各种管理平台、对照上级各项工作要点、对照各自企业年初制订的工作计划，以及对照相关制度和标准，结合本单位实际，分析现状，从工作各要素入手，找到学习和追赶的目标企业，形成对标指标体系及自身业务、管理对标指标现状数据。

（3）重视过程、关注成效、绩效挂钩。积极导入绩效管理理念，把对标工作与绩效考核挂钩，将对标工作开展与绩效挂钩，关注对标改进结果，对标指标体系和结果与绩效挂钩。用考核激励和推进对标工作。

（八）加强竣工统计专业验收管理

轨道交通企业竣工统计专业验收是一项庞大的系统工程，涉及跨期大，专业复杂，投资量巨大，设备数量众多，需要对历年的投资统计资料进行全面梳理。在这一过程中，企业应不断总结经验、加强管理，形成一套高效高质的竣工统计专业验收管理体系，主要有以下做法。

（1）梳理业务流程，识别关键工作节点，制订工作方案。

（2）建立固定资产投资统计报表体系，根据统计局下发的固定资产投资报表来设计形成公司内部的统计报表体系，并在每年年初以公司红头文件形式下发给各业务部门，明确分工和填报口径，确保数据及时、准确上报。

（3）对参与部门进行专场培训，让所有部门清楚地知道职责及需要提交的成果，过程中加强沟通，跟踪进度，解决问题。

（4）在开展正式验收前，公司内部先进行一次预验收，及时发现问题并予以纠正，确保顺利通过正式验收。

（九）提升统计信息化水平，构建集中、高度灵活可配置的数据分析平台

轨道交通企业传统的统计报表系统通常是由系统实施单位通过代码进行编制，但是往往过于复杂，只有系统实施单位可以维护，存在系统实施单位不能提供服务的风险；此外，一旦后续需求有所调整，需要与系统实施单位重新进行沟通，费时费力、实现周期长。为减少后续维护和需求变更的工作量，这就需要建设灵活、低代码的报表和分析平台，选择性开发部分重要报表作为示例。报表是会随着业务而不断改变的，而平台是不变的。当平台接入了数据，统计业务人员可以根据需求自行调整甚至创建新报表，进行指标分析，成为财务数据分析师。

以广州地铁为例，以前采取的是定制化报表开发模式，容易受组织架构变革和需求变更的影响，近年来也在积极探索构建集中、高度灵活可配置的数据分析平台，力求实现以下效果：借助数据管理工具辅助广州地铁数据中台建设，实现财务领域异构数据融合、数据质量提升、数据资源共享，最终

真正发挥数据资产的价值；建立统一数据采集平台，规范企业集团的报表体系、规范报表数据的填报规则和流程，提高数据采集的准确性及效率；针对不同角色提供灵活的数据分析手段，结合专业的财务分析模型，甚至因素分析，回归分析等数据挖掘手段，辅助领导决策。图 5-2 为数据管理分析平台。

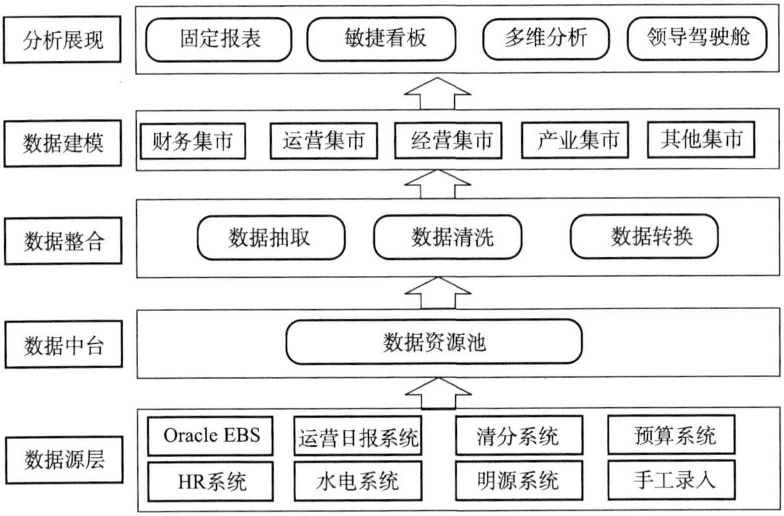

图 5-2　数据管理分析平台

第六章

城市轨道交通企业的投融资管理

第一节　城市轨道交通企业投融资模式概况

一、城市轨道交通企业投融资模式内涵

投融资模式主要是指在资源配置过程中，投融资的决策方式（谁来投资）、投资筹措方式（资金来源）和投资使用方式（怎样投资）的总称，它是投融资活动的具体体现。城市轨道交通企业的投融资模式主要解决三个问题：谁来进行投融资、如何投融资以及项目建成后如何经营运作。投融资模式有狭义和广义之分。狭义的投融资模式，主要是投融资活动的运行机制和管理制度，包括投融资主体和投融资方式。广义的投融资模式，还包括项目建成后的运营模式。投融资主体构成与经营方式的不同组合，决定了各种投融资模式的基本特征。

二、投融资对城市轨道交通企业的意义

我国城市轨道交通系统的建设起步虽然较晚，但是其发展速度在国际上是有目共睹的。随着国家经济实力的飞速发展和人民对生活水平要求的不断提高，我国政府也在积极加大对城市轨道交通系统的建设投入。至2020年，全国地铁总里程达到6000公里，总投资额高达4万亿元。但是在城市轨道交通线网的建设和日常运营中，建设资金匮乏和运营亏损这两大问题一直困扰着我们。2018年7月，国家发展改革委发布的《关于进一步加强城市轨道交通规划建设工作的意见》中，中央也因为政府债务率、预算收入、地区生产总值、常住人口4项原因对不符合规定的14座城市的地铁建设及申报叫停，说明中央重视地方政府的财政承受能力及城市轨道交通的可持续发展问题。

因此，研究城市轨道交通投融资模式，对于解决建设资金匮乏和运营亏损两大问题，实现城市轨道交通可持续发展具有现实意义。

三、城市轨道交通企业的基本投融资模式

（一）政府全权出资建设

政府全权出资建设是政府负责全部建设投资与运营补贴，并指定一家机构负责投资、建设、运营等具体执行工作。世界各国及各城市的城市轨道交通系统建设初期基本都是依靠政府主导的投融资模式来实现其资金需求的。英国、法国、日本、新加坡、德国、泰国、韩国等初期的轨道交通建设全部都是依靠政府建成的。我国城市轨道交通建设起步较晚，国内第一条地铁线路——北京地铁一号线 1971 年才正式开通运营，当时建设及运营的资金全部由政府承担。此后，国内很多城市开始修建自己的第一条地铁线路，并且无一例外都由政府全权出资建设，这便是我国城市轨道交通发展初期的第一种投融资模式。

（二）政府主导的权益型投融资模式或负债型投融资模式

现阶段，世界各地的城市轨道交通建设如火如荼地进行着，部分城市已经开始摒弃政府主导的投融资模式。我国城市轨道交通建设进入了快速发展时期，线网规划密集、线路修建造价高昂（每公里造价达到 3 亿至 8 亿元不等），并且政府还要补贴由运营亏损带来的大量资金缺口，单靠政府的资金已经不能满足其发展的需求，财政压力激增。在这种情况下，政府开始运用第二种模式，即权益型投融资模式或负债型投融资模式。权益型投融资模式的资金主要来自股权投资人，主要有政府、地方财政投资以及投资公司投资，也可借助股票融资。负债型投融资模式的资金主要来源于资本市场，如金融机构、证券市场等，筹集方式以银行贷款为主。在这种模式中，政府只需要投入项目的资本金，余下的资金可由政府设立的下一级城市轨道交通企业通过银行贷款、商业信贷、融资租赁、中长期债券等获得。此种模式可以解决建设期带来的资金压力，加快城市轨道交通系统的成网速度，进而缩短其展现规模经济效应的周期，但应关注其后期债务偿还资金来源。

（三）政府主导下的商业化运营模式

有些地方的城市轨道交通服务虽然由政府直接投资和运营，但大多建立了明确的监管体系，其安全、服务质量、成本等都受到严格的约束，有的还明确要求严格按照商业原则运营，新加坡和香港地铁公司就是这种模式的典型。

新加坡地铁公司由国有控股的淡马锡控股 60%以上，但它是完全按照商业原则来运营的：一方面，新加坡政府负责全部建设出资但不补贴运营；另一方面，其运营商并不是通过市场竞争程序选择的，而是由政府直接指定的，是政府主导下的商业运营。

中国香港地铁公司的最大股东虽然是香港特区政府，但它是完全按照商业原则投资运营的，其管理模式最重要的特点是，地铁公司在规划新线的时候有权提出相应的勾地计划，在地铁建设的同时发展上盖物业，根据需要出售物业筹集建设资金或利用持有物业的稳定收益为运营提供支持，为外部效应内部化提供了很好的渠道安排。赋予香港地铁勾地权就是香港特区政府对城市轨道交通的支持。

（四）适度引入竞争的 PPP 模式

PPP 模式，是“Public Private Partnership”的英文简写，国内现译为“政府与社会资本合作模式”。从字面意思上来看，是指公共部门和私人部门之间达成的一种合作伙伴关系，并提供一定的公共产品或公共服务。PPP 模式的覆盖范围较为广泛，由于其项目建设投融资的创新性和应用的广泛性，并且各个国家的经济体制、法律法规、传统文化和意识形态也不尽相同，所以对于 PPP 模式，各国对其内涵的理解并不完全一致，形式也多种多样。

城市轨道交通 PPP 项目一方面引入了竞争，但在另一方面，依然需要依靠政府财政给予项目可行性缺口补助。当在市场上存在数量适当的若干集投资、建设、运营管理能力于一身的合格投资者，在新线招标或老线改造时，政府通过竞争选择最适当的投资运营商授予特许经营权，建立科学合理的补贴与激励机制，并据此给予合理的补贴支持。在这种模式下，在竞争中获胜的投资者将获得全面负责城市轨道交通线路的投资、建设和运营的特许经营权。

第二节　国内外城市轨道交通投融资模式研究

城市轨道交通具有的“准公共产品、准公益性和准商业化经营”的行业特点，表明城市轨道交通建设投融资模式的特殊性，从而不能按一般商业原则进行项目投融资运作。自城市轨道交通诞生以来，国内外各大城市不断创新城市轨道交通投融资模式，包括传统的政府投融资模式和市场化投融资模式等。

一、国外城市轨道交通投融资典型模式

（一）伦敦地铁融资模式：PPP 模式

伦敦地铁投资来源一般由政府投资、地方公共团体投资、银行贷款、债券、轨道交通建设附加费、营业收入等组成。政府投资在伦敦的轨道交通建设投资中占有很大比重：私营公司经营性亏损一般由政府补贴；政府提供资金建造新线，也提供资金维护和改善既有铁路，但运营所需费用政府不给资助。伦敦地铁在保证投资商最低回报率的政策引导下，引进国际财团的资金，或以设备形式投资于轨道交通建设。伦敦地铁通过引入私人股权投资者的方式，成立项目公司，以有限追索融资的方式开展 PPP 项目，实现了轨道交通私有化。私人投资者被授予 30 年的特许经营权来对现有地铁的基础设施进行升级和现代化改造。特许权协议还制定了严格的项目性能运行指标体系，保证此项目能够提供更好的服务。

（二）巴黎地铁融资模式：中央、地方和地铁公司共同出资

巴黎地铁投融资来源主要是政府直接投入和市政当局设立的特别交通税①（始于 1970 年）。此税收将专项用于城市交通设施建设、维修以及支付融资成本。地铁建设资金由中央政府、地方政府及地铁公司三方负担。根据各条线的具体情况不同，各级政府的分担比例有所不同。一般来说，地铁投资的 40%左右来自中央政府，40%左右由大区政府提供，另外 20%左右由巴黎地铁公司自筹解决，如表 6-1 所示。巴黎地铁票价定位较低，票款收入与经营费用无法对冲，但地铁和公交实行一体化运营，以公交车的盈利补贴地铁亏损，在此基础上实现财务的总体平衡。地铁项目的投资回收期一般定为 30 年左右。

表 6-1 巴黎地铁建设各方出资情况

路线名	建设单位（万美元/公里）	国库补助	地方补助	交通事业者（融资等）
市区地下结构（Nation-Auber）	10400	50%	30%	20%
其他线路（近郊地上结构）	2933	40%	30%	30%

① 政府认为雇主是公共交通最大的受益者，所有拥有 9 名以上职工的雇主均要交纳特别交通税，并与雇主的工资总额成比例扣收。

（三）东京地铁融资模式：政府承担大部分投资+受益者负担

东京的轨道交通系统比较复杂，包括东京地铁系统（包括东京地下铁与都营地下铁）约 304 公里、东京 JR 线路系统约 1117 公里和私企运营的地铁线路 1147 公里。东京地铁系统日平均客流量为 1100 万人次，占公共交通客运量的近 90%，人流繁忙程度居全球城市轨道交通系统第一位。

东京轨道交通的建设资金可以分为两个部分：政府补偿金和企业自筹资金。政府补偿金实际为建设预算（车辆除外）的 56%，政府补偿金的主要来源是汽油税和养路费，企业自筹资金渠道包括财政投融资（如无利息政府贷款）、企业债券、自有资金、银行贷款等。涉及有关为特殊群体（残疾人、盲人等）需要而单独增加的投资（如直升梯和部分自动扶梯），由政府全部负责。东京的公营轨道交通和私营轨道交通项目的建设项目投融资模式略有不同（表 6-2）。日本政府还根据轨道交通建设融资的特点，采取了多种方式实现沿线土地开发的外部效应内部化，广泛运用“受益者负担制度”为建设筹集资金（表 6-3）。日本政府对轨道交通的建设补偿金是以法律的形式确定下来的，无论是公营还是私营来投资修建地铁，该补偿金都由政府无偿拨付。东京地铁票价定位相对较低，票价标准相对稳定，客运总量大，运营公司依然可以凭借客票收入实现财务平衡（不含贷款本息的偿还）。

表 6-2　东京地铁建设项目融资模式

<table>
<tr><th colspan="2">公营轨道交通</th><th rowspan="2">私营轨道交通</th></tr>
<tr><th>都营地铁</th><th>营团地铁</th></tr>
<tr><td colspan="2">自有资金
建设费用的 20%来源于企业内部留存金等</td><td>自有资金
建设费用的 10%～20%来源于企业内部留存金等</td></tr>
<tr><td colspan="2">政府补助金
地下高速铁路建设费补助制度（1962）：开始的运营费补助，额度为最高 6.5%的利息差；1978 年改为建设费补助，额度为建设费的 10.5%～70%，支付年限为 5～10 年；铁路整备基金（1991）：对铁路建设公团或营团地铁承建项目提供项目费 40%的一次性无息贷款</td><td rowspan="2">政府补助金
P 线制度（1972）：补助对象为三大都市圈中心地区地铁新线路和复线建设、卫星城地铁建设，由铁路建设公团负责项目建设或提供建设费用，私营开发商可在 25 年内分 50 次偿还费用，利息低于 5%；特定城市铁路累积金制度（1986）：地铁设备改造的部分项目费用加入现有线路运营票价；车站综合改造补助制度（2001）：无障碍化、防震、防火改造项目；地下高速铁路建设费补助制度：2002 年开始用于私营线路</td></tr>
<tr><td colspan="2">财政投融资金</td></tr>
</table>

续表

公营轨道交通		私营轨道交通
都营地铁	营团地铁	
地方政府出资建设费的20%	日本开发银行出资	政策融资：日本政策融资银行提供的长期低息贷款用于在线路防灾、增强运力改造，以及大型综合换乘车站建设、提高换乘便利性改造等方面建设施工费用
		使用者负担制度
发行债券（公营企业债券）	发行债券（交通债券）	发行债券（企业债券、上市）
商业银行贷款		商业银行贷款

表6-3 东京地铁的“受益者负担制度”详情

制度名称	受益者	负担内容
新城开发者负担制度	新城地区开发商	按照基价提供轨道交通建设用地，负担是供给面以下工程费的二分之一及其他费用
住宅开发指导纲要负担	沿线地区开发商	无偿提供轨道交通建设用地，全额负担施工面以下工程费，并部分负担其他建设费
协议负担	沿线地区开发商	按照协议承担线路延伸及加强运力工程的部分费用
设站负担	车站及周边地区开发商	全额负担工程费，无偿转让车站用地，建设车站广场及相关道路
铁道建设经营者所得外部利益内部化	开发商	用保留地向轨道交通建设方支付代行实施分区规划项目的费用，建设方将所得土地升值部分用于轨道交通建设
旧城市规划法受益者负担金制度	沿线土地所有者、土地长期租用者	承担旧城市规划法受益者负担金及建设费的四分之一，按照与地铁车站的距离远近设定负担金额
连接工程分担金	开发商、周边企业	分担轨道交通车站与大楼之间的联系通道工程费用
超额征税及法人居民税、企业税等特定财源的运用	全体市民、作为征收对象的企业等	超额征收法人居民税，其增收部分作为资金积累，布置轨道建设项目
地方自治体“铁路整备基金”制度		

（四）新加坡地铁融资模式：“租赁—运营—转让”

1988年成立的新加坡地铁公司也是世界上少数几家能盈利的地铁公司之一，截至目前已经开通运营5条轨道交通线路，全长152.9公里，113个车站，日均客运量超过200万人次。新加坡地铁采取公建私营的“租赁—

运营—转让”模式如下。

1. 采取公建私营模式，新加坡政府负责地铁建设投入

对于车站、隧道等不动产，新加坡政府租赁给地铁公司并收取租金；对于车辆、其他设备等动产由政府折价转让给地铁公司。

2. 新加坡政府授予地铁公司特许经营权，并收取特许经营权费

新加坡地铁负责车辆、信号等经营性动产的更新投资，政府给予一定的更新改造补贴。

3. 将轻轨、公交车、出租车纳入地铁公司，大大提高其盈利能力

地铁公司支付资产更新改造资金，陆路交通管理局给予一定补贴，并建立了票价调整机制。

二、国内城市轨道交通投融资典型模式

我国城市轨道交通建设逐渐由政府单一投资变为多渠道、多元化的建设投融资方式，目前国内城市轨道交通项目投融资模式主要以北京、上海、广州、深圳、成都、福州、香港为代表。

（一）北京地铁融资模式：从单一向多元化转变

北京是中国最早开始地铁建设的城市。截至 2019 年底，北京轨道交通运营总里程达 771.8 公里（其中地铁 637.6 公里，市域快轨 115.3 公里，现代有轨电车 8.9 公里，磁浮交通 10.0 公里），覆盖 359 个站点。2019 年，其年客运量达到 39.6 亿人次，是全国客运量最高的轨道交通系统。根据国家发展改革委公布的《北京市城市轨道交通第二期建设规划方案（2015—2021 年）》，2020 年，北京地铁由 30 条运营线路组成、总长 1177 公里。

北京市基础设施投资有限公司（以下简称京投公司）负责北京市地铁的投融资、建设、运营等，其中 4 号线、奥运支线和亦庄线等以 PPP 模式引入社会资金。这些线路车辆、信号等设备的投资、运营和维护由社会资本方负责，地铁建设资金主要来源于北京市财政及京投公司融资。

北京地铁建设投融资模式以 2003 年为分界点，2003 年以前，城市轨道交通的投融资、建设与运营主要采用“一体化”模式，即建设投资完全来自政府投资。2003 年以后，随着地铁公司的改制，PPP、BOT、BT 等投融资模式被引入地铁建设与运营，融资渠道从原来的银行贷款逐渐转变为银

行、债券等多元化融资方式，地铁的投融资运作机制逐渐向多元化、市场化转变。其中，最具代表性的是地铁 4 号线、奥运支线和亦庄线，公私合作运作机制充分调动了社会资本的积极性，分担了投融资风险，减轻了政府财政负担。

2016 年 4 月，北京市交通委员会代表北京市政府与京投公司签署《北京市轨道交通授权经营协议》，首次提出 ABO 模式，即“授权（Authorize）—建设（Build）—运营（Operate）”模式。在 ABO 模式下，北京市政府将轨道交通建设专项资金、更新改造专项资金、运营补贴等政府性资金进行整合，建立授权经营服务费，对应支撑京投公司提供投资、建设、运营等整体服务。根据当期轨道交通建设规划和市财力承受水平，2016—2025 年每年安排 295 亿元，2026—2045 年将按照总投资完成情况、利率水平、票制票价变化、新增调整事项等进行调整。市政府不再是公共产品的直接“提供者”，而是变成了市场化主体的“监管者”和“规则制定者”。京投公司也从最初单一的投融资平台，转变为市场资源的“整合者”并提供公共服务。

在轨道交通场站综合开发方面，北京市明确京投公司为车辆段基地的一级开发实施主体，并以车站沿线 500~700 米范围土地明确京投公司为规划研究主体。土地储备整理原则上要求 4 年完成，政府给予京投公司一系列的激励性措施，促使其尽早完成土地开发整理。京投公司在约定的土地整理年限前完成的可获得额外比例的土地开发管理费；反之，滞后于约定期限完成的，则扣减部分土地开发管理费。

（二）上海地铁融资模式：多元化融资+市区两级政府共建

上海市拥有目前中国最长的城市轨道交通运营里程，达 809.9 公里（包括地铁 669.5 公里、市域快轨 56.0 公里、现代有轨电车 49.0 公里、磁浮交通 29.1 公里、APM6.3 公里）。上海市轨道交通计划于 2025 年达到 3 个 1000 公里的目标：一是铁路，包括 600 公里新建线路及 400 公里旧线路改造；二是城市轨道交通 1000 公里；三是中运量公共交通，包括 BRT、有轨电车等达 1000 公里。

上海轨道交通目前的投融资主体为上海申通集团有限公司，基本实现了融资渠道的多元化，但政府财政支持和银行贷款仍占主要部分，直接融资比重仍然偏低，政府财政压力较大。“市区两级”共同投资模式是其最大的特点。上海轨道交通投入的资金主要来自两个渠道：政府提供 40%资本金，其余60%通过银行贷款、发行债券、盘活存量资产、滚动投资等方式解决。上海地铁的建设较早地引入了多元化融资方式，积极利用资本市场进行融资。地铁1号线利用了外国政府和外汇贷款来投资；地铁2号线和5号线仍由政府全额投资，但开始采取市区两级政府共同投资的新模式；从地铁3号线开始，采用“市、区两级出资+引入商业贷款”模式进行投资。

在轨道交通场站综合开发方面，最新开发体制以区为主，申通集团作为合作方参与其中，以充分调动区的积极性。目前正在研究上盖开发地块协议出让的供地方式，利用人才公寓出租及商品房销售收益实现项目收益的综合平衡。

（三）广州地铁融资模式：市区共建+轨道+土地

目前，广州地铁集团负责运营的轨道交通总里程达到676.5公里，除了本地地铁线网531.1公里、有轨电车22.1公里外，还包括广清、广州东环城际铁路60.8公里，江西南昌地铁三号线28.5公里，海南三亚有轨电车8.4公里，以及巴基斯坦拉合尔橙线25.6公里。同时，正同步推进11条（段）、292公里地铁新线建设。

广州地铁集团的投融资模式，主要按照“政府出资+银行贷款”传统模式逐步转变为“政府出资+轨道交通沿线土地综合开发收益+多元化融资”的创新投融资模式的新思路，以政府投入保障项目资本金为基础，大力支持轨道交通沿线场站综合体及周边土地综合开发，更多地发挥广州地铁集团及其他市场参与主体的主观能动性，筹集更多轨道交通建设资金，实现轨道交通可持续发展。

在轨道+沿线物业开发方面，广州地铁大力推进新一轮轨道交通场站与线路一体化建设，最大限度地发挥地铁沿线土地资源的价值，为轨道交通建设筹集资金并反哺轨道交通运营，目前已出让超过20块地块，出让收入近千亿元。

（四）深圳地铁投融资模式：BOT和BT模式

深圳市地铁集团有限公司（以下简称深圳地铁）于1998年7月31日成立，是深圳市政府全资国有企业。截至2019年，深圳地铁已经形成总里程达316.1公里的轨道交通线路（其中地铁304.4公里，现代有轨电车11.7公里），覆盖201个站点。2019年，其年客运量超过17.9亿人次，居全国第四。

深圳地铁负责城市轨道交通投融资、设计、建设、运营地铁资源和地铁物业的综合开发，其中4号线地铁二期采用BOT模式，由港铁轨道交通（深圳）有限公司负责运营。对于采取BT、BOT和PPP等融资模式建设的地铁项目，市政府授予项目公司特许经营权，政府相关职能部门将依据相关法律和特许经营协议等有关协议的约定，对项目公司运营、对外担保、关联交易、沿线地块分红、设施的使用以及项目公司的经营状况等进行全方位的监管和监督。

深圳地铁一直重视投融资方式的多元化，其地铁建设可分成三个时期，在不同时期投融资模式也有一定差异，但从总体上来看，政府投资仍是主体。深圳地铁一期工程建设时采用了以政府财政投资为主导的传统的投融资模式，投资金额约70%由市财政拨款，其余约30%通过商业银行贷款解决。地铁二期开始探索“地铁+物业”投融资模式，4号线二期采用了BOT模式，5号线采用了BT模式（投融资+设计施工总承包+回报）。地铁三期工程的6、7、8、9、11等5条线路采用多元化投融资模式，其中，政府财政资本金占50%，其余资金主要通过银行贷款、中期票据、企业债券、设备租赁、股权融资和债权投资计划等多种融资渠道解决；7、9、11号线全部采用3年期回购的BT建设模式，集自主投融资、建设、运营和物业开发等于一体，这在境内的城市轨道交通行业尚属首例。

（五）成都、福州：成本规制模式

交通行业的成本规制模式是指合理界定公共交通行业各项运营成本范围，科学建立单位运输成本标准并以此测算财政补贴和科学定价调价的政策。成本规制是公共交通行业发展财政预算管理的基础；是科学实施财政补贴、开展运价调价的关键环节；是对企业经营管理者水平的考核依据；是政府对公共交通事业扶持政策的重要凭证。目前，在轨道交通领域，成都市和福州市于2018年正式出台了关于城市轨道交通运营的成本规制实施办法，积攒了一定经验。

1. 基本理念

借鉴公共汽电车成本规制方式，明确城轨运营总成本构成及标准，根据政府核定的乘客实际支付票价，差额部分由政府代为补足，实现“市民可承受、财政可负担、企业可持续”的政策目标。

2. 补贴对象

轨道交通成本规制票价补贴的对象为乘坐城市轨道交通工具的乘客。根据实际客运量，对通过成本规制核定的运营总成本与实际获得的乘客支付票价收入之间的差额予以补足。

3. 成本规制科目

轨道交通企业提供服务期间的运营总成本由直接运营成本和期间费用构成，包括人工工资及工资性支出、能耗费、日常维修费、委外服务费、其他运营生产费用、折旧及摊销、保险费、管理费用、财务费用、税费、设备大修（含更新）等规制成本控制项目。

4. 模式操作

综合成都和福州两地的经验来看，成本规制模式的实施基本包括以下步骤。

（1）地方政府进行制度安排。地方政府以发文形式，明确轨道交通运营总成本构成、补贴对象、补贴机制、补贴标准，补贴资金的来源及与预算的衔接及其制定、核定、支付的责任部门、调整频次、操作方式、绩效考评等。

（2）确定具体项目。地方政府依据国家相关部门批复的城市轨道交通发展规划及城市发展整体规划，确定具体的建设项目。

（3）履行相关财政程序。为加强规范管理，确保政府支出责任合规，不形成隐性债务，成本规制相关政策文件应事先取得当地有权监管部门认可，确保政策合法有效，杜绝以任何形式增加地方政府隐性债务。

（4）项目建设与运营。轨道交通企业实施城轨项目的具体建设与运营，乘客支付的票款和财政补贴票款作为企业的营业收入，在用于公司日常生产经营支出、扣减折旧、摊销等成本后，形成公司自由现金流。

（5）补贴资金的预算安排及拨付。进入运营期，票价补贴资金按年度列入预算，并报同级人大批准。票价补贴资金的拨付管理，应严格履行相关程序，财政部门根据核定的客运量和补贴标准计算当期应拨付的补贴金额，并向轨道交通企业拨付，确保财政补贴资金拨付程序的合规性和完备性。

（六）中国香港地铁融资模式：地铁+物业

香港地铁成立于1975年，经过二十多年的发展，于2000年在香港上市。2019年，香港地铁总收入545.04亿港元，净利润119.32亿港元。

在地铁建设中，香港当局的定位是按照“审慎的商业原则”让香港地铁独立运营，对公司日常运营不予干涉，政府通过法律法规建设和社会舆论监督机制对地铁公司进行监管。政府向地铁公司提供一系列优惠扶持政策，如提供地产开发权，使其获得投资商业回报。香港地铁建设初期，政府为地铁公司的融资提供担保，大部分投资资金都是由地铁公司通过市场融资筹备，经历了12年的亏损才转为盈利。香港地铁公司拥有沿线土地的开发权和票价自主权。开发商以自负盈亏方式，按照地铁公司制定的发展标准兴建有关物业，也有与地铁公司联合开发沿线物业，物业出售所得利润由双方分享。

在香港地铁的建设资金中，来自政府的投资约占总投资的25%~33%，大部分建设资金由地铁公司自行筹集。香港地铁的商业运作（包括物业）是“R+P”（地铁+物业）模式中的亮点。香港“R+P”模式通过把地铁和沿线物业开发结合起来，既解决了地铁建设资金来源问题，也减轻了政府财政负担，同时还推动了城市规划的优化和发展。香港地铁商业成功运作的经验主要是：结合地铁与城市的同步规划，主动创造商业需求；地下车站大厅与上层物业同时发展，地铁内商业和地铁上盖物业的商业定位明确，实行特色化、主题化的经营；围绕地铁经营的发展不断进行商业创新，依托地铁优势开展多种经营，把地铁客流成功引导成商场客流；香港地铁按照融资来源、利率类别、融资准备时间、还款期类别和货币种类五个方面制定了一套理想的融资模式（表6-4）；依托地铁开展多种经营，以非车业务发展车务并实现相互促进，如车厢广告、发展沿线物业、出售物业获得利润等。

表6-4　理想的融资模式

项目		理想融资模式
融资来源（百分率）	资本市场工具	45~80
	银行贷款	20~55
	出口信贷	0~5
利率类别（百分率）	固定利率	40~75
	浮动利率	25~55
还款期类别（百分率）	两年以内	15~45
	二至五年	10~40
	五年后	35~65
货币种类（百分率）	已对冲	85~100
	非对冲美元	0~15
融资准备时间（月）		12~24

三、国内外城市轨道交通投融资经验总结

对上述国内外城市的轨道交通投融资模式进行对比分析可以得出以下几个结论。

（1）地铁建设投资仍是以政府为主导。由于地铁的准公共物品性质以及投资规模巨大、盈利能力较弱、回收周期长等特点，政府投融资在世界各国地铁的建设中一直起着主导作用，除少数城市有部分市场投融资成分以外，多数城市政府投融资占到地铁投融资总额的 100%（表 6-5）。同时，地铁项目运营初期普遍收益不足，政府补贴仍是弥补运营亏损的主要来源。

表 6-5　世界不同城市地铁建设初期资金来源和运营政府补贴情况

城市	建设资金来源
伦敦	投资全部由政府承担，实行事业制经营
巴黎	资金的 80%由联邦政府和地方政府分摊
东京	政府投资 50%，私人投资 50%
首尔	中央或地方政府资助
新加坡	政府投资 100%
香港	政府为线路提供建设资金，提供沿线土地开发权
北京	通过 ABO 模式每年投入财政资金 295 亿元、多元化融资
上海	市区共建、多元化融资
广州	市区共建、轨道+土地、多元化融资
深圳	政府投资、土地作价出资、多元化融资

（2）地铁项目投融资均经历了由政府完全财政投入寻求多元化投融资模式的转化，社会化融资发展迅速，BT、BOT、PPP、“地铁+物业”等投融资模式在地铁建设中运用得越来越多。市场投融资主要运用企业自有资金、银行贷款、债券、信托、资产证券化、融资租赁股票债券发行等多种模式。

（3）国内地铁项目投资目前主要采取政府财政提供一定比例资本金、由政府与企业共建的模式。当前，地铁项目建设投资从最初的由政府财政独自承担扩展为政府财政解决项目资本金，其余资金由城市轨道交通企业通过银行贷款、发行债券、PPP 模式、政府配套相关资源（如沿线土地物业）等解决，未来政府通过成本规制、ABO 模式或配套沿线物业等方式偿付到期债务本息。

（4）各城市地铁建设目前均采取了以“轨道+物业”为核心的多元化经营战略，通过主、辅业相互补充的形式有效地开展经营活动。香港、深圳、

广州的经验表明，轨道交通沿线物业开发极大地支持轨道交通建设和后期运营，其不仅可以带来稳定客流，也能产生巨大的经济效益。沿线的物业开发和经营，需要政府、城市轨道交通企业和社会资本的共同参与，建设资金不足的问题也迫切需要引入社会资金来解决，实现多元化的投融资组合将是轨道交通可持续发展的必由之路。关于主要城市地铁建设融资模式特点总结，详见表 6-6。

表 6-6　主要城市地铁建设融资模式内容、特点及代表

类别	内容	特点	代表
政府全额投资	建设投资和运营亏损均由政府财政解决	票价低；投资受限于政府财政资金，渠道单一，财政压力大；运营亏损面大；投资效率较低	纽约地铁、伦敦地铁
BT 模式	BT 主办方通过招标等方式确定投资人（BT 承办方），投资人筹集资金建设地铁，完工后，主办方以约定价格一次性或分期收购设施所有权。但目前国家已停止了 BT 模式的推行	一定程度上缓解政府的短期财政压力，提高工程建设效率；承办方可能有重进度和投资控制、轻质量和安全控制的倾向；可能提高建设成本	深圳 5 号线、北京奥运线
政府主导投资前期补偿	政府承担地铁土建工程部分投资，然后以一定的服务费租给运营企业，土建投资作为市政道路资产不进入企业资产，降低企业的投资总额，减少折旧成本，使地铁企业实现运营盈利	地铁运营企业可能对地铁设施进行过度使用；一定程度上提高了运营效率	东京地铁
政府主导投资后期补偿	政府承担地铁土建工程部分投资，然后租给地铁运营企业，政府投资全部计入企业资产，对运营后的亏损给予财政补贴、资源补偿等	政府补偿要以一定的补偿标准和约束机制为基础，但难以确定补偿标准和有效的约束机制	新加坡地铁、巴黎地铁
BOT 模式	由社会资本自筹资金建设地铁工程的全部或一部分，政府将地铁设施以一定价格租与 BOT 承办方，并赋予一定年限的特许经营权，特许经营权结束，BOT 承办方按约定再无偿将地铁设施移交最终所有人（政府组建的地铁公司）	大大缓解了政府的财政压力；引入社会资本，有助于提高效率；从工程总体来看，亏损仍然存在，政府仍需对运营方进行大量补贴	北京大兴线、北京 14 号线、深圳 4 号线二期工程

续表

类别	内容	特点	代表
BOOT 模式	基本内容与 BOT 相同，差别在于 BOOT 承办方不仅获得了地铁设施的特许经营权，还获得了地铁沿线物业开发权	极大地缓解了政府的财政压力；效率大大提高，但仍有空间；项目总体可实现盈利	深圳 4 号线二期
地铁+物业	政府将轨道交通沿线土地注入地铁公司或其他方式配置土地资源	通过地铁和沿线物业的整体规划，将地铁的外部效应内部化，实现地铁运营盈利	香港地铁、深圳地铁等
PPP 模式	政府部门通过政府采购形式与社会资本组成项目公司，由项目公司负责投融资、建设和运营，为保障项目收益率，政府需要向项目公司提供可行性缺口补助等	实现投融资主体多元化，减轻政府财政压力；实现企业化经营，有利于提高投资运营效率。缺点是政府仍需承担项目合作期的支出责任	北京地铁 4 号线、深圳 4 号线二期
债务融资	企业债券、公司债券、中期票据、银行贷款等多元化债务融资渠道	通过资本市场融资，需要落实还款来源	国内各家地铁企业

第三节 “轨道+土地”综合开发投融资模式实践与探索

“轨道+土地”模式运作大致可以分成两个循环：一是政府用轨道交通沿线土地一级开发平衡轨道交通建设投资；二是通过轨道交通场站二级物业开发和持有物业经营收益，平衡运营期内的亏损。“轨道+土地”模式已经不再仅仅是一种解决轨道交通资金问题的途径，更是一种基于城市轨道交通及土地综合利用而发展起来的资源经营与利用的方式。

一、“轨道+土地”投融资模式的理论基础

“轨道+土地”模式的一个最主要的理论基础是经济学的外部效应问题。

（一）外部效应产生的原因

外部效应的产生是因为在经济活动中存在私人成本与社会成本、私人收益与社会收益之间的差异。经济主体在经济活动中所得收益为私人收益，但其活动还可能对社会产生额外的利益，此时社会效益就会大于私人收益，产生外部效应。

按实际影响所产生的经济后果，可以将其划分为消极的外部效应（外部不经济或是负的外部效应）和积极的外部效应（外部经济或是正的外部效应）。消极的外部效应是指某一经济主体的行为对其他经济主体产生了负面的经济影响，而又未能通过市场交换或价格体系给予补偿。积极的外部效应是指某一经济主体的活动对其他经济主体产生了正面的经济影响，而又未能通过市场交换或价格体系而得到报酬。福利经济学代表人物庇古和新制度经济学代表人物科斯认为，对存在外部效应的经济行为，应采取包括政府干预在内的综合措施，对经济主体进行调节，以便实现资源的最佳配置。

（二）外部效应内部化手段

针对外部效应内部化问题，在经济理论和实践中提出了一系列的解决办法，大致有以下两种思路。

1. 通过税收手段实现外部效应的内部化

新古典经济学认为，产生消极外部效应的经济主体应承担社会用于治理消极外部效应的费用；产生积极外部效应的经济主体应获得价格补贴，以消除私人成本与社会成本、私人收益与社会收益之间的差异，使资源配置重新回到帕累托最优状态，这就是所谓的庇古税。

2. 通过产权明晰实现外部效应的内部化

由于某些具有竞争性用途的资源产权缺乏界定或界定不清，导致各经济主体竞相无偿地耗用资源，其私人成本（或收益）与社会成本（或收益）不一致，导致外部效应的出现。产权明晰理论认为，外部效应问题可以通过产权明晰化，依靠有关部门的协商和谈判加以解决。科斯认为，政府调节机制本身需要成本，直接政府管制未必能比市场和企业更好地解决问题。只要产权界定清晰，无偿耗用资源的局面将不复存在，此时资源耗用成本将纳入私人成本，从而使资源配置达到最优状态。

（三）外部效应理论对投融资理论的启示

城市轨道交通具有明显的外部效应特征，主要表现为外部经济性，即城市轨道交通项目的效益主要由城市轨道交通项目之外的其他利益相关者享受，受益者涉及乘客、城市轨道交通站点附近的居民、房地产商、相关产业厂商等。外部效应理论对政府的启示主要包括以下几点。

1. 为城市轨道交通项目投资建设提供了重要的理论支撑

尽管城市轨道交通票价水平较低，城市轨道交通运营企业普遍存在财务亏损，但各城市政府仍然愿意进行城市轨道交通项目投资建设。从外部效应理论来看，城市轨道交通能够带来巨大的正外部经济性，这种正外部经济性最终可以转化为城市土地的升值即土地出让金收入的提高、城市投资环境的改善、城市品牌价值的提升、城市运营成本的节约及城市竞争力的提升，从而可以有效促进城市经济的发展，带来税收等政府公共收入的增加，这是城市政府普遍重视并积极推动城市轨道交通网络建设的重要原因。

2. 揭示了城市轨道交通项目价值评价的路径方法

从项目投资价值分析的角度来看，无论是企业投资还是政府投资，只有那些具有投资价值的项目才应该进行投资建设。在城市轨道交通项目价值评价过程中，不能仅仅以城市轨道交通投资企业获得的票价收入来评价其投资价值，还要充分考虑其外部效应，全面衡量城市轨道交通的经济价值。在充分考虑各种利益相关者的受益程度及城市轨道交通建设所付出代价的基础上，评价城市轨道交通项目建设的经济合理性，为城市轨道交通投融资方案的评价和决策提供依据。

3. 为政府向城市轨道交通项目进行资助提供了理论支撑

对明显存在外部经济性的城市轨道交通而言，完全依靠市场力量配置资源是不现实的，政府部门需要为城市轨道交通项目提供投资补助及其他形式的政策支持。

4. 为城市轨道交通项目的市场化融资提供了思路

在城市轨道交通项目融资过程中，应结合城市发展阶段、城市轨道交通项目的具体特点，探讨合适的外部效应内部化的途径，建立城市轨道交通项目投资回报的有效补偿机制。可采用由政府直接拨付财政资金的方式，将政府获得的因城市轨道交通建设而带来的土地出让金收入、税收增收等收益返还给城市轨道交通建设，也可以采用城市轨道交通与土地综合开发的方式，将城市轨道交通投资建设的外部效应所引起的土地增值收益用于补偿城市轨道交通建设运营。

二、轨道交通物业开发用地获取方式

城市轨道交通物业开发用地在功能属性上具有二重性，既有城市基础设施的公益性功能，又有物业开发利用的经营性功能。公益性地块可采用划拨方式取得土地使用权，经营性地块必须通过“招标、拍卖、挂牌”方式取得土地使用权。城轨物业开发用地的功能二重性使得其获取方式也呈现多样性，具体有以下几种方式。

（一）“招标、拍卖、挂牌”出让方式

《中华人民共和国物权法》第137条和138条款规定了经营性用地必须采用“招标、拍卖、挂牌”方式、公开竞价方式进行出让，对协议出让方式及划拨方式进行了严格的限制。因此，轨道交通物业开发用地一般会采用复合方式招标或定向（带重要排他条件）拍卖的方式。这是获取轨道交通物业开发土地最为普遍的形式之一。

（二）协议出让方式

政府以协议方式在一定年限内将建设用地使用权出让给意向用地者，意向用地者向国家支付协议出让金。

（三）授权经营（整备）方式

轨道交通企业在建设轨道交通前期，对沿线土地资源进行整备，并通过统一规划设计，为后期物业开发、商业经营预留必要的、清晰的各项接口条件，通过土地交易市场进行公开“招标、拍卖、挂牌”方式转让物业开发权，而轨道交通企业在前期的投资投入，在转让收益中返还。

三、香港“轨道+物业”模式的典型案例

中国香港是世界上人口密度最大的城市之一，但却能保持城市交通畅通，形成了现代化和多元化的公共交通体系，建立了现代化城市管理交通体制，成为大城市公共交通发展的成功典范。国际上大城市的公共交通营运大多需要政府补贴，而香港地铁却能实现盈利，值得研究和借鉴。

（一）香港土地资源的综合开发特点

根据分区人口统计分析，全港约有45%的人口住在距离地铁站仅500米的范围内。如果仅以居住在九龙、新九龙及香港岛的居民统计，这一比例更高达65%。香港的就业用地布局也采用类似的模式，在新界，约有78%的就业岗位集中在8个位于铁路车站附近的就业中心内，其用地面积之和仅占新界总面积的2.5%。商务中心更是高度集中在各类公共交通工具的大型枢纽处，其中，中环—金钟—铜锣湾地铁沿线的平均就业密度超过每公顷2000人。特别值得一提的是，金钟与中环地铁站之间中心距离虽然仅有800米，但其间的办公建筑依然没有均匀布置，而是分别向两站靠拢，多数建筑到地铁站的步行距离仅200米左右。香港岛北部海岸线狭长的城市发展带，长17

公里，平均宽度 1.3 公里，面积仅为 22.5 平方公里，却有居住人口 94.7 万人，就业人口 71.2 万人。

高密度的开发，不但保留了一大片绿地，更有助于公共交通的发展。香港地铁高效率的列车服务，使地铁站上盖物业更有吸引力。而地铁沿线的物业，也为地铁带来更多的乘客，从而提高香港地铁的投资回报。同时，来自土地的收益是香港政府重要的财政收入之一。

（二）城市轨道交通的营运

截至 2019 年年底，香港地铁在香港客运里程 262.6 公里，营运 12 条线路，2019 年载客量超过 19 亿人次，占公共交通运量的 47.4%。在内地城市北京、杭州、深圳获得地铁运营权，运营里程达 322.4 公里；在英国、瑞典和澳洲运营的地铁和铁路超过 2400 公里。

香港城市轨道交通的发展是伴随香港经济高速发展而推进的。庞大经济体系的商务运作使得香港有能力进行城市轨道交通的建设，同时香港城市轨道交通的运作，也确实能为香港经济的发展创造相应的价值。因此，香港特区政府在成立地铁公司时，就敢于放弃绝大多数西方城市轨道交通系统实行的补贴政策，明确地铁公司是政府的全资公司，主要目的是解决香港公共交通的合理需求，根据审慎的商业原则兴建及经营公共运输铁路系统。

这个体制的确立，明确向香港地铁传递了两条重要信息。一是城市轨道交通系统是政府全力支持的，应对城市轨道交通建设有信心；政府对地铁公司财政上是有支持的，但不是无偿拨付，而是作为股份注入公司。二是公司运作按商业原则，成本—效益核算是最基本的要求，这样地铁公司考虑建设和经营的出发点和着重点，与实行补贴政策的情况就会完全不同，经济效益将放在一切考虑的首位。而客观上，这样的考虑又完全符合城市发展的要求，从而奠定了香港城市轨道交通成功的基础。

香港城市轨道交通自 1979 年年底逐段投入运营，逐步由前 12 年的亏损转为盈利。进入 21 世纪，香港城市轨道交通一直保持稳健的可持续发展态势。2019 年港铁总收入 545.04 亿港元（其中香港物业租赁及管理业务收入，中国内地及国际的铁路、物业租赁及管理业务附属公司收入，合计为 262.22 亿港元，占总收入的 48%），净利润 119.32 亿港元。

（三）城市轨道交通融资及其与房地产的合作开发

香港地铁荃湾线、观塘线和港岛线总建设费用约 260 亿港元。建设资金主要有三个来源：政府以股本形式投入约占两成；发展房地产约占一成半；

其余来自借贷。除了股东资金融资渠道外，还有出口信贷、债券、银团贷款、利率和信贷置换融通、商业票据和银行透支便利等多种融资渠道。机场线总投资340亿港元，主要来源有三个：一是政府提供的资金237亿港元；二是发展房地产与票价等收益；三是借贷。

香港地铁就上盖物业与地产商合作，建造费用和风险由地产商承担，而香港地铁一般可分享五成利润。此外，地铁公司其他收益来源包括商场租金、广告和物业管理等。

1975—1986年建设的3条地铁线上，香港地铁开发了18处房地产，其中包括10处不动产的28000套公寓，3个购物中心的150500平方米零售店及128500平方米的写字楼。3个购物中心分别建于3个地铁货仓之上，是地铁公司长期投资项目。这些房地产都是由地铁公司管理，因此，香港地铁成为目前香港最大的不动产管理机构之一。3条城市轨道交通线的总建设成本为250亿港元，而18个房地产开发项目的收益为40亿港元，约占总建设成本的16%。香港机场线的建设成本为340亿港元，房地产开发的总投资估计为1500亿~2000亿港元，将为地铁公司带来180亿~200亿港元的收益，超过机场线建设成本的50%。2000年以来，物业发展利润占经营总额的比例维持在40%以上。香港地铁历年出售物业所得利润全部用于城市轨道交通建设，成为香港城市轨道交通发展重要的资金来源之一。

（四）香港城市轨道交通发展的主要经验

香港城市轨道交通实行的是政府引导的市场化投融资体制。香港特区政府建设公共设施遵循“花小钱，办大事”的原则。政府通过认购股权方式给予财政支持，但仅提供城市轨道交通建设资金的25%左右，其余必须通过市场机制来解决。为此，城市轨道交通建立了比较成熟的商业运作模式，以保证到期还本付息。香港城市轨道交通通过“轨道+土地”综合开发和资本市场两个方面来解决剩余资金来源。

按照香港特区政府规定，香港地铁享有开发沿线物业的权利，这种权利一方面使地铁公司能够筹集到足够的建设资金；另一方面，城市轨道交通沿线住宅和商业街可为城市轨道交通带来稳定可观的客流，引导城市规划发展。港岛线兴建时，60%的建设资金来自沿线物业开发。此外，香港优越的国际金融环境使香港地铁可以按照理想的融资模式，从国际资本市场上筹措大量资金，有效降低财务成本和风险。

香港城市轨道交通的发展从一开始，就将经济效益放在首位。城市轨道交通线路的规划和建设都必须按照“成本—效益”原则进行核算：一方面优先采用效益好的方案；另一方面，在满足服务要求的前提下，设计上力求经济实用，降低建设成本，减轻运营负担。只有当地铁公司有独特的竞争优势或对城市轨道交通有直接或间接的好处时，公司才涉足新业务，使新业务能增进对顾客的服务而又不离开主业。虽然香港城市轨道交通的规划、建设和运营都以经济效益为主导，但是城市轨道交通从线路的规划、设计到建设施工和运营，一直将提高服务质量、增加客流量作为一切工作的中心，实现了城市轨道交通经济效益和社会效益的统一、地铁公司和社会的双赢。这也告诉我们，合适的制度安排可以将企业的利润追求和社会效益统一起来。

四、内地“轨道+物业”模式的积极尝试

（一）京投入股京投发展

2009 年 3 月，京投公司参与银泰控股股份有限公司（A 股上市代码 600683. SH，2009 年 7 月更名为“京投银泰股份有限公司”，2016 年 5 月更名为现名“京投发展股份有限公司”，简称“京投发展”）定增，认购 1. 47 亿股，发行完成后持有该公司 29. 81%的股份，成为其第一大股东。至 2019 年一季度末，京投公司持有京投发展 2. 74 亿股，持股比例 37%，仍为其第一大股东。

京投发展是一家以房地产开发、经营及租赁为主营业务的综合性企业，于 1993 年 10 月上市。近年来，在“以北京为中心，以轨道交通为依托”的发展战略导向下，依托大股东京投公司的资源、资金和地铁上盖物业专业开发技术的优势，京投发展调整优化资产结构，着力开发北京地区轨道物业（2014 年以来，来自北京地区的营收占总营收的比例稳定在 90%以上），成功打造轨道物业专业开发核心竞争力，公司管理水平及盈利能力不断提升，经营业绩稳健增长，为股东创造了更多价值。京投发展销售金额蝉联全国房企销售百强。公司名列 2018 年中国典型房企品牌指数 TOP 榜单第 69 名。

自京投公司成为京投发展第一大股东以来，京投发展总体态势良好，特别是近几年来呈稳定发展态势。

京投公司通过入股京投发展，一方面可以分享其分红收益，另一方面通过围绕轨道交通物业开发进行合作，不断给京投发展提供优质土地资源进行开发，有助于提升京投发展市值水平。

（二）深圳地铁入股万科地产

2017 年 1 月 12 日，华润股份及中润贸易协议转让给深圳地铁 16.90 亿股万科 A 股股份的过户登记手续办理完毕，深圳地铁持有万科公司 15.31%的股份，成为公司第二大股东。2017 年 7 月 6 日，恒大下属企业转让给地铁集团 15.53 亿股万科 A 股股份的过户登记办理完成，深圳地铁合计持有万科总股本的 29.38%，成为万科第一大股东。

深圳地铁集团作为基石股东表态将支持万科的混合所有制结构、城市配套服务商战略和事业合伙人机制，支持深化轨道物业发展模式，双方优势互补、协同发展，有利于万科进一步深化轨道物业模式，挖掘长期发展机会。

深圳地铁收购万科为其带来三个方面的积极影响。

（1）为深圳地铁带来稳定持续的投资收益及现金流。2019 年万科净利润约 551.32 亿元，深圳地铁享有投资收益 158.17 亿元，可获得现金分红 33.89 亿元，大幅提升了深圳地铁的盈利能力，解决了其可持续发展问题。同时股权增值，按照 2019 年 12 月 31 日万科收盘价 32.18 元/股计算，较平均受让价格股权增值了 57%。

（2）深圳地铁控制了 1 家世界 500 强企业，极大提升了资信水平和品牌影响力，成为国内“轨道+物业”的最强最成功的组合。

（3）与万科这种优秀的房地产开发商合作开发，实现沿线场站综合体项目开发收益的最大化，并快速回笼资金。

（三）广州地铁入股越秀地产

2019 年 2 月 27 日，广州地铁集团通过广州地铁投融资（香港）有限公司战略投资香港上市公司越秀地产，持股比例 19.9%，成为越秀地产第二大股东，实现了“轨道+物业”战略。投资完成后，广州地铁集团预计今后 5 年每年可以从越秀地产获取投资收益超过 6 亿元，现金分红每年超过 3 亿元，提升了广州地铁集团的盈利能力和现金流。

房地产开发业务属于地铁建设的附属资源开发业务。入股越秀地产，是广州地铁在这一产业链上的延伸与深化。地铁公司在地铁沿线有着较多的土地储备及场站综合体开发需求，引入专业的房地产开发公司，是广州地铁“轨道+物业”可持续发展模式的有效实践。这不仅利于分散集中投资地铁沿线项目的风险，也有利于缓解广州地铁集团在地铁建设方面的资金压力。广州地铁集团持有项目公司自主开发周期较长，但通过对价交易获取越秀地产公司的股权，不仅能快速实现资金回流，而且还能分享越秀地产长期经营收益，获取稳定的现金流，用于轨道交通线网建设及运营补亏。

第四节　城市轨道交通 PPP 模式实践与探索

PPP（Public Private Partnership），国内译为“政府与社会资本合作”，它是基础设施和公共服务供给机制的重大创新，即政府采取竞争性方式择优选择具有投资、运营管理能力的社会资本，双方按照平等协商原则订立合同，明确责权利关系，由社会资本提供基础设施和公共服务，政府依据基础设施和公共服务绩效评价结果向社会资本支付相应对价，保证社会资本获得合理收益。

2014 年 10 月《国务院关于加强地方政府性债务管理的意见》（国发〔2014〕43 号）发布，明确提出“推广使用政府与社会资本合作模式”，随后财政部、发改委等部委和各地政府发布了一系列指导性政策文件，直接助推了本轮 PPP 热潮在包括城市轨道交通在内的基础设施和公共服务领域兴起。

一、推广 PPP 模式的重大意义

政府和社会资本合作模式有利于充分发挥市场机制作用，提升基础设施和公共服务的供给质量和效率，实现公共利益最大化。

（一）有利于加快转变政府职能，实现政企分开、政事分开

作为社会资本的境内外企业、社会组织和中介机构承担基础设施和公共服务涉及的设计、建设、投资、融资、运营和维护等责任，政府作为监督者和合作者，要减少对微观事务的直接参与，加强发展战略制定、社会管理、市场监管、绩效考核等职责，这样有助于解决政府职能错位、越位和缺位的问题，从而深化投融资体制改革，推进国家治理体系和治理能力现代化。

（二）有利于打破行业准入限制，激发经济活力和创造力

政府和社会资本合作模式可以有效打破社会资本进入基础设施和公共服务领域的各种不合理限制，鼓励国有控股企业、民营企业、混合所有制企业等各类型企业积极参与提供公共服务，给予中小企业更多参与机会，大幅拓展社会资本特别是民营资本的发展空间，激发市场主体活力和发展潜力，有利于盘活社会存量资本，形成多元化、可持续的基础设施和公共服务资金投入渠道，打造新的经济增长点，增强经济增长动力。

（三）有利于完善财政投入和管理方式，提高财政资金使用效益

在政府和社会资本合作模式下，政府以运营补贴等作为社会资本提供基础设施和公共服务的对价，以绩效评价结果作为对价支付依据，并纳入预算管理、财政中期规划和政府财务报告，能够在当代人和后代人之间公平地分担公共资金投入，符合代际公平原则，有效弥补当期财政投入不足，有利于减轻当期财政支出压力，平滑年度间财政支出波动，防范和化解政府性债务风险。

二、PPP 模式的主要操作流程

根据财政部《关于印发政府和社会资本合作模式操作指南（试行）的通知》（财金〔2014〕113 号），完整的 PPP 项目操作流程包括项目识别、项目准备、项目采购、项目执行、项目移交 5 大步骤、19 个环节，具体如图 6-1 所示。

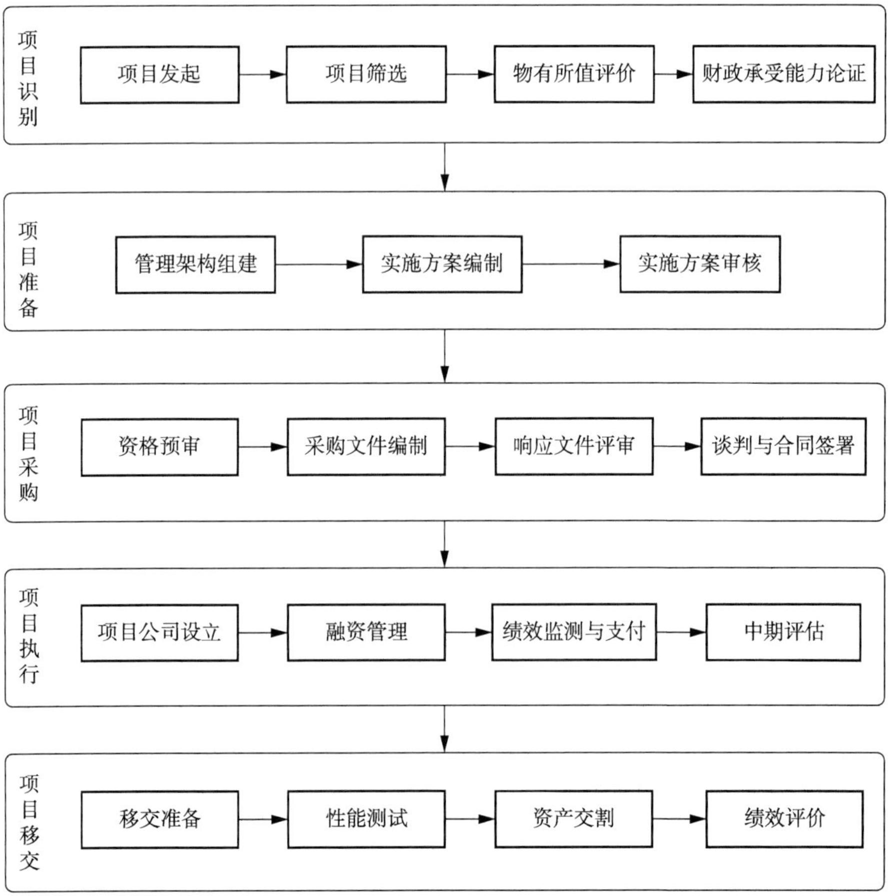

图 6-1　完整的 PPP 项目操作流程

三、城轨领域 PPP 模式典型实践

（一）北京地铁 4 号线

北京地铁 4 号线 PPP 项目是国内城市轨道交通领域 PPP 模式应用的一个标杆性案例，为后来众多的国内城市轨道交通 PPP 项目提供了借鉴。

1. 项目概况

北京地铁 4 号线全长 28.65 公里，南起北京丰台区南四环路马家楼站，北至海淀区龙背村站。全线共有宣武门、西单、西直门、中关村、颐和园等 24 个车站，由南至北穿越丰台、宣武、西城和海淀 4 个区，是贯穿北京城区南北的城市轨道交通主干线之一。项目总投资约为 153 亿元，已于 2009 年竣工并投入运营。

2. 模式解读

根据北京地铁 4 号线初步设计概算，北京地铁 4 号线项目总投资约 153 亿元。按建设责任主体，将北京地铁 4 号线全部建设内容划分为 A、B 两个部分：A 部分主要为土建工程部分，投资额约为 107 亿元，占 4 号线项目总投资的 70%，由已成立的 4 号线公司负责投资建设；B 部分主要包括车辆、信号、自动售检票系统等机电设备，投资额约为 46 亿元，占 4 号线项目总投资的 30%，由社会投资者组建的北京地铁 4 号线特许经营公司（以下简称特许公司）负责投资建设。

4 号线项目竣工验收后，特许公司根据与 4 号线公司签订的《资产租赁协议》，取得 A 部分资产的使用权。特许公司负责地铁 4 号线的运营管理、全部设施（包括 A 和 B 两部分）的维护和除洞体外的资产更新，以及站内的商业经营，通过地铁票款收入及站内商业经营收入回收投资。图 6-2 所示为北京地铁 4 号线 PPP 模式交易结构。

特许经营期结束后，特许公司将 B 部分项目设施完好、无偿地移交给市政府指定部门，将 A 部分项目设施归还给 4 号线公司。

项目结构之所以如此设计，是因为地铁 4 号线原计划要求在 2008 年奥运会之前竣工，为此在 PPP 运作过程中，为保证工期，4 号线的土建部分已经开工，社会投资者已经无法参与 A 部分建设；另外，国外类似项目中土建部分也通常由政府负责。

这种划分 A、B 式的 PPP 模式也为国内后续众多的城市轨道交通 PPP 项

目所借鉴，起到了良好的示范作用。

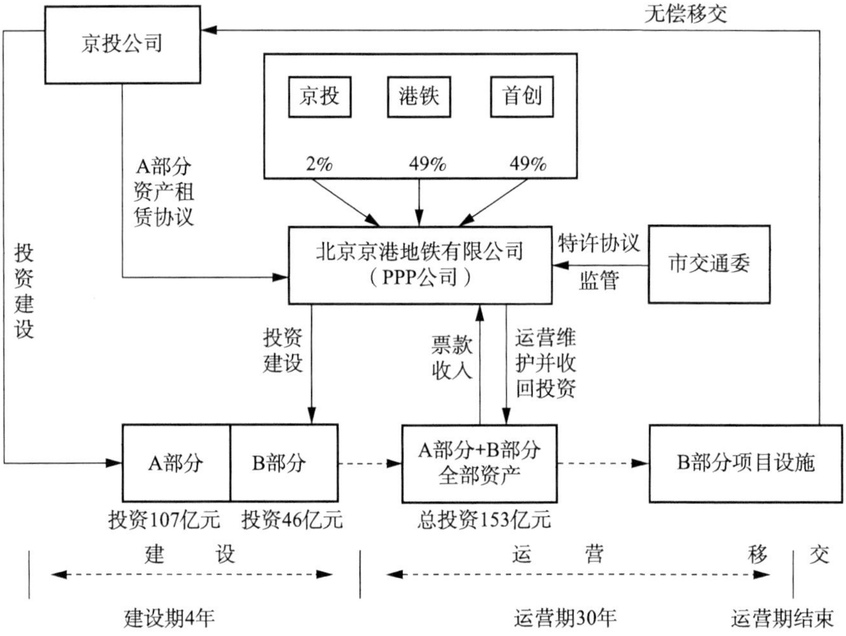

图 6-2 北京地铁 4 号线 PPP 模式交易结构示意图

（二）深圳地铁 4 号线

1. 项目概况

深圳地铁 4 号线（又名龙华线，位于深圳市中心区中轴线及金田路地下，由福田口岸站至清湖站，呈南北走向，全长 20.5 公里，共设 16 个车站。4 号线一期工程由福田口岸站至少年宫站，全长 4.479 公里。福民站至少年宫站于 2004 年 12 月 28 日正式开通；2007 年 6 月 29 日福民站至福田口岸站开通，至此 4 号线一期工程全部开通。4 号线二期工程由少年宫站向北延伸，经莲花北、梅林地区到达龙华的清湖站，长约 15.8 公里。总投资约 60 亿元，在 2005 年 11 月 4 日动工兴建，2010 年 9 月底建成，少年宫站至清湖站于 2011 年 6 月 16 日开通。

深圳地铁 4 号线二期工程以 BOT（建设—经营—移交）的模式引进港铁公司运作。2003 年 3 月 28 日，深圳市委常委会同意市政府开展引入港铁公司投资 4 号线的工作。同年 5 月 9 日深圳市政府三届 87 次会议同意港铁公司主要以 BOT 的方式投资建设 4 号线二期，5 月 20 日深圳市政府和港铁公司签署了合作备忘录。双方于2004年1月15日签订了《关于深圳市轨道交通4号线投资建设运营的原则性协议》，并于2005年5月26日草签了《深圳市轨道交通4号线特许经营协议》及其他相关协议。

2. 模式解读

深圳地铁4号线项目特许经营期为30年，在特许期内，特许公司开展4号线的运营并在商务部批准的经营范围内从事相关的业务。待特许经营期结束后，特许公司将向深圳市政府按照移交标准无偿移交续建工程设施并返还一期设施。如图6-3所示为深圳地铁4号线PPP模式。

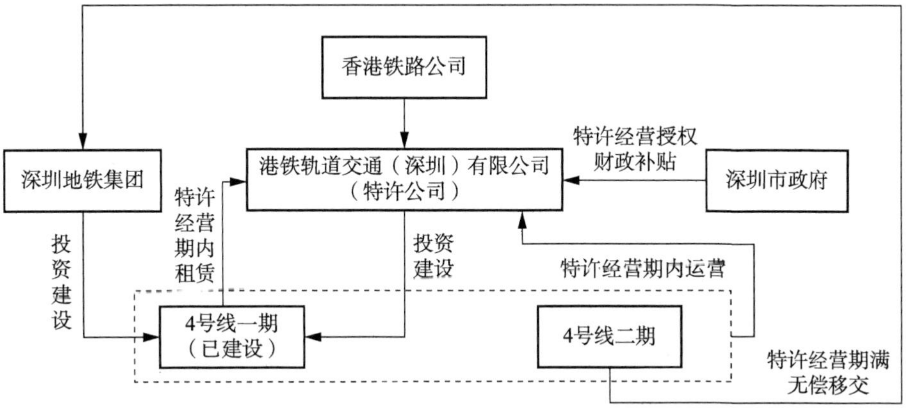

图6-3　深圳地铁4号线PPP模式示意图

深圳地铁4号线是《内地与香港关于建立更紧密经贸关系的安排》实施以来深港签署的第一个大型基建项目，也是最早提出以“轨道+物业”方式捆绑沿线社区开发的地铁项目。尽管在运作过程中遇到不少波折，但是作为国内早期成功运作的轨道项目之一，在深圳地铁4号线项目上，政府做出的种种努力和选择，还是有不少值得剖析和借鉴之处的。

（1）深圳地铁4号线是国内最先提出“轨道+物业”综合开发模式的轨道项目，但在国家政策层面未获得发改委审批通过，最终以政府补贴方式给予项目公司现金补贴，每年补贴额达6.2亿元，连补10年。

（2）深圳地铁4号线二期工程采取的是BOT模式，与同时期的北京地铁4号线不同，政府与社会投资者之间没有进行A、B部分的划分，而是将工程完全交给社会投资者建设，同时将已经建成的4号线一期工程设施交由特许公司统一运营。

（3）深圳地铁4号线选择引入社会投资者，与北京地铁4号线有着类似的动机，也是希望通过实现投资主体多元化，引进一家经验丰富的投资运营主体，打破地铁领域完全由政府投资建设和运营的垄断格局，引入适度的市场竞争机制，提高运营效率。

（三）徐州地铁2号线

1. 项目概况

2013年2月22日，《徐州市城市快速轨道交通建设规划（2013—2020）》经国家发改委正式批复，徐州市成为苏北第一个获批建设轨道交通的城市。

徐州地铁2号线是近期规划建设的线路之一，呈西北、东南走向，线路贯穿老城区南北发展轴和徐州新区东西发展轴，一期工程全长23.9公里，工程总投资约170亿元。

徐州地铁2号线按照“网运分离”的政策导向，将建设、运营分成两个阶段运作，建设养护和运营维护两个模块分别引入社会资本，实施PPP运作。2015年下半年，徐州地铁2号线一期工程建设养护部分引入社会资本的工作启动。2016年1月，中国铁建股份有限公司牵头的联合体，被正式确认为项目的中标人。

2. PPP模式解读

徐州地铁2号线一期工程采用了建设、运营两个阶段分开引入社会资本的方式，2015年年底已经完成招标的建设养护阶段PPP模式采取了“建设—租赁—养护—移交”（Build-Lease-Major Maintenance-Transfer，BLMT）的方式运作，合作期25年（包含5年建设期），由中标的社会资本与徐州市城市轨道交通有限责任公司合资成立项目公司，在建设期完成轨道交通基础设施的投资建设任务，在维护期负责基础设施的维保养护责任，同时依据约定获取项目回报，合作期满，经全面审计及功能性验收后，社会资本退出项目公司。图6-4所示为徐州地铁2号线“网运分离”模式。

项目公司的回报来源由三个部分组成：运营公司租用项目公司投资形成的资产而支付的租金；约定比例的票务分配收入；由政府通过财政补贴的形式，给予的可行性缺口补助。

徐州地铁2号线项目在国内已经完成前期工作的轨道交通PPP项目中，有着自己鲜明的特点，给很多有地铁建设需求的二、三线城市提供了与以往不同的思路借鉴。

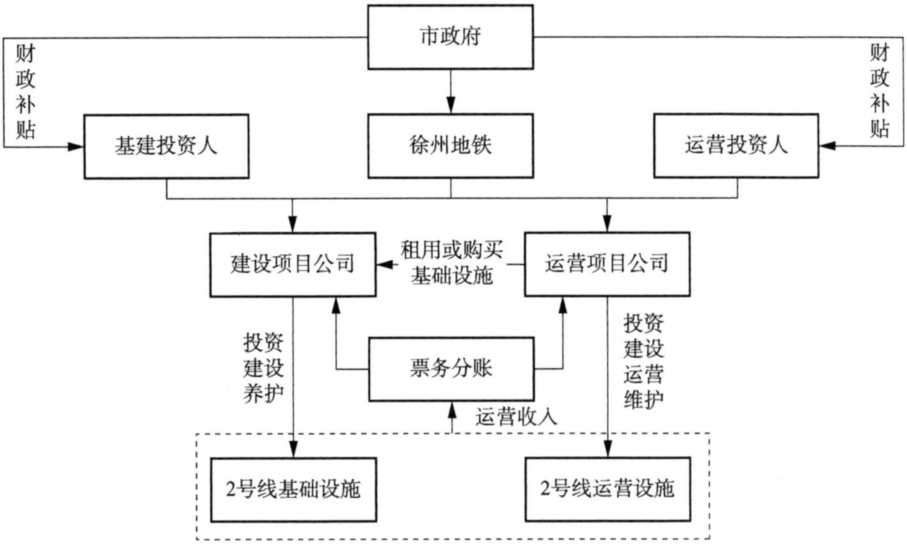

图 6-4　徐州地铁 2 号线“网运分离”模式

（1）建设、运营分别引入社会资本。与北京、深圳等一线城市不同，徐州地铁没有把引入一家像港铁公司这样的投资、建设和运营一体化的投资者作为方案设计的目标，而是采取了分专业、分阶段引入社会资本的思路，将建设养护和运营维护分成两个部分运作。

（2）繁简结合的财务条件。徐州地铁 2 号线一期工程建设养护 PPP 项目引入了绩效考核的思路，基础指标包括社会资本预期投资回报率和建安工程成本下浮率，最后中标价格的预期投资回报率为中国人民银行公布的 5 年期以上贷款基准利率上浮 2.45%，建安工程部分按照设计图预算下浮 7%，与传统的 BT 招标的财务标的看起来十分类似。但是在支付方式上，又显得有些复杂，财政补贴、设施租金和票款分配收入共同组成了项目公司的收入来源。

（四）大连市快轨 3 号线项目

1. 项目概况

大连市快轨 3 号线项目（简称快轨 3 号线项目）入选国家发改委存量 PPP 项目典型案例。工程线路全长约 63.45 公里，其中主线长 49.15 公里，支线长 14.3 公里。工程全线规划设 20 座车站，设有海湾车辆段和泉水控制中心各一个。

快轨 3 号线项目工程建设共分四期，一期工程起点在香炉礁立交桥，终点至金石滩国家旅游度假区金石广场，线路全长 46.658 公里，2000 年 9 月开工建设，2002 年 10 月试通车，2003 年 3 月竣工正式通车。二期工程起点为香炉礁站，终点至火车站北广场，全长 2.38 公里，2005 年 10 月实现通车。三期工程新建小窑湾车站，2006 年 10 月 30 日竣工。四期续建工程为支线工程，从开发区金马路站至金州九里，全长共 14.288 公里，2008 年 12 月 28 日竣工。

截至 2015 年 5 月 31 日，快轨 3 号线项目列入清产核资范围的主要经营性资产账面原值和净值均为 46.48 亿元。

快轨 3 号线项目按照政府采购程序，于 2016 年 5 月采用竞争性磋商方式公开招募具有投融资、运营、管理能力的社会资本。快轨 3 号线中标社会资本包括金融方和运营方：金融方社会资本为平安银行股份有限公司大连分行；运营方社会资本为大连广盛元实业有限公司、德铁国际有限公司、美国泰克有限公司和华大泰克（大连）轨道交通基金管理有限公司联合体。其中，大连广盛元实业有限公司作为联合体牵头方总体负责运营维护；德铁国际有限公司负责提供运营方案及运营、管理咨询服务；美国泰克有限公司负责工务系统运维技术服务。

2016 年 12 月，项目完成 PPP 合同签署。截至 2017 年 2 月，成交社会资本股权转让资金已全部到位，并于 2017 年 3 月 2 日完成项目公司工商登记变更手续。2017 年 5 月 27 日，签署项目特许经营协议。

项目合计实现存量资产置换 41.92 亿元。其中以股权方式置换资金 4.74 亿元，以债权方式置换资金 37.18 亿元。

2. 模式解读

大连市快轨 3 号线 PPP 项目具体运作方式为 TOT（转让—运营—移交）模式，特许经营期设定为 25 年。

项目采用可行性缺口补贴回报模式，由项目公司负责该条线路的运营管理，由政府对公共交通项目设置限价机制。当使用者付费不足以满足项目公司成本回收和合理回报时，由政府以财政补贴形式对项目公司进行可行性缺口补贴。

大连市国资委将快轨 3 号线工程动产及不动产划转至大连市建设投资集团有限公司（简称建投集团）。项目总投资为 46.48 亿元（依据项目概算及清产核资审计报告）。项目公司注册资本金为项目总投资的 20%，其中建投集团拥有 49%股权，社会资本拥有 51%股权。该项目社会资本包括金融方投资人和运营方投资人，考虑到该项目为存量项目，不含建设期的特点，设定运营方投资人持股比例为5%。图6-5所示为大连快轨3号线PPP模式。

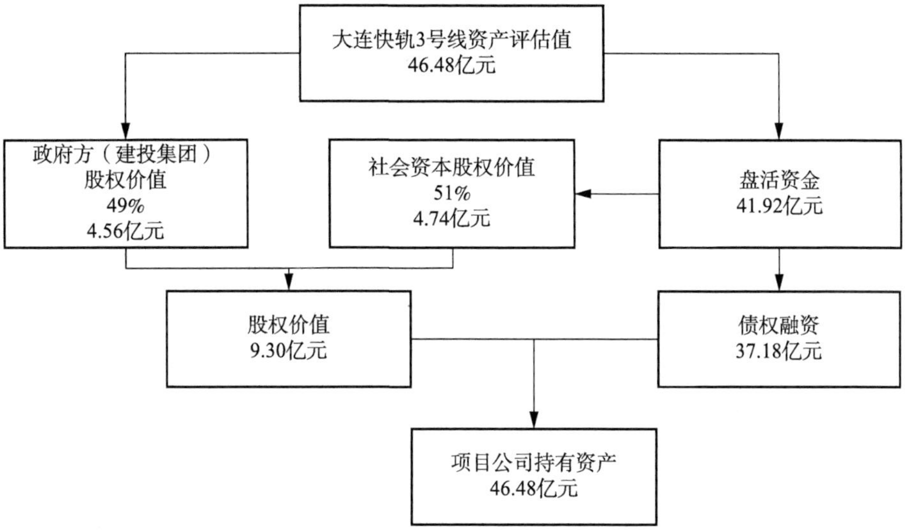

图6-5　大连快轨3号线PPP模式示意图

四、城市轨道交通PPP模式发展建议

自北京地铁4号线采用PPP模式投资建设、开国内城市轨道交通PPP模式应用之先河后，特别是2014年国家规范地方政府债务管理、鼓励推广应用PPP模式以来，城市轨道交通PPP模式推广应用得到大力提升，各地都积累了不少有益的经验和做法。在国家日益重视PPP模式规范发展的环境下，为保障PPP模式在轨道交通领域能够持续健康地应用，可以在以下方面着力提升。

（一）提升地方政府对PPP模式的认知

当前，部分地方政府对于城市轨道交通PPP模式核心内容的认识仍然不足，较多注重用PPP套外壳做融资，较少统筹考虑用PPP来提高运营效率和服务质量等。而国家之所以在基础设施和公共服务领域大力推广PPP模式，解决融资问题只是一个层面，更长远的考虑是，通过引入社会资本的运营管理，实现“引资、引智、引制”的融合。因此，地方政府首先应打消单纯利用PPP模式实现政府融资的冲动，着力理解PPP模式对于改善基础设施和公共服务质量的长远意义，真正择优引入合适的社会资本实现长期合作。

（二）完善社会资本盈利模式

当前，城市轨道交通 PPP 项目在实际推行中盈利模式较为单一，社会资本得以回收投资运营成本和实现合理回报，很大程度上依赖于政府给予的可行性缺口补助，社会资本缺乏完善的盈利机制，从而压制社会资本进入城市轨道交通 PPP 领域的积极性。由于受到既有政策和体制制约，轨道交通带动周边土地增值收益、物业开发收益、商业经营收益并没有统筹纳入轨道交通 PPP 的收益分享，导致社会资本在轨道交通 PPP 项目中的盈利空间有限。未来需要进一步突破目前的一些体制机制和法律政策障碍，鼓励轨道交通 PPP 合作模式创新，对城市轨道交通站点周边、车辆段上盖进行土地综合开发，推动“轨道+物业”“轨道交通+社区”等模式的创新应用，实行“主体运营+经营性配套资源+特许经营权”的整体投资运营模式。上述操作既能提升城市的综合承载力、降低政府财政压力，实现高质量发展，又为社会资本找寻到合理的盈利模式，提升其积极性。

（三）拓宽社会资本的退出渠道

PPP 项目的合作期限动辄达到二三十年，远远超过了一般商业项目的合作期限。在如此长期的合作中，应当在合情合理的前提下，给予社会资本适当的退出渠道。因此，应进一步完善资本市场，发展资产证券化、基础设施不动产信托基金（REITs）等产品和市场，拓展社会资本的退出渠道，解除社会资本的后顾之忧。

第五节 城市轨道交通多元化债务融资的探索与实践

从世界各大城市的情况来看，优先发展城市轨道交通以改善城市交通环境、引导城市空间布局、提升城市竞争力，促进城市可持续发展已成为共识。与此同时，城市轨道交通面临投资额巨大、回收周期长、盈利能力弱等特点，因此城市轨道交通的融资问题尤为突出和重要。

近年来，随着《关于制止地方政府违法违规融资行为的通知》（财预〔2012〕463 号）、《地方政府存量债务纳入预算管理清理甄别办法》（财预〔2014〕351 号）、《关于对地方政府债务实行限额管理的实施意见》（财预〔2015〕225 号）及《国务院关于加强地方政府性债务管理的意见》（国发〔2014〕43 号）等文件的相继出台，国家针对平台类企业融资监管日益趋严。国内各大城市在大力开展轨道交通项目规划和建设的同时，受财政出资力度、企业净资产规模和经营开发资金回笼情况等影响，融资工作形势日趋严峻，单纯依靠财政资金难以为继。如何在国家加强和规范地方政府债务控制的背景下，探索融资机制创新，做好城市轨道交通多元化融资工作，是轨道交通行业面临的重要课题。

一、债务融资的主要方式

融资方式是指企业融通资金的具体形式，融资方式越多意味着可供企业选择的融资机会就越多。按照融入资金的性质融资可分为债务融资和股权融资两大类别。其中，债务融资理论上至少包括国内国外银行贷款、企业债券、信托融资、融资租赁等；在国内外基础设施项目中，比较广泛使用的股权融资方式也至少包括政府财政直接投资、特许经营、公司合营、股票市场融资等。

债务融资构成企业的负债，要求企业按期偿还约定的本息，债权人一般不参与企业的经营决策，对资金的运用也没有决策权。债务融资方式主要分为两类，即直接融资和间接融资。直接融资是指不经过任何金融中介机构，而由资金短缺的单位直接与资金盈余的单位协商进行借贷，或通过有价证券及合资等方式进行的资金融通，主要直接融资产品包括发行企业债券、中期票据、资产证券化等；间接融资是指以金融机构为媒介进行的融资活动，如银行信贷、非银行金融机构信贷、委托贷款、融资租赁等。

（一）直接融资

1. 企业债

企业债是指境内具有法人资格的企业，依照法定程序发行、约定在一定期限内还本付息的有价证券。企业债一般是由中央政府部门所属机构、国有独资企业或国有控股企业发行，最终由国家发改委核准。企业债具有融资成本低、融资规模大、融资期限长等特点，是基础设施企业筹措中长期资金的重要方式。

2. 公司债券

公司债券是指公司依照法定程序发行、约定在一定期限内还本付息的有价证券。2015 年年初，中国证监会发布了《公司债券发行与交易管理办法》，将公司债券发行主体由上市公司扩大至所有公司制法人，债券类别细分为同时面向公众投资者和合格投资者发行的公司债券（下称大公募债券）和仅面向合格投资者发行的公司债券（下称小公募债券），发行及上市审核程序、审核方式、信息披露、持有人保护机制、中介机构职责及责任以及投资者适当性管理等方面也发生了重大变化，有力推动了公司债券的发展。

3. 中期票据

中期票据是指具有法人资格的非金融企业，在银行间债券市场按照计划分期发行的、约定在一定期限内还本付息的债务融资工具。中国银行间市场交易商协会负责受理中期票据的发行注册，注册有效期为两年，企业可一次申请额度、在有效期内一次或分期发行。中期票据的发行期限以中长期为主，主要解决企业中长期资金需求，包括项目建设、补充运营资金、偿还银行债务等。

4. 短期融资券及超短期融资券

短期融资券及超短期融资券均为企业短期直接债务融资产品。短期融资券是指具有法人资格的非金融企业在银行间债券市场发行的、约定在 1 年内还本付息的债务融资工具，超短期融债券则属于期限在 270 天以内的短期融资券。

短期融资券及超短期融资券对拓宽企业直接债务融资渠道，提高企业流动性管理水平具有积极意义。一方面能改善企业长短期直接融资失衡发展的状况，丰富企业长短兼备的梯级融资手段；另一方面，便捷高效的发行机制使企业能够灵活应对突发性资金需求，提高资金管理水平。

5. 资产证券化

资产证券化作为一种结构性融资方式，是指将一组能够在未来产生可预测稳定现金流收益的资产（即基础资产）经过一定的结构性组合，再配以相应的信用增级，从而转变为可在金融市场上流动、具有一定信用等级的证券化产品的技术和过程。其本质是将相对缺乏流动性的基础资产转化为不同信用级别的可流通证券进行融资。与一般信用类债券不同，资产证券化产品的发行规模不受公司净资产和已发债规模的限制，主要受基础资产未来所能产生的现金流规模影响。

资产证券化主要包括企业资产证券化（以下简称 ABS）和资产支持票据（以下简称 ABN）两个品种。这两个品种不存在本质的差异，主要是监管体系和流通市场的差别。其中，ABN 是受交易商协会监管的资产证券化品种，发行前需在交易所协会进行注册，注册通过后可在银行间市场发行流通；ABS

是受证监会和基金业协会监管的资产证券化品种，发行需经交易所审核及基金业协会备案，并在交易所市场挂牌流通。

6. 境外发行债券

境外发行债券可以有两种发行方式：直接发行和间接发行。直接发行是境内企业直接去境外发债，发债的主体是中国境内企业；间接发行是境内企业的境外子公司或分支机构在境外发债，发债的主体是中国境内企业的境外子公司或分支机构，通常是设立的SPV，即专为发债设立的特殊目的公司。

间接发行境外债券通常有以下两种方式：第一种是担保模式，即境外子公司或分支机构（SPV）发债，由境内主体（通常是境内母公司或其他子公司）为其提供担保；第二种是维好协议模式，即境外子公司或分支机构发债，由境内主体（通常是境内母公司或其他子公司）为其提供维好协议，维好协议是指境内维好提供者需要维持境外发行人有足够的流动性，以用于履行偿还债券本息等义务，但维好协议实际上不具有法律效力，是公司为了规避内保外贷各项制度限制而产生的。

（二）间接融资

1. 银行贷款

（1）境内固定资产贷款。固定资产贷款是指银行向企（事）业法人或国家规定可以作为借款人的其他组织发放的用于借款人固定资产投资的贷款。银行固定资产贷款作为传统融资模式，具有贷款金额大、期限长，操作形式多样，融资省时省力的特点。

（2）境内流动资金贷款。流动资金贷款是指银行向企（事）业法人或国家规定可以作为借款人的其他组织发放的用于借款人日常生产经营周转的贷款。按贷款期限可分为1年期以内的短期流动资金贷款和1~3年期的中期流动资金贷款。流动资金贷款作为一种高效实用的融资手段，具有贷款期限短、手续简便、周转性较强、融资成本较低的特点。

（3）跨境直贷。跨境直贷业务是指境内企业作为反担保人向境内银行申请开立受益人为境外银行（直贷行）的跨境融资性保函，直贷行凭境内银行保函为境内债务人（可为保函申请人自身或其他境内企业）发放贷款的一项融资业务，适用于有真实、合法跨境直贷需求且履约能力良好的企业。在跨境直贷业务模式下，银行凭自身良好信誉为债务人提供担保，促进交易顺利进行；债务人利用境外低成本融资，降低企业融资成本。

2. 融资租赁

融资租赁是指实质上转移与资产所有权有关的全部或绝大部分风险和报酬的租赁。资产的所有权最终可以转移，也可以不转移。融资租赁和传统租赁一个本质的区别就是：传统租赁以承租人租赁使用物件的时间计算租金，而融资租赁以承租人占用融资成本的时间计算租金。融资租赁最常见的两种模式有直接租赁和售后回租。

（1）直接租赁。直接融资租赁是指租赁公司用自有资金、银行贷款或招股等方式，在国际或国内金融市场上筹集资金，向设备制造厂家购进用户所需设备，然后再租给承租企业使用的一种主要融资租赁方式。直接租赁没有时间间隔，出租人没有设备库存，资金流动加快，有较高的投资效益。

（2）售后回租。售后回租是指设备的所有者先将设备按市场价格卖给出租人，然后以租赁的方式租回原来设备的一种方式。它是一种集销售和融资为一体的特殊形式，是企业筹集资金的常用方法。售后回租的优点在于，它使设备制造企业或资产所有人（承租人）在保留资产使用权的前提下获得所需的资金，同时又为出租人提供有利可图的投资机会。

3. 外国政府贷款

外国政府贷款是指一国政府向另一国政府提供的，具有一定赠与性质的优惠贷款，主要用于城市基础设施建设、环境保护等非营利项目。外国政府贷款一般具有期限长、利率低、条件相对比较优惠的特点。不同贷款国别提供的贷款条件不同，比如日本政府项目贷款转贷期限一般为30~40年，利率为0.75%~2.2%；德国政府贷款转贷期限一般为15~30年，利率为0.75%~3.25%。

二、城市轨道交通债务融资的特点

城市轨道交通融资是指为了轨道交通基础设施的建设与运营而筹集资金的行为，具有如下特点。

从资金募集数量方面来看，由于城市轨道交通基础设施的造价以及建设成本较高，资金需求量巨大，通常需要借助多种融资方式进行资金的募集。

从项目建设及投资回报周期来看，轨道交通线路的建设周期一般为4~5年，且征地拆迁、管线迁改等因素对工期存在较大影响。同时根据目前国内轨道交通线路的普遍情况，至少需要运行超过20年才可能实现现金流的平衡状态，因此需要匹配较长期限的融资方式。

从资产使用方面来看，受到轨道交通自身特点的影响，资产的利用具有较强的专用性，不能将其挪用到其他项目中，因此较难利用资产进行抵押贷款。

从风险性方面来看，城市轨道交通作为准公益性行业，仅仅依靠本身的票务以及广告租赁等方式难以反哺地铁建设，需要很长的时间才能将投资收回，因此市场化融资离不开政府的强有力支持，否则在资金筹集方面就会受到严重阻碍。

三、城市轨道交通多元化债务融资方式的探索

（一）城市轨道交通债务融资的发展历程

国内各地早期的轨道建设资金主要来自财政投入和补贴，随着城市化的发展，我国城市的交通拥挤问题也日益突出，迫切需要大力发展快速、便利、大运量的地铁等轨道交通。各地轨道交通建设规模急剧扩大，完全依靠政府财力已无法满足轨道交通建设资金需求，这制约了轨道交通的发展。轨道交通建设逐渐兴起由政府财政投入部分资金（资本金）、其余资金由轨道主体进行市场化融资筹集的模式。

目前国内主要城市轨道交通主体的债务融资模式经历了从“完全间接融资”到“间接与直接融资并重”、从“完全境内融资”到“境内与境外融资并重”的转变，不断优化完善多元的融资体系。总体上看，主要经历了下面三个阶段的发展历程。

1. 初期起步阶段

该阶段建设的线路较少，财政支撑力度较大，全部由财政投入或进行少量债务融资，且债务融资渠道较为单一，主要依靠银行贷款解决。部分轨道交通主体也会积极利用国际金融组织贷款，如世界银行、亚洲开发银行以及外国政府贷款，这些国外贷款具有利息低、还款期长的优点，对缓解建设资金压力起到了较大的作用。

2. 快速发展阶段

该阶段往往几条线路同时建设，财政压力较大，单一的融资渠道难以满足大量的资金需求。随着2010年后国内债券市场的蓬勃发展，轨道交通主体纷纷拓展债券融资渠道，在传统银行贷款的基础上大力开拓企业债券、中期票据、短期融资券等直接融资渠道，并新增融资租赁、信托贷款等多种融资

渠道。

3. 高强度建设阶段

该阶段大量线路同时在建，资金需求井喷，债务融资规模急速上升，也带来巨额债务偿付压力。轨道交通主体开始走出国门，拓展境外融资渠道，在全球范围内寻找低成本的资金渠道，通过发行境外债券、跨境贷等方式引入境外低成本资金。

（二）城市轨道交通债务融资的具体探索及运用

目前，北上广深等国内一线城市轨道交通都已经历了初期起步阶段和快速发展阶段，进入了高强度建设阶段。轨道交通主体纷纷建立起了多渠道的融资体系，充分运用各种融资工具保障资金需求，如表 6-7 所示。

表 6-7 主要城市多渠道的融资体系情况

城市	投融资主体	境内银行贷款	跨境贷款	融资租赁	企业债券	公司债	中期票据	境外债	资产证券化	保险债权计划
北京	北京市基础设施投资有限公司	√	√	√	√	√	√	√	√	√
广州	广州地铁集团有限公司	√	√	√	√	√	√	√	√	
上海	上海申通地铁集团有限公司	√		√			√			
深圳	深圳市地铁集团有限公司	√		√	√	√	√			
成都	成都轨道交通集团有限公司	√		√	√		√			√

从国内轨道交通主体的债务融资情况看，北京市基础设施投资有限公司在融资方式的探索和应用上处于领先地位，广州地铁集团有限公司紧随其后。目前各轨道交通主体在多元化债务融资方面的主要运用策略如下。

（1）重视银行贷款等传统融资方式的基本支撑作用。银行贷款一直是轨道交通建设重点采用的融资方式，对支持轨道交通建设起到了重要的资金保障作用，特别是长期限的线路银团贷款是建设资金的重要来源。

（2）积极利用外国政府贷款等优惠贷款。充分、有效利用外国政府贷款，可以节约融资成本，特别是在城市发展轨道交通的起步期，能有效解决资金短缺问题。

（3）大力发展融资租赁，盘活企业资产。轨道交通企业具有资产密集型的特征，资产规模庞大，但资产主要表现为固定资产和在建工程，普遍缺乏流动性，适合开展融资租赁业务，有效提升资产的流动性，优化资产负债表结构。

（4）持续拓展债券融资渠道，发挥直接融资优势。发债资金具有期限长、募集资金多、成本较低等特点，能有效解决轨道交通建设资金需求。轨道交通企业不断拓展债券渠道，通过发行企业债券、公司债券、中期票据等多种债券产品筹集建设资金。

（5）积极开展境外融资，筹集低成本资金。利用低成本的境外资金，积极探索境外融资渠道，搭建境外融资平台，通过境外银行直贷、发行境外债券等方式筹集境外低成本资金。

（6）实施资产证券化融资。针对轨道交通的资产特点，创新轨道交通投融资渠道，积极推进以线路票务收入、线路广通商资源收入作为底层资产的资产证券化产品，将具有可预期稳定的未来现金流提前变现，筹集资金保障轨道交通建设。

（7）开展保险债权计划融资。拓展保险资金渠道，积极引入保险资金支持轨道交通建设，利用保险资金规模大、期限灵活、成本较低的特点，为轨道交通建设提供大量的资金来源。

四、城市轨道交通多元化债务融资的建议

（一）建立刚性的财政资本金保障机制

《国务院办公厅关于进一步加强城市轨道交通规划建设管理的意见》（国办发〔2018〕52号）明确提出“城市政府应建立透明规范的资本金及运营维护资金投入长效机制，确保城市轨道交通项目建设资金及时足额到位。除城市轨道交通建设规划中明确采用特许经营模式的项目外，项目总投资中财政资金投入不得低于40%，严禁以各类债务资金作为项目资本金”。

根据国家制度要求，建设项目必须具有资本金，债务融资必须以资本金先行投入为前提，而城市轨道交通属于资金密集型产业，具有建设投资大、建设周期长等特点，同时由于票价的准公益性定价特点，使得城市轨道交通建设离不开财政资金的支持和投入，必须建立刚性的保障机制，确保政府财政资本金的足额到位，这是轨道交通企业实施债务融资的基础。

（二）夯实融资基础，适度举债

城市轨道交通建设需要大量的资金，一般都不太可能完全由财政资金投入，通过举债解决资金缺口是常见的做法。良好的企业信用和财务状况是持续获得债务融资的基础。加强企业信用管理，重视维持良好的财务状况，适度举债，才能实现持续的低成本融资。但如不考虑自身的承受能力，采用激进的资金策略过度举债，往往会导致较高的财务杠杆，使财务风险大增，严重情况下可能出现违约情况，导致无法继续从金融机构获得融资。

（三）提前做好融资规划，建立科学的融资决策机制

城市轨道交通债务融资是个系统工程，需要提前规划，否则可能陷入资金困境。首先，要从城市的轨道交通建设规划出发，建立科学的融资规划，根据未来投资计划进行科学准确的融资铺排，制定合理的融资策略和方案，才能确保资金的充足保障。其次，要有明确的资金预算，在满足资金需求的同时，要充分考虑资金的成本和财务风险，选择多样的融资方式，在时间上对资金的分布进行优化，以适应在不同时期对资金的要求。最后，要根据融资的环境和经济政策的变化，不断调整和完善融资方案，考虑融资风险，以保证能够有效地避免资金匮乏问题。

（四）搭建多元融资渠道，增强资金保障能力

首先，城市轨道交通属于资本密集型行业，融资规模巨大，单一的融资渠道难以完全满足资金需求，需要通过多种融资手段来保障。其次，不同融资渠道的影响因素具有差异性，建立多元渠道能有效避免因部分融资渠道受阻带来的无法取得融资资金的风险。再次，不同渠道的融资成本有所不同，可以通过比较，选择具有成本优势的融资方式。

（五）优化融资结构，防范融资风险

根据城市轨道交通的资金需求特点，合理筹划融资期限结构，重视融资产品的期限搭配，避免利用短期贷款来解决长期的基建资金需求，持续优化融资结构，均衡各年度的偿债规模，避免集中偿债的压力和风险。

（六）建立偿债机制，确保偿债来源

《国务院关于加强地方政府性债务管理的意见》（国发〔2014〕43号）明确要求，2015年起，地方政府只能通过发行政府债券筹集资金，对于轨道交

通企业新增举借的用于城市轨道交通建设的债务，不能纳入地方政府债务的范围，只能由企业负责偿还。但实际情况是轨道交通企业自身根本无法偿还巨额的建设债务，必须探索建立市场化的政府购买服务模式或政府支出责任机制，以及加大对企业的资源与政策支持力度，比如鼓励参与地方国企优质企业的参股投资，加大对土地源获取与经营的支持力度，形成企业长期获利能力。解决轨道交通企业为轨道交通建设举借债务的偿还来源，这样才能保障城市轨道交通行业的可持续融资。

第六节 城市轨道交通投融资优化方向

城市轨道交通投融资是一项牵涉众多方面的系统工程，单纯依靠政府或者市场都无法完全满足城市轨道交通建设、运营的资金需求，必须在影响投融资效果的若干关键方面加大政策保障力度，发挥各城市轨道交通企业的主观能动性，这样才能共同促进城市轨道交通投融资体制机制发展完善，发挥投融资对于城市轨道交通事业发展的作用。

一、明确城市轨道交通投融资主体

对于传统上采取政府投资主导模式的城市轨道交通项目，其投融资主体首先要代表政府行使投资权，体现政府意志，其投资活动要在政府的统一规划和指导下进行，执行政府部门制订的城市交通投资建设计划。投资主体在体现政府的政策意图、执行国家产业政策的同时，进行资本经营，发挥市场配置资源的平台作用。一是集中管理和使用城市轨道交通建设资金，并负责资本运营。二是按照城市轨道交通建设计划安排投资，拥有投资形成的全部法人财产权，并作为国有资本的出资人代表，负责国有资产的保值增值和投资收益的回收，形成新的城市轨道交通等基础设施投资建设资金的回收、再投资等循环运作。

对于采取 PPP 模式等市场化、商业化模式的城市轨道交通项目，要尊重社会资本的主体地位，照顾其合理利益诉求，政企同心共同建设好项目，并保障社会资本能够在项目建设运营过程当中有所收益，形成良性的 PPP 模式运作环境。

二、拓展多元化融资渠道

近年来，境内外金融市场发展、融资工具的不断衍生和丰富为城市轨道交通企业开展多元化融资提供了良好的境内外环境。境内城轨企业应充分利用境内外两个资本市场、两种金融资源的优势，加大融资创新力度，为城市轨道交通事业发展筹措充足而且低成本的资金。

另外，要重视对存量资产的盘活利用，比如利用建成线路的票款收入作为底层资产开展资产证券化融资就是一种很好的尝试，国内武汉、南京、广州、北京等城市的城市轨道交通企业已经先后开展了此种尝试，实现了良好的融资效果。利用存量固定资产（如车辆、机电设备等）开展融资租赁也能够取得良好的资产盘活效果。

2020 年 4 月 30 日，为贯彻落实党中央国务院关于深化投融资体制改革、积极稳妥降低企业杠杆率、保持基础设施补短板力度等决策部署，支持国家重大战略实施、深化金融供给侧结构性改革，进一步提升资本市场服务实体经济能力、促进基础设施高质量发展，中国证监会与国家发展改革委联合发布了《关于推进基础设施领域不动产投资信托基金（REITs）试点相关工作的通知》，标志着境内基础设施领域公募 REITs 试点正式起步。基础设施 REITs 不同于城轨企业已经开展的资产证券化融资，它是一种股权型产品，具有税收驱动、稳定分红、公开上市等特点，它将与目前传统的资产证券化融资产品一道，成为今后轨道交通存量资产融资的重要融资工具。

三、加大产业协同发展

轨道交通产业的产业链长、辐射面广，投资拉动和经济发展的带动力强，是国内众多城市重点发展的新型产业。包括广州、成都在内的不少快速发展城轨交通的城市都出台了各有侧重的产业发展规划。这为各地城市轨道交通行业发展提供了广阔机遇。各地应发挥既有的产业基础，强化政府引导，坚持创新驱动。城市轨道交通企业，特别是投融资主体，应发挥自身在各地轨道交通产业链中的核心作用，带动施工建设及设计、重大装备制造、高端增值服务行业发展，积极介入轨道交通产业链资本运作，力争打造优质上市平台，实现优质资产注入和资本增值。重视资本力量对科研成果孵化的支持推动作用，引领技术发展。科技含量高的轨道交通新技术、新产品、新模式的运用也将有助于降低城市轨道交通建设成本，加快城市轨道交通发展。

四、支持沿线土地开发经营

土地是沿线各类商家、企业从事经营活动的载体，城市轨道交通对沿线各种资源的增值集中体现在对沿线土地的开发和经营上。香港地铁的成功经验表明，将城市轨道交通与沿线土地联合进行开发是解决城市轨道交通外部性导致的市场失灵困境、建立城市轨道交通投资建设利益补偿机制的一条切实有效的途径。

由于我国的土地政策仍然处于不断变化和调整之中，经营性土地必须严格按照“招拍挂”方式公开上市交易，这就使得以往以行政划拨或协议出让开发土地支持城市轨道交通建设的方式不再可行，因此，可以尝试将城市轨道交通项目与沿线土地捆绑运作的方式。其基本思路是：首先由规划部门将沿线一定范围内的土地资源控制起来，结合城市轨道交通线路走向和站点分布及出入口位置，进行有针对性的详细规划。其次将沿线划定的土地资源打包，与城市轨道交通工程捆绑在一起，作为一个整体项目向社会招商。城市轨道交通工程的建设经营权与沿线土地开发权分开报价，经综合评比后选择最佳的投资者。中标的投资者获得城市轨道交通工程社会投资部分的建设权和一定期限的特许运营权，同时取得沿线土地的开发权，在交齐其报价中的地价款后，可以结合城市轨道交通建设和运营实施房地产开发。中标人所缴纳土地价款中的增值部分上交市财政专户，经市财政部门审核后拨付至代表政府的城市轨道交通投资公司，作为政府资本金投入到城市轨道交通工程建设中。

将城市轨道交通工程和沿线土地捆绑在一起共同招商，由一个投资主体统一建设开发的优势在于，投资者在工程前期可以结合城市轨道交通建设同步实施房地产开发，从而节省诸如拆迁安置、管线改移、临时占地、地下通道建设等重复性开发成本。工程后期可以配合城市轨道交通运营而经营沿线物业，在发展了沿线物业的同时也为城市轨道交通培育了客流，形成两者的良性互补，增加城市轨道交通的盈利能力。同时，也不违背土地“招拍挂”政策和土地收益收支两条线原则，土地出让的增值收益分配清晰。

五、建立合理的票价调整机制

为建立和完善适应市场经济运行机制要求的城市轨道交通投融资体制，必须完善相应的票价政策，以便为城市轨道交通项目投资的资金动员机制的建立奠定分析票价的基础和前提。

票务收入是城市轨道交通项目运营最主要和最稳定的收入来源。票价制定对城市轨道交通项目运营过程是否能达到满意的投资回报率是十分重要的，但票价又受到多种因素的影响。香港地铁有确定票价的权力，使公司可以按照审慎的商业原则进行财务策划。并且，尤为重要的是，香港地铁建立了票价的定期调整机制，能够如实反映物价、社会薪酬等的变化，并将这种变化正确、合理、及时地传导到票价上，既不会因超出市民对票价的承受能力而影响市民出行需求，又能够为公司带来稳健的票价收入。

无论是一开始设立票价机制还是后续调整票价，重点应考虑如下六个因素：一是票价的制定要立足于吸引乘客，二是充分考虑公众的承受能力和选择，三是做好与其他公共交通方式票价水平的横向比较，四是正确认识票价与成本的关系，五是制定票价时要考虑对投资者的合理回报，六是采用上限制调价方式。

六、规范推进 PPP 模式应用

PPP 模式是目前国家在基础设施和公共服务领域大力推广的投融资模式，而且近年来，国家不断加强对 PPP 模式运作的规范性要求，据以实施的政策规制体系已渐趋完善。城市轨道交通企业可选择部分城市轨道交通新线和已经开通运营的线路，探索以 BOT、TOT 等合适的运作模式实施。特别是对于目前国内已经形成的 5000 多公里的存量运营线路，可以探讨从中选择部分合适线路开展存量线路 PPP 模式运作，起到盘活资金、加快新线建设的作用。

第七章

城市轨道交通企业的资金管理

企业经营的重心在于管理，而管理的重心是财务管理，财务管理的命门又在于资金管理。在企业运营过程中必须密切监控和不断优化资金管控体系，以保证在资金链循环良性运转的同时，提高资金运营的效率和效益。

第一节　资金集中管理模式概况

资金集中管理，是指在多级法人企业的集团范围内，由集团总部强化对整体现金流量的统一配置与调剂功能，以实现现金运转的协调与高效，提高对财务与资金风险的监控与防范能力，进一步提升集团整体的获利水平和市场竞争力。集团公司设立专门的财务机构，如资金管理部门、财务中心、财务公司等，通过相应的信息化管理手段，对集团及所属企业的现金流量实行集中管理与控制。其所要达成的目标是：通过建立资金管理中心，加强对集团所属企业资金的宏观调控，盘活存量资金，调剂资金余缺，加速资金周转，降低财务费用，促进资源的优化配置。其内容主要包括：账户集中管理、计划集中统筹、资金集中结算、信贷集中管理等。

一、资金集中管理的四种模式

现金流是企业的血液，资金链的衔接关系着整个企业的发展前途。“现金至尊”是现代企业财务管理的基本理念，大型集团公司的财务与资金管理日益趋向高度集中。在以“集权为主、分权为辅”的财务监控模式下，实行资金集中管理，提高资金效用，其主要目的：一是实现资金在可控范围内的快速流动（使用效率）；二是促使资金运动产生预期效益（经济效益）。目前，企业集团在资金集中管理中通常采用如下四种模式。

（一）监控型资金管理模式

监控型资金管理模式是指在保持各下级单位当前资金业务处理模式不变的情况下，集团总部通过构建银企直联平台，实时从银行获取下属单位银行账户的资金运营状况，对各下级单位的资金运营状况进行有效监控的管理模式。大部分企业集团在进行资金集中管理的初期，由于经验缺乏和岗位组织建设不完整，通常都会选择监控型资金管理模式。在这种管理模式下，集团在总部搭建银企直联平台，实时从银行获取各单位银行账户的资金头寸、交易明细、资金流量等关键信息，进而进行集团资金业务的分析。这种资金管理模式的最大缺点是无法对集团内的沉淀资金进行调配，无法提升资金集中管理的效益。

（二）统收统支模式

统收统支模式是指取消集团下属单位在银行开设的银行账户，由集团在银行开设统一的银行账户，同时各下属单位在资金结算中心开设内部账户。下属单位对外的所有资金收付业务由集团总部的外部银行账户统一对外收付，即一切现金收入直接进入总部账户，一切现金支出也经集团财务部门付出，现金收支批准权集中在总部经营者或其授权代表手中。统收统支模式下，集团最大限度地减少了银行账户的开户量，同时有助于提高资金流转效率、减少资金沉淀、实现集团全面收支平衡。但该模式不利于调动各层次开源节流的积极性和经营的灵活性，也有碍集团经营与财务活动效率的提高，同时在这种模式下，企业的资金结算无法满足银保监会的账户实名制要求，存在一定的政策风险。

（三）资金划拨模式

资金划拨模式是指集团和所属企业均在外部银行开设外部账户。集团开设银行总账户，下属单位开设银行子账户，并建立相应的隶属关系，各下属单位授权将银行账户纳入集团结算中心集中管理。同时各下属单位在资金结算中心开设内部账户。下属单位银行子账户的资金，定时或实时转入集团总账户，并记入各单位内部账户。企业对外支付款项时，进行资金下拨业务申请，集团结算中心审批通过后，首先由集团总账户将资金转入企业外部账户，然后由下属单位自行负责将资金从企业外部银行账户完成对外支付。根据企业外部账户开设的个数不同，可分为单一账户模式和收支两条线模式。当前，大部分集团在采用资金划拨型管理模式时，都是采用收支两条线的账户开设模式，结合集团的资金计划，进行业务上划与下拨。

（四）集中结算型模式

集中结算型资金管理模式是指在集团内，通过一定的资金归集方式，实现集团内沉淀资金从各下属单位全额或部分集中到集团总部，对集团内资金的收支结算、业务审批、预算控制、资金的筹措和调剂、信贷业务等进行完全集中处理的一种资金管理模式。在这种管理模式下，集团需要成立专门的资金管理机构，如集团结算中心，在集团总部搭建统一的资金管理平台，实现对整个集团内资金业务的处理。整个支付过程都是由集团结算中心来负责完成，不需要企业来控制。在这种管理模式下，集团结算中心的业务量就比较大，这就对集团结算中心的服务效率提出了一定的要求。当前大部分企业集团采用的是资金划拨或集中结算型模式。企业集团应根据自身所处的行业、资金管理要求以及企业的发展阶段，选择相应的资金管理模式。

二、国内大型企业集团资金管理情况介绍

（一）上汽集团：以财务公司为主的资金集中管理模式

上汽集团通过设立财务公司进行资金集中管理。由于上汽集团成员企业多为中外合资，集团对成员企业的管理模式以共同控制为主，上汽财务公司需与国内外银行共同竞争，由此在集团内部形成了市场化的资金管理模式。而财务公司也通过不断完善的金融产品与服务，获得了中外双方的认可。

上汽集团以财务公司作为其现金池运作平台，在集团总部设立现金池主账户专用于现金池业务操作；乘用车公司和乘用车技术中心、商用车技术中心、培训中心则在财务公司开立结算户作为现金池子账户。集团设定子账户可使用金额与账户可保留余额。每天日间，子账户有支付需求时先动用账户余额对外支付，余额不足需支付的部分则由系统自动从主账户划入子账户并对外支付。每天日终，系统自动将子账户超过保留余额部分划至主账户，子账户金额低于保留余额部分则由主账户划拨补足。同时，依照年度预算，主账户下拨给子账户的资金总额不得超过年度预算批准总额。

此外，上汽财务公司根据集团实际经营需要，开发了可满足成员企业个性化需求的现金管理系统，该系统与企业 ERP 系统无缝对接，且已基本覆盖集团全部成员单位，在降低成员企业财务工作量、提升集团资金周转效率的同时，还有力地提升了集团资金集中度与集中管理效率。

（二）中石油：收支两条线的资金集中管理方式

中石油采用“收支两条线”的方式进行资金集中管理，企业所有收入上缴集团总部财务，所有支出都由总部按计划进行拨付，主要特点体现为以下三点。

1. 账户分设

集团各成员单位在总部指定的银行分别设立收入账户和支出账户，通过收支两条线实行资金集中管理。成员单位收入必须全部进入收入账户，保证地区没有沉淀资金或者坐收现金，再集中划转至集团账户；同时集团根据成员单位资金需求划转所需资金至各单位支出账户。日常经营中，集团总部通过银行信息网络监控成员单位资金账户，一旦资金出现异常状况可立即采取相应措施。

2. 零余额管理

集团与合作银行签订协议，根据各成员单位资金使用情况对其账户提供透支额度，方便成员单位应对日常资金需求时在透支额度内及时付款。若紧急付款需求超过透支额度，则需及时联系总部，获得总部批准后即可在每日透支额度外获得更大额度，但需支付一定费用。即“日间透支、日终清算”，以此实现“零余额管理”。

3. 有偿使用

集团总部将成员单位资金汇集到主账户，会按约定的内部存款利息支付一定使用成本，并纳入年度财务费用。此举一方面可加强资金的集中管理，另一方面也可调动成员单位的积极性。而对于地区资金不足的公司，总部实行的也是有偿贷款，并且基本上都是短期付息，以敦促地区公司加强管理，改善日常资金状况。

（三）南航集团：以资金池为主的资金集中管理模式

南航集团以资金池为基础实行资金集中管理，通过实行目标零余额、设立财务公司、成员企业日间透支、资金池账户利息结算等方式充分利用资金池的优势。

1. 目标零余额

南航集团所属企业在同一家银行设立一个母账户和若干个子账户。银行每日定时将子账户的资金余额上划到母账户中，资金上划后，分支机构的子账户保持零余额或目标余额。

2. 设立财务公司

财务公司除能承担集团结算中心的任务外，还可提供多元金融服务。具体表现为：

（1）通过在集团公司内部转账结算等加速资金周转。

（2）凭借货币市场同业拆借优势，为集团开辟广泛的短期融资渠道，最大限度地降低资金成本。

（3）将集团暂时闲置的资金投向高回报项目，或者用于集团本身发展，使资金运用效率最大化。

3. 成员企业日间透支

南航集团总部与银行协商，办理银行法人账户透支业务，采取“日间透支、日间归还、余额计息”方式。与随借随还的流动资金贷款相比，该方式具备两点优势：

（1）在透支额度内无须再找银行办理借款手续，银行内部日常审批手续也相应取消，缩短了业务办理时间。

（2）可以在同一天内多次透支、多次还款，极大地满足了资金日间使用需求。

4. 资金池账户利息结算

合作银行对南航股份一级账户资金、财务公司对二级账户资金均按存款规定或双方约定支付利息。集团公司对成员单位上存和下拨资金均按委托贷款核算，确定合理的内部结算价格。基于资金池账户精简化的设置，账户层级较少，且财务公司、集团公司及下属分子公司间的利息保持在较低水平。

第二节　城市轨道交通企业资金集中管理探索与实践

一、城市轨道交通企业资金特点

（一）资金需求规模巨大，回收周期长

城市轨道交通项目建设周期一般为 4~5 年，每公里预算为 8 亿~12 亿元，单个建设项目总投资往往从几十亿元到几百亿元不等。同时，作为准公益行业，轨道交通行业定价权由政府掌握而不执行市场化定价，而单个轨道线路的运营票款年收入仅千万元到亿元不等，根本无法覆盖企业成本支出，需依靠房产、投资、物业、广告资源等多种经营收入反哺线网建设，即使如此，轨道交通项目的投资回收期也非常漫长，一般均超过 30 年。

在国内轨道交通建设步入快速发展期的情况下，轨道交通企业资金需求往往以建设资金需求为主，运营资金需求相对而言占比很小。因此，在未来很长一段时间内，轨道交通企业资金需求量大的基本局面不会改变。

（二）资金来源渠道多，需接受政府、银行等外部单位监管

企业资金来源广泛，包括财政专项款与企业自主融资，其中自主融资包括中票、企业债、外债、融资租赁、超短融、流贷、银团贷款等各种长、短期限贷款。每一笔融资均被指定用途及使用范围，不可改变用途及超范围使用，且需接受政府、银行等外部单位的监管。

（三）资金需求具有较大刚性，必须保障资金及时到位

轨道交通项目主要是改善城市结构、缓解城市用地不足和交通压力，带动城市轨道交通沿线经济的发展，拓展城市的商业区域，对城市的经济发展贡献巨大。因此，轨道交通项目资金支付需求是刚性、不容通融的。一旦轨道交通项目的资金需求未被及时满足，就会导致工程建设进展缓慢、通车时间推迟以及对社会经济发展的带动作用不充分，这种社会责任和社会经济带动的影响是难以用货币来衡量的。所以，必须刚性保障轨道交通项目资金支付需求，否则对社会产生的负面影响难以估量。

二、城市轨道交通企业资金集中管理的意义

城市轨道交通企业只有集约化、规模化经营，才可能在全球化的市场竞争中占有一席之地，全面集中管理尤其是资金的全面集中管理已成为最有价值的管控手段，通过建立符合城市轨道交通企业的资金集中管理模式，充分发挥资金集中优势，有利于提升财务管理水平，增强城市轨道交通企业的竞争力。城市轨道交通企业资金集中管理的意义如下。

（一）在保证下属单位高效运作的同时保障集团的资金安全与经营安全

通过信息化系统，集团可实现对下属单位资金的实时归集、集中结算和银行账户的集中管理，可以实时监控经营资金余额与流向，确保经营资金的安全可控。与此同时，集团企业可以通过对系统数据的分析，测算出下属单位经营所需的最佳现金持有量，通过资金余额与最佳现金持有量的实时对比保障公司经营安全。

（二）实现集团及下属全资子公司内部资金融通，提高资金使用效率

可以通过内部委托贷款、资金调剂为各成员单位提供资金，充分利用公司沉淀资金，及时解决成员单位经营资金周转困难，降低成员单位对外贷款的财务费用。

（三）可实施资金集中理财，创造直接经济效益

企业集团积极运用资金集中后的暂闲资金开展银行理财产品投资、战略合作存款、协定存款、七天通知、定期存款等各种投资理财，增创直接经济效益。

（四）提升融资能力，降低财务成本

企业集团借助资金集中管理的规模优势，提高授信评级等级，降低融资成本，有效提升融资能力。

（五）实现动态决策支持

通过资金管理系统，实现年度、月度资金计划上报、执行、反馈的信息化管理，为城市轨道交通企业的投融资决策及风险防控提供有力支持。

（六）加强对下属单位的支持和监管

城市轨道交通企业根据其一体化管理体制优势，采用资金集中管理的方式，将整个集团投融资、资金管理权集中到集团财务部门统筹。原则上由集团公司统一为各级投资企业以及各级投资企业外的企业或他人提供内部融资。下属单位一般情况下不能为各级投资企业以及各级投资企业外的企业或他人提供贷款。

三、城市轨道交通企业资金集中管理实践与探索

（一）实施资金集中管理前存在的一般性问题

城市轨道交通企业在实施资金集中管理之前，由于缺乏统一的信息化管理平台，企业集团无法准确掌握下属单位的资金计划、融资需求、存量资金等信息，对企业集团的资金很难实施统筹、调剂及分配管理，一般存在如下情况。

1. 资金运作不够透明，财务风险高

企业集团由于缺少专门的、统一的、集中的资金管理系统，各下属单位、各个银行、各种业务对资金流动的影响没有关联在一起形成完整信息，缺乏及时、有效的监督。

2. 资金分散，缺乏调剂

一方面，账户分散，数量多，加大了账户管理与资金监控的难度；另一方面，部分单位资金出现缺口，部分单位则出现资金富余，但由于分散管理，又无法利用，从而导致整个集团公司的资金成本上升，资源极大浪费。

随着城市轨道交通企业业务的不断增长，如何实现对整个集团的资金控制，解决资金管理中存在的问题，在保障对资金使用安全监控的前提下，降低资金成本，有效利用资金沉淀，合理配置资源，提高对资金的动态管理能力，成为急需解决的问题，这也对资金管理提出了更高的要求。

（二）实施资金集中管理的实践与探索

面对城市轨道交通企业高速发展，资金规模迅速扩大及内、外部环境的持续变化，城市轨道交通企业应通过不断完善内部资金管控模式，逐步从过去的集权式的审批管理走向以集中管理为主要管控手段的相对授权管理，以保障公司可持续、快速、健康发展。

1. 建立以集中结算型模式为主、其他模式为辅的资金管理模式

城市轨道交通企业实行以资金集中结算型模式为主、其他模式为辅的资金管理模式，利用信息化手段，构建城市轨道交通企业的资金管理系统平台（以下简称资金系统），并与财务管理系统对接，进行数据互换及共享，统筹管理城市轨道交通企业集团的银行账户，建立存量资金增效体系，充分利用资金沉淀，合理配置资源，提高资金的管理效能，强化内控与风险防范。

在集中结算的基础上，集团根据实际情况，对特殊业务或单位采取不同的资金管理模式，如对于房地产业务，由于房地产预售款账户只能用于收款或指定用途的付款，该账户资金不能被归集，因此针对房地产预售业务采取监控型的资金管理模式。对于异地成员单位，为解决跨地区结算效率低且费用较高的问题，采取资金划拨型的资金管理模式，即根据资金计划每月下拨资金到异地成员单位账户，然后由其自主支付。

2. 资金系统与财务管理系统等信息化系统对接，构建城市轨道交通企业管理平台，实现资金集中管理

通过资金系统，实现集团资金池及子公司资金支付的全过程监控，以及资金结算的集中，强化集团内资金的管控力度；全面实现银行账户、资金计划和信贷融资的集中管理。同时与其他财务管理工作相结合，实现资金结算与资金计划、会计核算的关联管理，即通过资金计划来控制资金结算，通过资金结算来决定融资规模；实现资金系统与财务系统的无缝链接，系统之间数据互换等，应用结构与原理如图 7-1 所示。

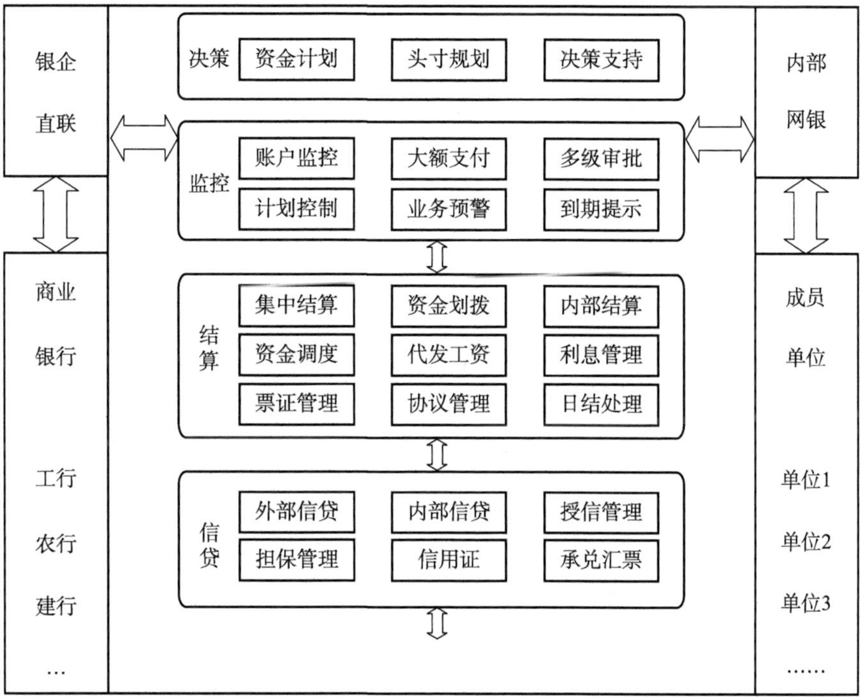

图 7-1　资金系统管理平台应用结构与原理

3. 通过账户集中管理加强资金的宏观调控，提高议价能力

通过账户集中管理，统一调剂，加强对城市轨道交通企业集团及下属单位（以下简称集团及下属单位）资金的宏观调控，盘活存量资金，引导资金流向，提高与合作银行的议价能力。

（1）统筹管理集团及下属单位的所有银行账户信息，将银行账户按用途分类管控和统一调剂。同时，严格控制新增开户，建立账户清理机制，定期

组织账户清查工作，以确保银行账户精简、合理及必要。

（2）加强对集团及下属单位资金的宏观调控，盘活存量资金，引导资金流向，提高与合作银行的议价能力。通过建立静态和动态资金管理报表，从多维度掌控集团及下属单位的银行账户信息、银行存款分布、银行余额等，盘活存量资金，引导资金流向，提高集团与合作银行的议价能力。

4. 建立集团及下属单位的动态资金计划和最佳现金持有量模型，筹划调度，提升资源配置与投资决策能力

根据集团及下属单位的资金计划历史执行数据，以及所属单位上报的年度、季度、月度及三个月滚动大额支出的资金计划，建立动态的资金计划模型，掌握集团内的资金需求总规模和各单位的资金余缺；根据集团及下属单位业务的不同特点，建立最佳现金持有量模型，汇总测算出集团维持正常经营的最佳现金持有量，确定资金安全平衡范围，提前做好资金调配或投融资方案，合理统筹安排集团的资金头寸。当集团资金持有量低于资金安全平衡下限，则需对外融资，若高于上限，则可将多余资金用于新增项目投资或进行理财活动，通过资金筹划调度，使集团资金达到最优配置，提高资金使用效率和效益。

（1）非运营业务采用因素分析模型。非运营业务的现金支出与营业量呈现一定的正比关系，现金流出与销售收入的相关性较大，故可采用具有较强实用性，且简便易行的因素分析模型测算最佳现金持有量。

1）最佳现金持有量下限的计算。

最佳现金持有量下限=（上年现金占用额-不合理占用额）/12×（1+预计销售收入变动百分比）

上年现金占用额：根据测算基期的现金流出数据，来计算上年现金平均占用额，且不考虑收入增长影响。

不合理占用额：剔除内部转账、调拨金额和当年一次性发生的代垫款、罚款等支出。

2）最佳现金持有量上限=最佳现金持有量下限+大宗经营开支现金需求。

（2）运营业务采用随机模型。运营业务的未来现金流量呈不规则波动、无法准确预测，故可采用随机模型测算最佳现金持有量。根据历史经验和需求，预算出一个现金持有量的控制范围，制定出现金持有量的上限和下限，即现金持有量的最高点与最低点，争取将运营业务的现金持有量控制在这个

范围之内。采用以下估算公式。

1）最佳现金持有量=基期最佳现金持有量+月度现金需求变化

$$=\left[\left(\frac{3b\delta^2}{4i}\right)^{\frac{1}{3}}+L\right]+（P-P'）$$

基期最佳现金持有量：其测算是运用随机模型$(3b\delta^2/4i)^{\frac{1}{3}}+L$进行测算，其中：$b$为现金转换费用成本，即银行大额交易划款费用成本；$\delta$为每日现金流量变动的标准差。每日账户余额净值数与其全年账户余额净值平均数离差平方的算术平均数的平方根；i为以日为基础计算的现金机会成本，即测算公司理财产品综合利率；L为综合考虑企业经营日常周转所需最低资金。考虑基期最大现金需求及账户保底现金需求，即年度日账户最低余额乘以保障系数加上账户保底现金需求。P代表月度基期可变现利润，P'代表预测期月度可变现利润。

月度现金需求变化量：主要为预测期的月度可变现利润与基期可变现利润的变动量。

月度现金需求变化量=基期月度可变现利润-预测期月度可变现利润。

2）最佳现金持有量下限：L。

3）最佳现金持有量上限：3×最佳现金持有量-2×最佳现金持有量下限。

5. 建立存量资金保值增效体系

为提高存量资金暂闲期的收益率，应建立协定存款利率+战略合作利率+保本型理财的保值增效体系，达到集团各期限资金保值增效的目的。

6. 实施动态管理、分级负责、统筹平衡的资金计划，并建立完善的资金计划执行分析及评价体系

（1）分级管理，分级负责，统筹平衡。资金计划管理按集团授权管理体系、管理职责和资金渠道，实行分级管理，分级负责。即财务部门负责审核、检查集团下属单位的经营资金计划，各集团下属单位负责编制、审核本单位的经营资金计划。所有的业务单位和部门都要参与本单位或部门的资金计划编制，最终由财务部门汇总平衡。集团根据各单位上报的资金计划，汇总平衡制定集团年度融资方案并确定融资结构。

（2）以年度现金预算为基础的动态管理原则。结合集团战略目标，各集团下属单位的经营资金流出须控制在年度现金预算范围之内，并对资金状况进行月度的实时预测和动态调整。资金计划具体项目内容原则上须与年度现

金预算保持一致。年度现金预算的管理纳入全面预算的管理范围。

（3）科学测算，分类管理。所有项目的资金计划均要有明确的依据和具体的测算过程。根据资金来源、性质以及流入流出的持续性和稳定性对资金收支项目进行详细分类，以实现分类管理。通过三月滚动大额资金预测管理，对于房地产、对外投资等项目及大额支出进行重点监控。

（4）建立资金计划执行分析及评价体系。财务部门每月对集团各下属单位资金计划执行情况进行分析及评价，全面反映经营资金计划执行情况，为管理决策与经营决策提供及时有用的信息与建议，降低资金闲置成本，提高资金使用效率。

（三）实施资金集中管理的预期效果

城市轨道交通企业实施资金集中管理，通过信息化手段将资金结算、资金计划及信贷融资进行统筹规划、管理，预期可实现“以安全性为前提、以效率为导向、以效益为重点”的管理目标，主要表现在三个方面。

（1）在资金安全性方面，通过银企直连，实时掌握资金信息，规范资金收付审批，提高资金安全性，增强企业的风险控制能力，强化资金风险的内控体系建设。

（2）在资金使用效率方面，充分利用银行网络的资金自动下拨、自动归集功能，将资金的管理周期缩短到天，加速资金的流动；同行支付可以实时到账，跨行支付一般可以实现0.5小时内到账，大大提高资金的支付效率。

（3）在资金使用效益方面，盘活集团内各单位的闲置资金，形成整个集团的资金池；发挥集团整体资金优势，获取银行优惠信贷政策，减少资金占用成本；实现集团内部资金调剂，减少银行贷款，降低财务费用；发挥集团整体议价能力，引入银行竞争，提高服务水平。

第三节　城市轨道交通资金集中管理建议

目前，城市轨道交通企业在财务管理上主要面临着以下挑战和困难：一是集团监管力度和实效性不足；二是资金管理松散，财务风险高；三是资金缺乏调剂，资金成本高、效率低；四是预算与执行脱节，控制难；五是信息不透明，存在大量的信息孤岛。上述问题的存在，使得经营战略目标的协同与实现困难重重。而解决上述问题的有效途径之一，就是加强集团公司的资金管理与控制，通过资金集中管理的手段，实现统一监管、统一预算、统一信贷、统一调度、统一结算的管理目标。同时，根据城市轨道交通企业与其财务体制的特点，并结合各种资金集中管理模式的优劣，以资金集中管理在城市轨道交通企业的具体实践与应用为背景，对我国城市轨道交通企业实施资金集中管理提出建议。

一、强化集团总部地位

通过集团制定发展战略、经营战略和财务战略，并以企业的形式明确各事业部、子公司经营者的受托责任和必须遵循的行为规范，为资金集中管理的规范运作奠定良好基础；强化集团总部在资金集中管理体系中的核心主导地位，由集团总部统筹管控资金预算、信贷融资、财务核算、资金结算。

二、加强财务集中基础工作

首先，根据集团自身的财务体制，选择相应的资金管理模式。其次，应对银行账户和结算流程实现规范化管理，即对下属单位的账户设置、用途等进行统一，对账户进行清理等。最后，采用统一的会计科目、核算方法等，以提高各成员单位报表的一致性和可比性。

三、完善资金集中管理各项制度

加强制度约束机制，完善资金内部管理制度。完善、科学的集团资金管理体制会为集团整体的持续发展提供强有力的资金支持和保障。集团应逐步建立包括结算、账户、资金支付审批、票据、信贷融资、资金预算与计划等方面的制度，为集团资金集中管理提供制度保障。

四、提升资金集中管理信息技术水平

“工欲善其事，必先利其器”，集团要更好地实现资金集中管理，必须提升其资金集中管理信息技术水平。集团应选用国家认可的资金集中管理软件，并与其他财务软件通过接口联通，在保障资金安全可控的前提下提高财务处理效率。

五、加强相关人才的培养与储备

集团在加强财务集中基础工作、完善资金集中管理各项制度、提升资金集中管理信息技术水平的同时，要更加注重加强相关人才的培养与储备。资金集中管理要成功实施，必须培养一支高素质的财会人员队伍。资金集中管理的实施过程，也是锻炼和培养财务人员的过程，这对各级财务人员的业务水平、人员素质提出了更高的要求。

六、全面实现银企直联，打造业财资一体化

集团应与合作银行全面实现银企直联，实现资金计划、账户、结算及投融资业务全流程线上标准化、可视化、可追溯、可扩展管理；与财务系统全面对接，实现数据共享与互联，全业务会计处理自动化，建立业务、财务、资金一体化体系。只有这样，集团资金集中管理的效果才能显现，集团资金聚集的优势才能充分发挥。

第八章

城市轨道交通企业的资产管理

第一节　城市轨道交通企业资产管理概况

一、城市轨道交通资产总体情况

（一）国内各城市轨道交通线路情况

据统计，截至2020年底，中国共有45个城市（不含港澳台）开通运营城市轨道交通线路244条，运营线路总里程7969.7公里，按照平均每公里5亿元投资水平预计，我国城市轨道交通建设形成的资产规模已达3.98万亿元。另有61个城市正在建设轨道交通线路约7085公里。未来中国大陆城市轨道交通线路总长度或将超过1.5万公里，轨道交通资产规模或将突破7.5万亿元。[①]

（二）城市轨道交通企业资产情况

城市轨道交通行业属于重资产型行业，企业非流动资产占总资产比列普遍在80%以上，细化到固定资产及在建工程，其占总资产比例一般也在70%以上。因此，企业的资产管理主要应为固定资产的管理。另外，因土地、无形资产（主要为专利、商标、专有技术等）的稀缺和不可替代性，土地与无形资产也应纳入重点管理范围。而如何专业、有效地管理轨道交通企业资产，实现企业资产安全有效、保值增值，是轨道交通企业面临的重要课题。

二、城市轨道交通行业资产特点

（一）专业类别众多

城市轨道交通企业资产涵盖建筑、通信、信号、车辆、给排水、屏蔽门、

① 中国城市轨道交通协会．城市轨道交通2020年度统计和分析报告［R］．

门禁、火灾报警、电梯、通风、厨房、PIDS 设备、低压配电、供电、污水处理、办公设备、通用设备等专业，相关资产管理专业性强，涉及跨专业管理情形较多。

（二）资产种类繁多

以广州地铁为例，其固定资产按照目录划分有 480 多类，存货或工程物资按照编码分类有 2000 多类，另外包含商标、专利、专有技术、土地等资产，由此可见轨道交通企业资产种类繁多。

（三）建设周期长，价值高昂

城市轨道交通线路建设周期较长，从最早的线路规划、设计、勘查，到前期征拆、建设施工，设备采购与安装、调试，再到工程验收与交付等环节，最后到项目竣工开通、项目竣工决算，通常需要 5~10 年，历时时间较长。

主要城市的轨道交通线路每公里投资造价约 8 亿~10 亿元，整条线路通常投资超过百亿元；相关资产及资产组因其技术性、系统性，价值高昂，如地铁 B 型车，一般为 3500 万元~4000 万元/列。

（四）管理部门众多，架构体系复杂

在工程建设期，资产管理工作主要涉及到采购与建设等业务部门，如存货或工程物资的管理部门为物资采购部门，在建工程等资产归口管理部门为建设部门；进入经营期后，资产使用与管理部门一般为运营管理、后勤支持、物资采购、维修管理等部门。上述管理部门的组织架构从上至下一般为总部、中心、部门、分部与班组；而资产管理体系的搭建，则从公司、总部层级，一直到分部、班组，管理架构庞大，体系复杂。

（五）位置分布广泛

随着轨道交通线路建设的不断推进，轨道线路遍布城市各区，为拉动郊区的城市建设、经济发展，城市轨道不断向市郊延申，在多个城市群中，城市轨道交通已跨市域运营，如广佛线、上海轨交 11 号线、武汉 13 号线、西安地铁 1 号线。而城轨资产依附轨道线网，存在于各个车站、车辆段、出入口、风亭、变电站、高架、隧道中，遍布市区、郊区或其他市域。

三、城市轨道交通行业资产管理难点

（一）管理跨度长，缺乏系统性管理体系

根据资产全生命周期理论，全生命周期包函规划设计、采购、建设、验收、交付、决算、维修维护、报废处置等环节，因此需要针对全生命周期各环节，构建一体化的资产管理体系。而因各城轨企业成长历史相对较短，资产管理经验不丰富，另外城轨工程规划设计、建设时间较长，一般企业尚无能力建立跨越各环节、系统性、规范化的资产管理体系，进而造成现有资产管理各环节信息、数据难以贯通。

（二）重视静态管理，未关注资产运营状态与效率

各轨交企业对资产管理尚停留在静态管理层面，主要关注资产台账基础信息，如资产名称、数量、财务价值、安装位置等，重点目标是资产的完整与保全，而对于资产的投入、运营情况与效率关注甚少，以致缺少资产使用、性能、更新等信息，未到达资产调配、优化、提升等增值管理水平①。

（三）重视主营业务，忽视管理基础工作②

资产管理是企业管理的基础工作，是开展一切投资、建设、运营等经济活动的前提条件，如果企业的经营成果是高楼大厦，资产管理则是大厦的基桩。城市轨道交通项目是各地政府民生工程，线路建设与开通工期压力大，企业管理层大部分精力都集中在工程建设和运营业务上；另因公司的准公益属性，各地政府对城市轨交的经营、管理效益要求较低，各公司内部对管理规范化关注度不够，资产管理工作未能成为公司的重要事项，导致部分城市轨交企业线路开通运营多年，未能完成线路的竣工决算工作，少数城轨企业甚至不能提供完整的固定资产清单与财务数据。

（四）法律法规完善，管理需合法合规

城轨企业一般为国有企业，国有资产的立项、投资、报废、处置都有详细的要求，因此企业必须在相关法律法规框架内开展资产的经营、管理、处置，各企业的资产管理制度应与国家法律法规保持一致，进而避免审计风险

---

① 王耀，叶小春，吴珂琪．伦敦城市轨道交通资产管理经验启示［J］．交通运输系统工程与信息，2014，14（06）：219-222，230.

② 何霖，等．城市轨道交通企业资产管理信息化［M］．北京：人民交通出版社，2018.

和法律风险。

（五）管理指标设置困难，难以设定经济指标管理抓手

城市轨道交通行业为重资产、准公益性行业，行业内企业资产周转速度普遍较低，企业盈利能力较差，大多为政策性亏损企业，难以对其资产利用效率设置经济指标。

第二节 城市轨道交通企业资产管理理论与规范介绍

一、资产管理依据

城市轨道交通项目主要为政府主导投资建设，企业一般为国有或国有控股，资产的增加、减少、租赁、投资等经济行为必须符合国有资产管理相关法律法规，各企业应据此建立内部规章及内控机制。主要资产管理法律法规及部门规章如表 8-1 所示。

表 8-1 主要资产管理法律法规及部门规章

类型名称（文号）发布时间法律法规	发布时间
《国有资产评估管理办法》 （国务院令〔1991〕第 91 号）	1991 年 11 月 16 日
《国有企业清产核资办法》 （国务院国有资产监督管理委员会令第 1 号）	2003 年 9 月 9 日
《企业国有资产评估管理暂行办法》 （国务院国有资产监督管理委员会令第 12 号）	2005 年 8 月 25 日
《企业财务通则》 （中华人民共和国财政部令第 41 号）	2006 年 12 月 4 日
《中华人民共和国企业国有资产法》 （中华人民共和国主席令第五号）	2008 年 10 月 28 日
《国家出资企业产权登记管理暂行办法》 （国资委令第 29 号）	2012 年 4 月 20 日
《企业会计准则-基本准则》（2014 年修正） （中华人民共和国财政部令第 76 号）	2014 年 7 月 23 日
《基本建设财务规则》 （中华人民共和国财政部令第 81 号）	2016 年 4 月 26 日

续表

类型名称（文号）发布时间法律法规	发布时间
《企业国有资产交易监督管理办法》 （国务院国资委财政部令第 32 号）	2016 年 6 月 24 日
《中华人民共和国资产评估法》 （中华人民共和国主席令第四十六号）	2016 年 7 月 2 日
《中华人民共和国公司法》（2018 年修正） （中华人民共和国主席令第十五号）	2018 年 10 月 26 日
《企业国有资产监督管理暂行条例》（2019 修正） （国务院令 709 号）	2019 年 3 月 2 日
《中华人民共和国民法典》 （中华人民共和国主席令第四十五号）	2020 年 5 月 28 日
《中华人民共和国档案法》（2020 年修正） （中华人民共和国主席令第 47 号）	2020 年 6 月 20 日

上述相关法律法规或管理规章是国有城市轨道交通企业的管理准绳，也是后续各级审计与纪检部门检查资产工作的主要制度依据，因此，国有城市轨道交通企业的资产管理应在上述制度范围内，梳理内控流程，减少审批环节，提高工作效率，同时细化管理范围及要求。

二、资产管理理论阐述

BSI PAS 55（2018）标准将资产管理定义为“一系列系统的、协调的活动和方法，相关组织通过这些活动能够优化管理其资产、并且实现资产全生命周期内绩效、风险和成本综合最优，以便最终实现组织整体战略目标”。欧洲国家维护联盟对资产管理给出了更简洁的定义“为可持续性地实现公司的既定目标而对实物资产进行的全生命周期优化管理”。[①]

因此，有效的资产管理是建立在资产全生命周期管理理念上，该理念最早由美国军方提出，自 20 世纪 70 年代开始，全生命周期管理被广泛运用于各国的交通运输系统、航天科技、国防建设、能源工程领域。资产全生命周期管理理念是以资产全生命周期成本（Life Cycle Cost，LCC）为基础，以资产作为研究对象，从长期经济效益出发，全面考量资产投资计划、设计、建

① 【英】Chris Lloyd 著，胡庆辉等译．资产管理：实物资产全生命周期管理。

造采购安装、验收移交接管、运行、维护/维修、报废处置全过程，优化管理，以期最小化资产的全生命周期成本，并最优化资产整体经营效率的一种管理理念和科学方法。

三、资产管理规范介绍

（一）资产管理公共可用规范（PAS 55—2008）

资产管理公共可用规范是由英国资产管理协会（IAM）领导，英国标准协会（BSI）协助，以及其他行业协会、高校、公司，如加拿大注册会计师协会、澳大利亚能源协会、诺丁汉大学等单位共同制定，是目前国际上普遍接受的固定资产管理通用标准。资产管理公共可用规范（PAS 55）分为两个部分，其中，第一部分主要为固定资产优化管理规范介绍，第二部分为针对第一部分的应用指南。

1. 适用范围

资产管理公共可用规范（PAS 55）作为国际行业规范，可适用于以下范围。

（1）任何资产密集行业业务，其重要开支、资源、绩效依赖性和/或风险都和资产创建/获取、使用、维护和更新/处置相关联；

（2）任何拥有或有意于管理或投资一个重要资产组合的组织，或者其资产系统绩效和资产管理对服务、产品或其他业务目标有效实现极为重要；

（3）有业务或公共责任要求，在资产安全管理和相关服务提供方面证明最大价值的组织。

2. 资产管理原则和主要特征

资产管理出于全局考虑，为了共同的战略目标而将一个团体的不同部分组合在一起。PAS 55 为成功的资产管理的主要原则及特性下了定义（图 8-1）。

这些原则及特性可做如下解释。

（1）整体性。从全局考虑，也就是说综合对各方面的管理（包括综合各种不同的资产类型，功能的相互依赖性和资产系统中资产的份额，以及不同的资产生命周期和相对应的活动），而不是分裂的考虑。

（2）体系性。一种有条理的方法，推行一致、可复制、可审核的决策及行为。

（3）系统性。将资产置于资产体系环境中，优化资产体系价值（包括可

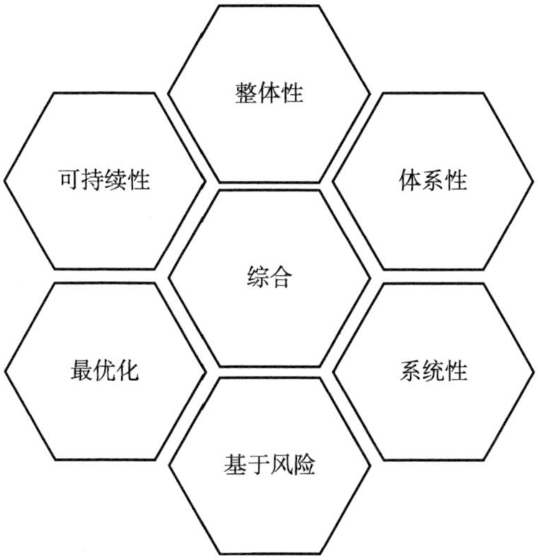

图 8-1　资产管理主要原则和特性

持续效益、成本及风险)，而不是单独优化某资产个体。

（4）基于风险。关注财力和开支，分清主次，合乎已识别的风险和相关支出/收益。

（5）最优化。兼顾各种资产周期内存在的竞争因素，如效益、成本及风险。

（6）可持续性。考虑短期行为的长远结果，以保证未来的需要能得到满足，未来的任务能够完成（如经济或环境的可持续性、系统性能、社会责任及其他长远目标）。

（7）综合。这些原则的各自独立和相互依存对成功都极为重要，这就需要我们结合上述特性，综合使用，实现公司净值。

3. 资产管理层级

从离散设备或组件到功能复杂的系统、网络、位置或不同投资组合，资产的识别层级与资产管理层级均有所不同（如图 8-2）。许多组织将资产视为设备单位（有时被称为“维护重大项目”，也就是需要进行维护或下达工作指令的单位)，还有一些组织用该术语来指代功能系统甚至是综合业务单位。这里的重点不在于一个资产单位被识别为何种级别，重点是要做到以下几方面。

（1）组织的目标和战略优先顺序能直接反映资产管理计划。

（2）资产生命周期开支、风险和效益已得到考虑和优化（这一点常常要求确定清晰的资产边界以评估绩效和生命周期开支、识别相关风险）。

（3）资产聚集（通过综合的资产系统）和价值贡献（作为组织资产组合的一部分）以协调一致的方式进行管理。

（4）在涉及资产、资产组成、资产系统集群化及聚集时，组织各部分都能理解并运用统一的术语。

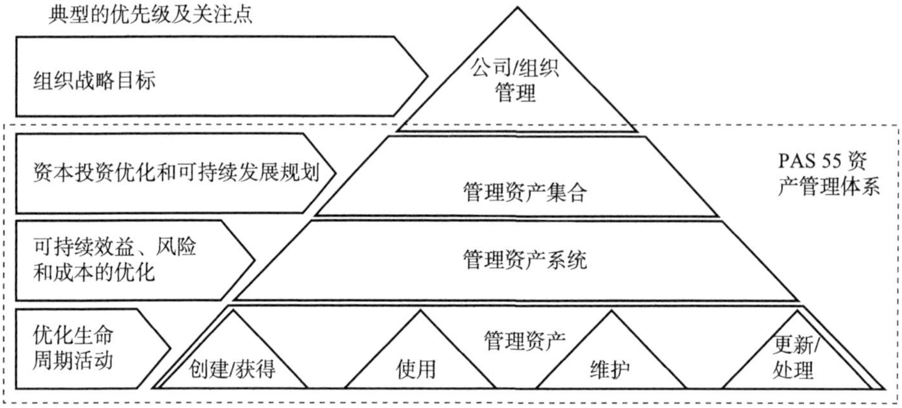

图 8-2　资产管理层级

4. 资产管理体系

该规范详细描述了资产管理体系要求，综合的资产管理体系对于在创造和提供产品或服务的过程中大量依靠有形资产的组织来说至关重要（如图 8-3）。如果一个组织拥有大量的资产或资产、资产体系属性各异，特别是在利益相关方权益冲突的情况下，它就更需要以系统的方法来管理资产组合。

利益相关方（如客户、公众、监管者和股东）希望资产管理体系能带来安全、持续的服务和经济效益。各组织越来越清楚，当资产或资产体系失败时，不利的社会舆论和负面曝光对他们的运营会有怎样的影响。因此，对于大多数的组织来说，建立、实施并维护一个正式的资产管理体系的必要性越来越高。PAS 55 有利于这样的体系构建。

资产管理体系的建立是为了支持组织性战略计划的实施，继而实现不同利益相关方的期望。组织性战略计划是资产管理方针、策略、目标和计划的起点。这些继而被广泛应用于不同资产和资产体系组合中，使它们的生命周期活动得以优化组合（根据它们的危害度、状况和效益）。这一清晰的主线被

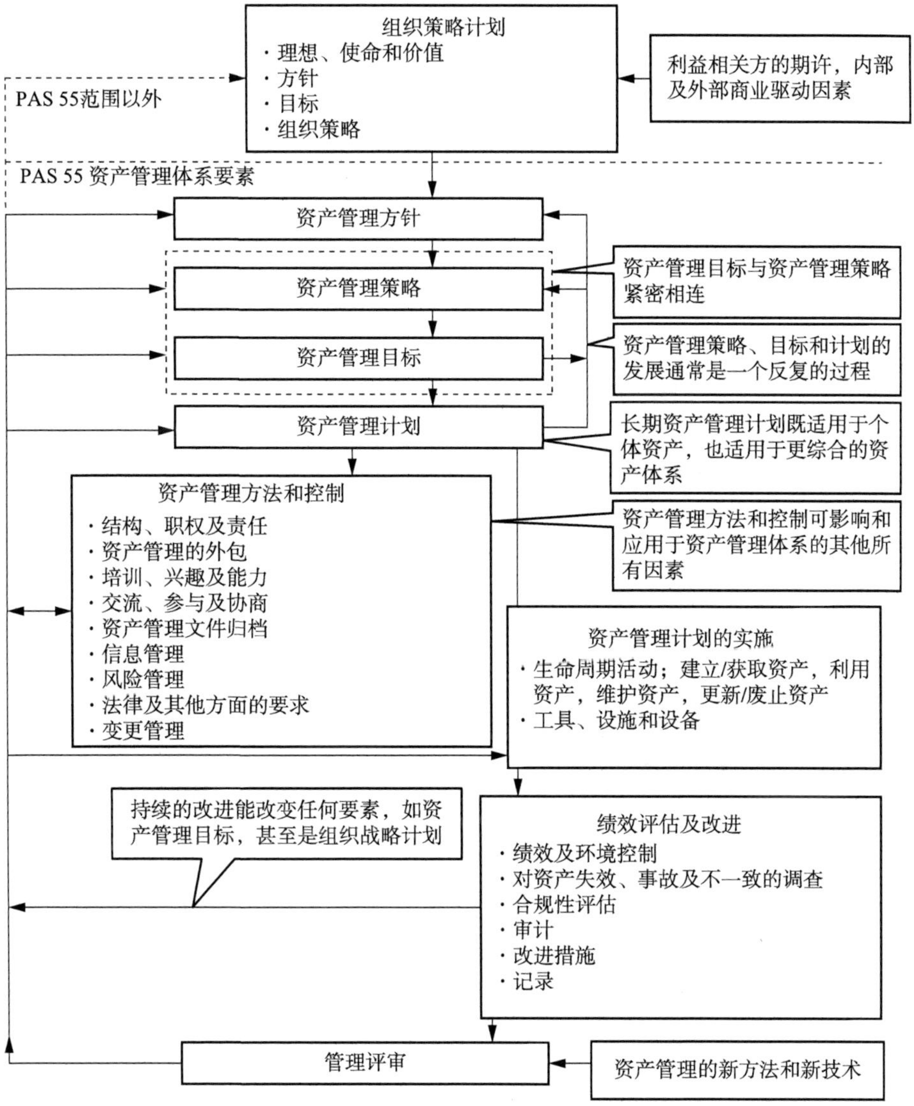

图 8-3　资产管理体系的典型要素

称为“可视线路”，它自上而下贯穿组织战略方向和个人日常活动，是资产管理体系的关键特征。同样，一条“自下而上”的主线也是调整资产战略和计划的事实依据，它通过一系列的改进管理着资产的特征、问题、风险和机遇。此外，这样的资产管理现实能够影响利益相关方的期望和组织性战略计划的目标。

组织应当发展运营典型要素和资产管理体系程序，以实现这些相关性、综合性、整体价值优化和持续地改进。

5. PAS 55 主要结构

资产管理公共可用规范主要通过 PDCA（Plan-Do-Check-Act，计划—实施—检查—处理）模型贯穿资产管理过程，通过制定资产管理战略、目标，建立资产管理体系并实施跟进资产管理计划，实时根据内外部环境调整短期目标方向，最终确保资产管理长期目标的达成。PDCA 模型执行步骤如表 8-2 所示，PAS 55 主要结构如图 8-4 所示。

表 8-2　PDCA 模型执行步骤

计划	根据组织资产管理方针和组织战略计划制定资产管理战略、目标以及实现结果必要的计划
实施	为实施资产管理和其他的必要要求（如法规要求）设立推动者（如资产信息管理系统），并实施资产管理计划
检查	根据资产管理方针、战略目标、法规和其他要求监视和测量结果，记录并报告结果
改进	采取措施确保资产管理目标的实现并持续改进资产管理体系和资产管理绩效

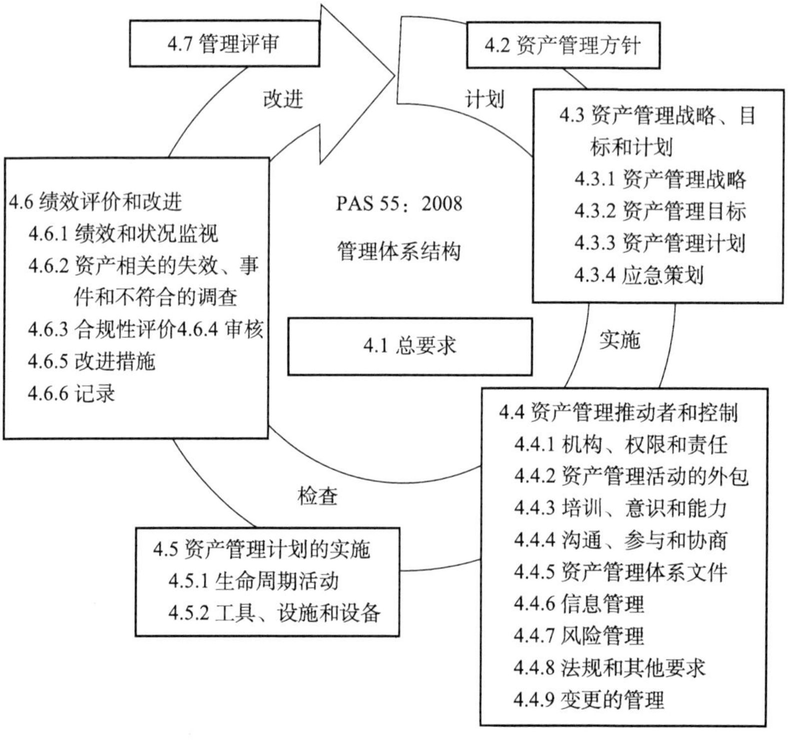

图 8-4　PAS 55 主要结构

（二）资产管理标准体系（ISO 55000，2014）

1. 背景

2009 年 7 月下旬，英国国家标准委员会提交了一项成立“项目委员会”制定国际标准的提案，将 PAS 55 作为 ISO 标准的基础，并寻求来自世界各地的专家、行业和学术团体的参与。2010 年 6 月，伦敦预备会议之后，启动了 ISO 55000 系列标准的制定工作。2010 年 8 月，ISO 项目委员会 251（PC 251）由 ISO 管理技术委员会批准成立，并先后召开了 5 次正式会议，产生了“工作草案”“委员会草案”和“国际标准草案（DIS）”。经过 3 年多的努力，共有包括中国在内的 31 个国家参与，该标准于 2014 年 1 月 10 日正式发布实施。

2. 主要内容

该系列标准包括 3 个内容：

（1）ISO 55000：2014《资产管理——概述、原则和术语》；

（2）ISO 55001：2014《资产管理——管理体系——要求》；

（3）ISO 55002：2014《资产管理——管理体系——ISO 55001 要求应用指南》。

ISO 55000 概述了资产管理主题和采用的标准术语和定义；ISO 55001 提供了一个集成的、有效的资产管理体系的规范要求；ISO 55002 是资产管理体系的实施指南，帮助企业和组织机构掌握其资产的价值，并实施科学、有效的管理。

ISO 55001 涵盖了资产全生命周期管理，共分 10 个部分，即范围、引用标准、术语和定义、组织所处的环境（组织关系、相关方的需求和期望、确定资产管理系统的范围和要求）、领导（承诺、方针、职责、权限和作用）、策划（应对资产管理系统的风险和机遇的措施、目标及策略）、相关支撑（资源、胜任能力、意识、交流沟通、信息需求、存档信息）、实施（运行策划和控制、变更管理、外包）、绩效评价（监视、测量、分析和评价，内部审核，管理评审）和改进（不符合和纠正措施、预防措施、持续改进）。ISO 55001 资产管理系统的要素如图 8-5 所示。

3. ISO 55000 与 PAS 55 的关系①

（1）定义。ISO 55000 对核心定义进行了简化和通用化处理，即资产管理被定义成“一个组织实现其资产价值的协调活动”。而在 PAS 55 中，资产管

① 马钊，周莉梅，盛万兴．国际资产管理标准 ISO 55000 与 PAS 55 的分析与比较。

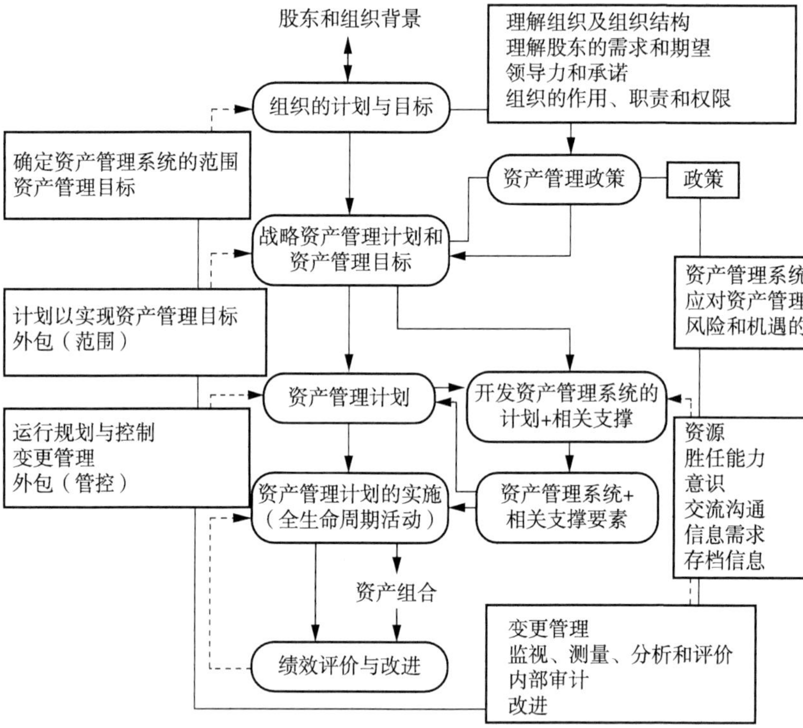

图 8-5 ISO 55001 资产管理系统的要素

理的定义是“通过具有系统性和协调性的活动和实践，以最佳方式、可持续地管理其资产、资产管理系统以及与实现组织战略计划相关的绩效、风险和全生命周期费用”。

（2）范围。最显著的变化是标准的目标应用范围。PAS 55 明显专注于有形资产或实物资产。ISO 55001 的设计则适用于任何类型的资产。这种变化意味着通用语言贯穿于整个文档，使之能够被理解并用于解释不同背景的资产管理。

（3）关键主题。

ISO 55000 充分保留了 PAS 55 中的关键主题，这些关键主题包括：

1）组织目标的一致性都明确地纳入资产管理的策略、目标、计划和日常工作中；

2）通过全生命周期资产管理计划和多学科协作，以实现最具价值的成果；

3）风险管理与基于风险的决策支持；

4）实现一体化和可持续性的推动力，尤其是领导力、协商、沟通、能力开发和信息管理。

（4）结构。ISO 55000 的结构发生了较大变化。因为所有 ISO 管理体系标准现在必须遵守技术联合协调组（JTCG）在“附件 SL（Annex SL）”中规定的标准化术语和结构，要求明确关注、理解组织背景以及利益相关者的需求和期望，同时更关注领导力。ISO 55000 是第一个执行“附件 SL 件的管理体系标准，其他管理体系标准，如质量管理标准 ISO 9001、环境管理标准 ISO 14001 等也正在按新结构进行修订。

（5）一致性。资产管理政策在制定资产管理承诺的过程中仍保持着重要作用，并且通过资产管理政策，改进了组织战略目标向资产管理策略和目标发展的流程。在 PAS 55 中，资产管理策略不仅包括两种管理资产的策略，还包括资产管理改进策略（即过程、功能和管理系统本身）。在 ISO 55001 中，资产管理策略被分成不同的要求并将“策略”术语去掉，改成了战略资产管理计划（SAMP）。同时，也去掉了明确定义的不同寿命周期活动（如新建或收购、运行、维护、更换或报废），以适应不同的资产类型和更多的寿命周期阶段。

（6）决策支持标准。PAS 55 对优化计划与决策方面的要求（成本、风险和绩效之间，以及短期和长期影响之间）被保留下来，但以另一种方式进行了阐述。ISO 55001 依据清晰的文档化方法以及决策支持与优选标准，以反映利益相关者的需求并定义价值，然后持续应用以便在实现相互冲突目标的过程中达到最佳平衡。

（7）风险管理。ISO 55001 简化了风险管理步骤，最近出版的 ISO 31000 风险管理标准详述了这些细节。但资产管理对风险管理附加的具体要求（如随时间变化的风险管理）保留在 ISO 55001 中。

（8）审计与文档化。ISO 55001 也加强了对审计和存档信息的要求。

（9）认证。PAS 55 认证依据其应用成熟度分为五个级别，依次为学习、应用、深化、优化、超越。若通过第三级（深化）即认为通过 PAS 55 认证。认证有效期是 3 年，需每年监督审核，到期后再重新评估。通过 PAS 55—1 认证的机构将不难达到 ISO 55001 的认证要求。然而个别要求条款不是一对一匹配的，因此有可能重组管理系统的某些要素。同时，鉴于 ISO 55001 采用更通用的语言，人们已经认识到认证机构需要具体的学科知识，以便有效地执行评估。因此，这些机构将必须遵守一套新的要求，即 ISO 17021—5 资产管理系统的认证能力要求。

(三) 固定资产分类与代码 (GB/T 14885—2010)①

我国在资产管理基础性标准制定方面起步较早，国务院原清产核资领导小组办公室、国家原国有资产管理局等部门和标准化研究院等机构于 1994 年便已发布实施国家标准《固定资产分类与代码》(GB/T 14885)。

随着资产管理的发展，由中华人民共和国财政部提出，中国标准化研究院、中华人民共和国财政部行政政法司、中华人民共和国财政部教科文司等单位根据资产管理产生的新需求，在 2011 年完成了《固定资产分类与代码》(GB/T 14885—2010) 国家标准的修订工作，并于 2011 年 5 月 1 日实施。该标准发布以来，在固定资产的管理、统计、清查等工作中发挥了重要作用，随着信息技术的发展，采用信息化手段加强和规范固定资产的管理更是离不开固定资产的分类编制标准，该标准已经在我国行政事业单位和企业的固定资产信息化过程中得到广泛应用。

该标准规定了固定资产的分类、代码及计量单位，用于固定资产管理、清查、登记、统计等工作，主要内容如下。

1. 范围

本标准规定了固定资产的分类、代码及计量单位。

本标准适用于固定资产管理、清查、登记、统计等工作。

2. 术语和定义

固定资产，指为生产商品、提供劳务、出租或者经营管理而持有的，使用寿命超过一个会计年度的有形资产，包括房屋、建筑物、机器、机械、运输工具以及其他与生产经营活动有关的设备、器具、工具等。

3. 分类原则

本标准按固定资产的基本属性分类，适当兼顾行业管理的需要。

4. 编码方法

采用 4 级 7 位数字代码表示，第一层 (级) 1 位数代表门类，第二层 (级) 两位数代表大类，第三层 (级) 两位数代表中类，第四层 (级) 两位数代表小类。分类代码构成具体如图 8-6 所示。

---

① 固定资产分类与代码，GB/T 14885—2010.

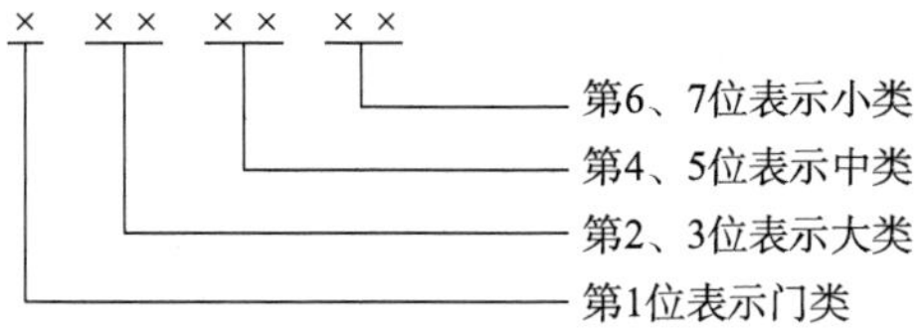

图 8-6　国家固定资产分类代码构成

固定资产分类代码的第 1 位所表示的 6 个门类如下：

（1）土地、房屋及构筑物；

（2）通用设备；

（3）专用设备；

（4）文物和陈列品；

（5）图书、档案；

（6）家具、用具、装具及动植物。

固定资产分类代码的大类、中类和小类中的代码“99”为收容项，主要用于该项尚未列出的固定资产。

5. *代码表*

主要按照土地、房屋及构筑物，通用设备，专用设备，文物和陈列品，图书、档案，家具、用具、装具及动植物等 6 个门类，细分到中类共 56 个代码表格。

第三节　城市轨道交通企业资产管理原则、组织架构与流程

城市轨道交通企业对资产进行管理，应有明确的管理原则，搭建可行的管理架构，梳理高效的业务流程。资产管理原则是一切有效管理行为的出发点，后续如有管理行为与其背离，则该行为是无效的管理，应予以取消；资产管理的组织架构搭建，可参考企业的行政管理架构，细化资产管理部门与使用部门的职责范围。另外，资产管理应定岗定人，权责明晰；管理流程梳理方面，应考虑信息的效率与质量，在保证信息质量的前提下实现有效的上传下达。

一、资产管理原则和要求

（一）资产管理原则

1. 遵守法律、行政法规与公司制度

国有资产管理需遵循现行法律法规、公司制度规章要求，做到依法、按章管理。

2. 以国有资产保值增值为宗旨

国有资产管理者代出资者进行资产管理，应以资产保值、增值为出发点，考虑资产的投入产出的经济性，做到经营风险与收益相匹配，避免盲目增加风险追求收益最大化。

3. 流程管理，权限审批

国有资产管理应按内外部审批流程及经营审批授权节点进行审批，避免未按程序行使职权、超越职权、滥用职权等行为发生。

4. 国有资产处置应当遵循等价有偿和公开、公平、公正的原则

国有资产应通过产权交易所公开处置，自觉接受国有资产监督管理机构的监督，加强自律管理，维护市场秩序。

5. 责任追究

对于未履行或未正确履行职责致使发生国有资产损失或其他严重不良后果的，应当追究相应责任。

（二）资产管理基本要求

在日常管理资产实物时，应做到资产定号、保管定人、建立资产实物台账、定期盘点等，确保资产的真实有效。

资产定号，是给每一个资产分配唯一编码，并制作标签固定到资产实物上，标签应包括资产编码、资产名称、规格型号品名、使用部门等信息，以便实物清查时能与账载信息快速匹配。

保管定人，是指资产归口部门必须指派责任心强的人员作为资产管理人员，履行资产管理职责。资产管理员建立资产实物台账，维护、更新实物台账信息，根据“谁使用，谁保管”的原则，把资产管理的最终责任落实到实际使用人。当资产管理员、使用人员调离本岗时，应办理工作交接手续，确

保资产管理工作的延续性。

建立资产实物台账，是指资产管理部门和使用部门分别按管理（或使用）的资产建立台账，详细登记资产的实物信息。凡有关资产调拨、维修、状态变更、停用以及清理出售等，都应根据相关凭证在实物管理台账内进行更新登记。资产实物、资产实物台账、资产财务账三者核对必须相符。

定期盘点，是核查资产实物完整性和真实性的必要管理手段，企业应定期到资产所在地进行现场账实核对的检查，通过抽盘或全盘的方式检查实物资产的存放、使用、保管情况，确保资产真实存在。

二、资产管理组织架构搭建

企业的资产管理架构应分为决策层、管理层和执行层三个层级，另外包含技术支持部门及辅助部门，如图 8-7 所示。

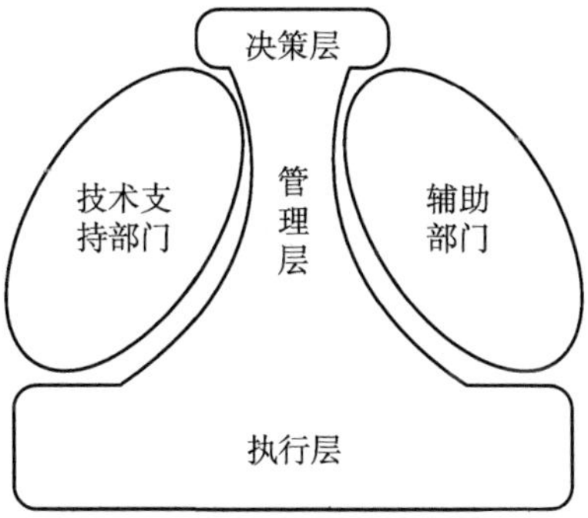

图 8-7 企业资产管理架构

企业资产管理决策层主要为企业的总经理办公会、党委会、董事会等决策机构，负责把握企业的资产管理工作方向，审批资产管理制度与方案，以及重大资产处置、重大资产损失核销等事项。

企业资产管理层主要为企业资产管理办公室，为决策层的日常办公机构，常设在企业综合管理部门或财务部门，负责制定企业资产管理制度、工作方案，统筹企业资产管理的各项工作，指导使用部门日常资产管理业务的开展，并对资产管理质量进行检查与业务评价。

企业资产管理执行层是指企业资产财务或专业技术管理部门、企业资产使用部门。其中企业资产财务或专业技术管理部门为一级企业资产执行层，负责落实企业资产管理层所布置的资产管理方案，进行日常资产检查、盘点、报废报损流程审批等工作，以及负责专业指导企业资产具体使用部门开展日常资产管理。企业资产具体使用部门为二级企业资产执行层，具体承担资产的日常使用、保管、维护更新、发起资产报废报损流程等职责。

企业资产管理技术支持部门是企业综合管理或财务部门，辅助企业资产管理办公室开展资产管理制度与方案制定，进行资产管理流程规范化梳理。

企业资产管理辅助部门是指企业信息管理部门，负责信息系统建设与优化辅助工作。

对于管理层级较多的执行层，应根据本部门行政架构设置情况，在部门内部设置决策层、管理层和执行层，进而有效地进行资产管理工作。

三、资产管理流程制定

企业应根据资产管理主要业务类型，通过资产管理组织架构、内部行政架构，利用公司办公业务信息系统，制定企业资产管理业务流程，使得资产变动信息能够及时上传下达，企业资产管理目标与要求能够实现。

（一）资产增加流程

资产的增加渠道可分为购置、自行建造、基建资产交付、投资转入、租赁、接受捐赠、盘盈等。其中基建移交增加的资产是城市轨道交通行业资产增加的重要构成部分，企业应重视这部分资产的实物交接工作。一般而言，资产的增加需关注两方面，实物方面，要做好到货清点、验收、安装调试等工作；手续方面，业务部门需办理资产增加手续，确保财务部门和实物管理部门同时完成对资产信息的登记与录入，这是后续做好实物资产管理的基础。

资产在使用过程中将面临维修、调配、出租、闲置等状态变更，企业应针对不同的资产变动业务制定相应的审批手续，确保资产的状态变动是有序开展的，其次还需要在实物资产台账中及时更新资产的最新状态信息，确保账实相符。

（二）资产减少流程

资产处置的方式可分为对外转让、投资转出、报废、非正常损失等。企业制定资产处置审批流程时，应立足公司章程对企业资产处置的授权规定，针对不同的处置方式制订相应的审批流程。

上级管理机构特别重视资产处置的合法合规，国务院国资委、财政部为此在 2016 年 6 月颁布了《企业国有资产交易监督管理办法》，规范了国有资产交易行为，对加强企业国有产权交易监督管理、防止国有资产流失作出了规定。因此企业应按照该办法规定，落实国有资产进场交易规定，国有资产交易行为要在省级以上国资监管机构选择确定的开展企业国有资产交易业务的产权交易机构进行；其次要结合本企业的实际业务，根据不同的资产处置行为，制定管理制度，明确责任部门、管理权限、决策程序、工作流程。

第四节　城市轨道交通企业资产管理实践与探索

根据资产管理规范 PAS 55 及 ISO 55000，企业在资产管理过程中，需明确资产管理层级，从离散设备或组件到功能复杂的系统、网络、位置或不同投资组合均需明确识别，因此需要编制固定资产目录作为资产管理规范性文件；在全生命周期管理中，新线实物资产交付承担着建设期到经营期的过渡工作，完善的实物资产交付工作是经营期资产账实相符的基础，是对资产维修维护费用载体的核实；企业年度清产核资是资产管理 PDCA 管理工具的具体应用，通过年度的清产核资工作，评价过往资产管理工作最基本成效，即资产是否安全；在资产管理过程中，需识别企业重要性资产，即物业与产权，物业和股权管理是企业资产管理的主要内容，也是国资系统重点管理、严于管控的方面；资产管理过程中，面临资产经营各类风险，为降低、转移各类风险，实现资产价值稳定增值，需开展保险管理。本章作为资产管理实操章节，将对上述各重要方面或环节的资产管理经验进行详细阐述。

一、固定资产目录编制

（一）统一固定资产目录的必要性

自 2007 年开始，会计准则取消了对固定资产认定价值限制，现行会计准则认定符合以下两个特征的有形资产为固定资产：①为生产商品、提供劳务、出租或经营管理而持有的；②使用寿命超过一个会计年度。

该固定资产定义较为宽泛，缺乏价值量化标准。对于轨道交通行业而言，首先，因其资产结构复杂、种类多、数量庞大、涉及的专业领域多、使用周期长，如果仅按固定资产定义进行判断，会产生判断的分歧，容易造成固定资产认定的无序，财务部门、业务采购部门陷入资本化资产与费用化资产判定混乱状态；其次，轨道交通行业的资产大部分来自基建建设后交付的实物，统一的固定资产目录是衔接建设部门向运营部门交付资产的纽带与规范，可以提升部门间实物交付的效率。因此城轨企业应对所使用的固定资产进行分类，建立企业内部统一使用的固定资产目录，为后续实物管理、财务管理工作奠定基础。

（二）固定资产目录分类标准的依据

固定资产分类的标准可参考行业标准如《城市快速轨道交通工程项目建设标准》（建标〔1999〕81号）、《固定资产分类与代码》（GB/T 14885—2010）和国家税务机关对固定资产分类的划分，同时结合企业对固定资产用途及概算单元专业特点进行分类。

（三）固定资产目录结构特征

（1）要细化固定资产目录分类层级。企业应根据每个专业的资产结构、资产使用的独立性和后续实物盘点可操作性，细化资产目录层级。但是过细的层级会加大企业管理成本，一般建议每个专业按三级划分固定资产目录分类层级。

（2）每一级目录分类应有明确的划分标准说明。说明包括资产结构、组合、归类等，方便业务人员通过目录的分类说明对资产的归属进行判断。

（3）固定资产目录可以根据实际管理需要办理增加，但是需要办理技术管理论证并履行审批手续

（四）固定资产目录编制与行业应用情况

规范化的固定资产目录将是资产全生命周期管理信息化的统一口径标准，使得通过信息化手段管理企业固定资产成为可能。城轨企业应根据自身实际情况，结合国家标准，制定适合本企业的固定资产分类标准（下文简称固定资产目录）。固定资产目录标准一般应按线分类法进行编制，线分类法是指按选定的若干属性（或特征）将分类对象逐次地分为若干层级，每个层级又分为若干类目。同一分支的同层级类目之间构成并列关系，不同层级类目之间构成隶属关系。同层级类目互不重复，互不交叉。

固定资产目录标准一般应按线分类法进行编制，线分类法是指按选定的若干属性（或特征）将分类对象逐次地分为若干层级，每个层级又分为若干类目。同一分支的同层级类目之间构成并列关系，不同层级类目之间构成隶属关系。同层级类目互不重复，互不交叉。

固定资产目录编制原则主要为资产门类性、专业性、系统性、独立使用性，考虑到实物资产交付工作难度及经营期管理成本与需求，固定资产目录

分类一般采用三到四级目录，每级目录由两位数字表示。

1. 国家标准：固定资产分类代码

具体见本章第二节第三点第（三）部分固定资产分类与代码（GB/T 14885—2010）介绍。

2. 北京城市轨道交通固定资产分类代码

采用4级层次码，每级由两位数字表示，第1级（01）为大类/专业，表示所属的“专业”，第2级（03）为小类/系统，表示该专业内依据其功能划分的“系统”，第3级（04）为大组/子系统，表示“系统”内的“子系统”，第4级（07）为小组/固定资产，表示具体的固定资产项目。分类结构具体如表8-3所示。

表8-3 北京城市轨道交通固定资产分类代码结构

01	03	04	07
大类/专业	小类/系统	大组/子系统	小组/固定资产

3. 广州地铁固定资产目录编码

采用3级层次码，每级由两位数字表示，第1级（01）为门类（大类）/种类或用途，表示资产种类或用途，第2级（04）为中类/专业或系统，表示该专业内依据其功能划分的“专业或系统”，第3级（06）为小类/资产组或单项资产，表示“专业或系统”内的“子系统”资产组或单项固定资产。目录编码结构具体如表8-4所示。

表8-4 广州地铁固定资产目录编码结构

01	04	06
门类（大类）/种类或用途	中类/专业或系统	小类/资产组或单项资产

二、轨道交通新线实物资产交付

在大规模城轨工程基建投资任务中，国有企业注重政府投资目标与任务，往往忽略投资后的竣工决算与经营管理，导致投资项目竣工决算滞后，政府投资金额与效率难以核算，企业无法按照账实相符原则开展经营期管理，给经营期价值分摊与维修维护改造带来一系列的成本匹配、盈利管理问题。

本节以城市轨道交通行业为研究对象，创新实物资产交付工作理念，规范实物交付工作标准、要求与流程，创新开发使用实物交付信息系统，实现新线工程实物资产正式交付并划分建设部门与使用部门资产管理责任，依据实物资产交付工作结果建立固定资产实物台账，避免财务竣工决算前实物资产无账管理，提高财务竣工决算效率，确保国有企业固定资产账实相符，提高企业资产管理水平。

（一）城市轨道交通新线工程实物资产交付工作概述

1. 城市轨道交通新线工程实物资产交付工作定义

根据财政部颁布的基本建设财务规则要求，项目竣工验收合格后应当及时办理资产交付使用手续，并依据批复的项目竣工财务决算进行账务调整。

城市轨道交通新线实物交付工作，是建设单位在城市轨道交通新竣工线路单位工程竣工验收合格后，将施工建设形成的实物资产正式交付生产使用单位的行为。而正式交付工作需按照新线工程业主所要求的流程、资产组合标准与表格填写规范开展。实物交付工作划清了实物资产的损毁、灭失等管理责任，交付工作完成前相关责任由建设管理（实物移出）单位负责，完成后由生产使用（实物接管）单位负责。

实物资产交付工作在满足特定条件后才能开展，特定条件主要是轨道交通单位工程通过质量验收，且不存在影响人身及运营的安全问题；对于机电系统则需通过机电系统功能性验收。

2. 城市轨道交通新线工程实物资产交付工作难点

（1）合同清单明细多，缺乏固定资产识别标准。城市轨道交通工程规模大，相关建设采购合同清单明细众多，而国家、行业制度缺乏固定资产识别的详细标准，若按照建设采购合同清单入账，将给经营期带来过大的管理成本。

（2）资产数量多、交付工作量大。每条城市轨道交通新线涉及约 400 份交付表格、2 万~4 万条资产数据，对应实物资产则分布在每条新线车站、轨道区间，以及 3 万~6 万平方米的车辆段或停车场，相关表格需要按照需求编制，实物需到现场清点，涉及轨道区间的实物需按照列车运营规范要求提前清点，接收单位需对相关资产信息审核，因此实物资产交付工作量较大。

（3）跨单位或总部交付，协调难度大。建设部门需先协调建设施工单位及监理单位制定、审核交付表，接收部门交付流程往往跨职能、中心、分部、班组，每份交付表格涉及多环节审核，各环节经办人对交付标准、进度安排、信息系统使用等方面可能存在理解差异，因此交付工作协调难度大。

(4) 同期于新线开通，重视程度欠佳。新线实物资产交付一般在新线开通前开展（若在开通后交付，施工及监理单位离场，则交付工作更难推进），经办部门重点关注新线开通任务，对资产交付工作重视度不够，交付工作推进有难度。

(5) 经办人员多为兼职，经验传承不足。实物交付经办人员多为兼职，由于组织架构和职责界面划分原因，各单位新线交付经办人员因线路不同而改变，大多经办人员为交付工作新人，且各交付单位内无实物交付工作交接与经验传承，导致该项工作工作效率较低。

（二）实物资产交付工作机构、标准与措施

1. 实物资产交付工作组织机构

企业开展实物资产交付工作需设立组织机构，包括领导机构、组织指导部门、信息系统技术支持部门、各实物资产交付移出单位以及实物资产接管单位等。

组织指导部门应建立交付工作规范与导则、固定资产分类及单元划分标准，组织开展交付工作，负责交付业务培训，协调各方问题，跟进督促工作进度。信息系统技术支持部门提供交付系统技术支持，组织交付系统的使用培训，解决交付系统存在的问题。

实物资产交付移出单位为工程承包单位与业主代表单位，负责新线工程建设及设备安装等施工建设与管理，按照规范要求编制实物交付表格，组织接管单位清点实物资产，实物资产接管单位按照收到的规范交付表格和实物情况进行签收。

2. 实物资产交付表格与资产组合标准

实物资产交付表格应格式化标准化，根据资产全生命周期管理需要，交付表格应包含合同信息、概算信息、资产属性、数量信息、位置信息等内容，实物资产交付表头具体如表 8-5 所示。

表 8-5　实物资产交付表表头

序号	合同单价号	合同编号	资产目录	概算代码	名称	规格型号	设备编号	计量单位	交付数量	安装（存放）地点

其中，合同信息主要为合同单价号与合同编号，通过该信息可以使实物资产回溯到建设采购合同，以此为基础方便财务竣工决算价值匹配工作；概算信息主要为概算代码，该字段主要作用是概算回归，识别相关资产或工程

建设是否超过概算情况。

另外，资产属性主要为资产目录、名称、规格型号、设备编号。资产名称按照三级目录标准中第三级分类名称与说明填写，规格型号和设备编号按实际填写。而对于属于资产组的固定资产，需按照固定资产目录标准中“三级目录资产单元划分标准说明”与“末级资产单元划分原则”要求，判断三级资产的子项与范围，最终根据结算后的合同开项清单组合成三级目录所代表的固定资产。

3. 其他实物资产交付工作措施

（1）建立交付工作培训机制。因实物交付工作经办人员多为新手，为提高工作效率，必须建立培训机制，在新线实物交付工作前期、中期加强交付工作标准、制度、表格编制、实物交付系统使用等方面的培训。

（2）实行例会工作进度跟踪制度，加强工作考核。为按期按质完成新线实物资产交付工作，需按期举行工作例会，检查交付方案执行情况，并布置下期具体工作目标与计划，及时协调解决工作中出现的问题。对于工作目标完成情况需加强工作考核，对先进人员应树立标杆榜样，对工作进度缓慢的部门及相关人员应予以通报或者进行绩效考核。

（3）开展资产移出部门与接收部门集中办公审表工作。新线工程固定资产数量大、专业多、交付表格信息量大，资产移出部门与接收部门经办人通过电话和邮件不能充分、有效沟通，为提高交付表格审核效率，资产接收部门应同移出部门经办人员现场办公，面对面沟通解决每张交付表格中出现的问题。

（4）交付工作信息化。为承接资产全生命周期管理，以及避免纸质实物资产交付表格易于丢失及难以跟踪统计的弊端，实物资产交付应通过信息系统进行一体化管理。

（三）信息系统的建设

实物资产交付工作作为资产全生命周期管理的一个环节，应根据资产管理一体化系统建设规划，开发实物资产交付工作信息系统，进而打通建设规划、合同系统到经营期资产管理系统的数据流通道。

以广州地铁的新线实物产移交系统为例，实物资产交付系统需以合同开项清单为基础，以交付表格为载体，按照内控流程对数据进行控制流转，实现包括但不限于以下功能。

（1）在系统中可以导出合同清单，通过编制表格导入系统后在系统开展交付清单的审批。

（2）能够通过系统对建筑物及设备模型的属性信息进行多次完善，页面填写方便简捷；对于录入的信息，要根据属性字段的标准并结合资产组合、合同管理的业务要求进行数据校验。

（3）通过模型构件与合同清单的关联，实现对交付总量的核对及控制；

（4）实现在系统中直观地显示已交付/未交付的资产表格及资产，能查询到具体的交付信息；多维度查询各环节审批信息，如进度跟踪统计、超时表格统计等统计查询功能。

（5）资产交付工作完成后，工作成果可转入预转资平台①，通过该平台识别固定资产并自动生成固定资产编码（不同于固定资产三级目录码，三级目录码为分类编码，而固定资产编码为唯一身份识别码，通过该编码可实现预转资平台与财务系统的关联）。

三、企业年度清产核资

（一）目的及依据

企业为加强对国有资产的监督，及时掌握企业资产的管理情况和使用状况，应每年开展清产核资工作，确保国有资产的完整性，并真实反映企业资产和财务状况。企业开展的清产核资工作应按照国务院国有资产管理委员会颁布的《国有企业清产核资办法》及相关配套规定执行。

（二）定义

清产核资工作是指企业按照规定的工作程序、方法和政策，组织下属各单位进行账务清理、财产清查，并依法认定企业的各项资产损溢，从而真实反映企业资产价值的活动。

（三）工作内容

企业的清产核资工作包括：制订工作方案、账务清理、资产清查、价值重估、损溢认定、资金核实和完善制度等内容。清产核资清出的各项资产损失和资金挂账，依据企业有关规章制度和财务会计制度的规定处理。

---

①　基于地铁建设与运营的实际情况，在工程建设完成后，根据固定资产目录标准形成资产，并在预转资平台产生固定资产编码，待工程竣工决算后再将平台的固定资产信息同步至财务资产管理模块，形成正式的固定资产。

（四）原则

企业的清产核资工作应符合以下原则。

1. 五个统一原则

统一领导：统一由清产核资领导小组领导，具体工作由专职小组负责组织；

统一分类：固定资产和存货按照统一的分类标准进行分类；

统一单位：金额单位统一计算到人民币，小数点后保留两位数字；计量单位的选择应以能够充分体现每项独立资产的价格为原则；

统一表格：按照下发的统一报表格式填报；

统一会计政策及清产核资标准：建立统一的会计政策及清产核资标准，如资产损失确认标准、不实及不良资产确认标准等。

2. 全面彻底原则

全面性：依靠和发动员工对全部资产进行盘点。

彻底性：在资产清查的各个环节上，包括资产的盘点、确认、分类、核对以及来源、去向、管理情况等都要认真彻底清查。

3. 准确无误原则

准确无误，就是清产核资必须如实反映资产的状况。要做到准确无误，首先必须做好不重不漏；其次必须做好账实的核对，了解账存与实存的差异，准确确定盘盈、盘亏、报废的具体数额并查明原因。

4. 及时原则

专职小组清产核资工作和报告必须严格按本方案的时间要求，及时上报，各专项小组予以配合。

（五）基本要求

1. 制订工作计划

制订详细工作计划，统一报送结果格式和时间要求，规定清产核资结果需履行的审批程序，后续还要落实清产核资发现的问题整改情况，实现闭环管理。

2. 实物盘点与账物核查相结合

在确保财务账与实物台账核对一致的基础上，再依据实物台账对实物进行双向盘点，做好盘点记录，达到账账、账实相符。

3. 清理与查证核实相结合

对清查中发现的问题必须进行查证核实，如往来账款的核对，需要函证业务单位，确认挂账的真实性，还有资金账户与银行记录的定期核对、现金的盘点等，确保清查结果更加符合真实情况。

4. 自查与抽查相结合

在资产使用（保管）部门自查的基础上，企业要对清查工作过程组织抽查，保证清查的质量。

5. 内容真实与合规相结合

检查的内容除确认资产的真实完整性，还需要对照企业资产管理的相关规定，进行合规性检查，确保资产的增减变动有按规定流程完成报批，资产处置必须符合《企业国有资产交易监督管理办法》（国务院国有资产监督管理委员会财政部令第 32 号），企业章程和资产管理制度的规定。

四、物业信息管理

对于城市来讲，土地、房屋等物业是稀缺资源，而城市轨道交通企业则必须依托轨道交通沿线的土地、物业房屋开展交通运输服务；另外根据国内外城市轨道交通企业先进的公司战略理念，“地铁+物业”已成为行业普遍接受的长期战略，轨道交通沿线物业开发已成为弥补轨道交通行业运营亏损的可持续发展战略路径，如香港地铁的物业开发，深圳地铁、广州地铁车辆段上盖物业开发，广州地铁 TOD 商业综合体开发。综上，轨道交通企业沿线物业是企业的核心资产，如何管理好相关资产是相关企业首先要考虑的问题。

（一）城市轨道交通企业物业类别

物业类别主要为土地、房屋、构筑物，按照用途划分主要为车站、车站商铺与地铁车站商业街、车站出入口与通道、车辆段房屋、OCC（运行控制中心）、冷站、主变电站、风亭、高架，以及经营类写字楼、商铺（含商业综合体）、住宅、酒店、公寓、厂房仓库、车位等房屋构筑物及相关土地等。

（二）城市轨道交通企业物业特点

1. 位置分散

轨道交通物业主要为地铁沿线物业，跟随地铁线路分布于城市主城区及偏远郊区。

2. 产权难以办理

受拆迁原因、地块权属不清、红线调整问题、村社不配合、土地规划问题等情况影响，轨道交通行业土地难以办理征地拆迁结案手续，进而影响土地及房屋物业产权办理情况。

3. 土地可能无财务账信息

因城市轨道交通的准公益性质，相关土地多为政府划拨用地，获得土地的成本主要为轨道交通建设前期征拆、管线迁改等费用。企业竣工决算思路精细化管理程度不同可能导致大多土地未单独入财务账，缺乏相关财务信息。

4. 管理部门与层级复杂

因轨道交通物业可能由不同的运营公司、分公司、中心、部门管理，根据轨道交通企业组织架构设置，高耸型架构下管理部门繁多、层级复杂，加大了物业资产管理难度。

（三）物业信息管理

1. 台账的建立与分类

根据物业特性及规划用途，可按以下类别进行物业台账分类，对不同类别物业收集特定的关键信息，并根据类别进行数据分析及日常管理。

（1）房屋构筑物统计台账。其主要为房屋（含已办理产权及未办理产权）与构筑物（不含地铁车站商铺、地铁车站商业街），包括写字楼、商铺（含商业综合体）、住宅、酒店、公寓、厂房仓库、车位等经营物业，以及已建成并移交运营、为地铁运行服务的生产性物业，如车站、车站出入口与通道、车辆段房屋、OCC（运行控制中心）、冷站、主变、风亭等房屋与构筑物（不包括隧道）等。

（2）土地统计台账。其主要为土地（含已办理产权及未办理产权）。

（3）车站商铺商业街统计台账。其主要为地铁车站站厅商铺以及地铁车站商业街。该部分物业面积实际包含在车站内，为便于了解车站商铺商业街经营信息需单独填写。

2. 信息填报依据与要求

物业产权面积等基础信息应以产权证为主要依据进行填报。而未办产权证的物业信息应以最近获得政府部门办理的其他规划、建设证书为准；其次对于自行建设的房屋而尚未获得产权证的，面积信息应以最近时点资料（如实地测绘、竣工决算材料、规划报建资料、设计图纸等）或其他支撑材料为准（如外购未交房物业以合同为准）；最后对于未办理产权证的土地，其面积应以最近时点资料（如实地测绘、竣工决算材料、规划报建资料等）为准填报。

为避免物业信息填报维度不统一，造成信息归纳、分析困难，还应以产权证为标准划分物业填报单元，对于未获得产权证的物业，可按以下单元标准划分并填报：

（1）房屋构筑物：未取得产权证的应依据功能划分，如按照栋、个或组填写。

（2）地铁商铺：站厅商铺、地下商业街按照单个商铺或商业街填写。

（3）土地：未办产权证的可按照建设用地批准书或建设用地规划许可证、土地出让协议等文件单个填写。

（四）物业信息管理系统的建设

为实现信息共享、实时管控等管理要求，掌握物业整体及分类情况，城市轨道交通企业应通过物业信息管理系统进行台账管理。

1. 物业信息管理系统流程管控

因物业信息为企业核心资产信息，在建立信息管理系统时，应考虑信息安全、信息准确等要求，因此需考虑人员权限、流程分类、数据互通等方面。

（1）人员权限。权限应分为最高权限、中级权限、初级权限。其中最高权限为全部物业查看权限，中级权限为查看本部门、本中心物业权限，初级权限为仅查看本人填报物业权限。

（2）流程分类。系统流程应分为物业数据的新增、修改、调拨、减少四大流程，如图 8-8 所示。

（3）数据互通。物业信息管理系统数据应与财务账系统、合同系统、新线实物资产交付系统等关联，做到相关信息实时更新、互通、可取，避免成为信息孤岛。

2. 物业信息管理系统台账明细

物业信息管理系统台账应包含物业基础信息、财务账信息、经营信息、附件资料等，其中物业基础信息应包含物业名称、产权证号、权属人、地址、规划用途、面积等，财务账信息包含账套、科目、账面原值、净值等，经营信息

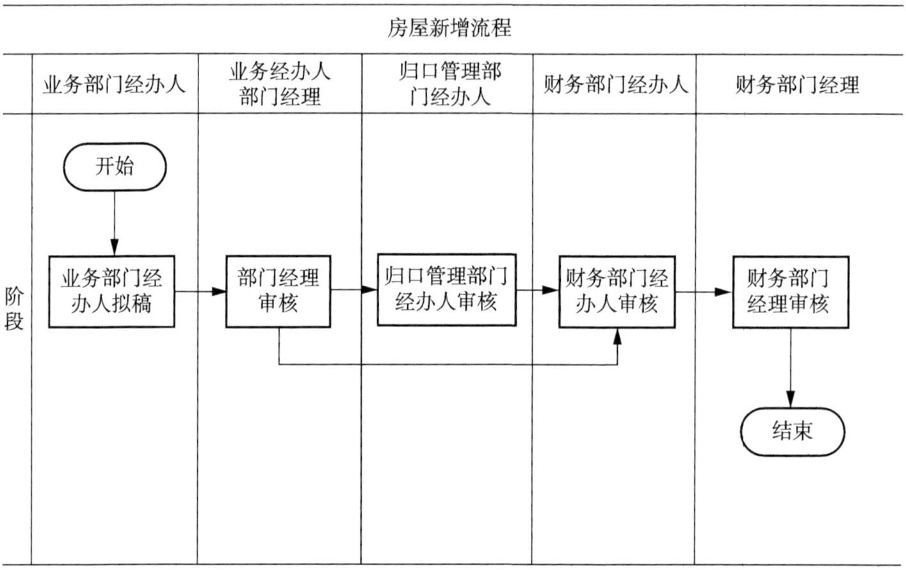

图 8-8 房屋新增流程

主要为合同信息，包含使用状态、出租面积、单价、合同日期等信息。

3. 填报与更新时间

企业应对物业资产信息的填报与更新时效性提出规范性的要求，如：

(1) 房屋新增应在实物移交完成或外购合同签订后 2 周内完成填报，新建对外出售房屋应在封顶后 2 周内填报；

(2) 物业调拨、减少应在实物完成调拨、减少后 1 周内发起填报；

(3) 新建土地应在获得政府发放证书后 2 周内发起填报；

(4) 其他信息的变动应于变动后 1 周内填报或修改；

(5) 对于物业经营信息，需每月 15 日前完成数据更新。

五、企业产权登记管理

(一) 国家出资企业产权登记

国家出资企业，是指国家出资的国有独资企业、国有独资公司，以及国有资本控股公司、国有资本参股公司。国家出资企业应办理企业产权登记，即由国有资产监督管理机构对本级人民政府授权管理的国家出资企业的产权及其分布状况进行登记管理。《国家出资企业产权登记管理暂行办法》（国务院国有资产监督管理委员会令第29号)、《国家出资企业产权登记管理工作指引》(国资发产权〔2012〕104号)、《企业国有资产交易监督管理办法》(国务院国资委财政部令第32号)、《国家出资企业产权登记操作指南》等有关法律法规和规定开展企业产权登记管理工作,及时、合规、真实、动态、全面反映企业产权状况。各城市设立的城轨企业大多为地方全资或控股的国有企业,应遵循上述要求开展企业产权登记管理工作。

(二) 应当纳入企业产权登记的范围

国家出资企业、国家出资企业(不含国有资本参股公司)拥有实际控制权的境内外各级企业及其投资参股企业(以下统称企业),应当纳入产权登记范围。参股企业再投资企业不再登记,国家出资企业所属事业单位视为其子企业进行产权登记。

(三) 不进行企业产权登记的股权

企业为交易目的持有的下列股权不进行企业产权登记:

(1) 为了赚取差价从二级市场购入的上市公司股权;

(2) 为了近期内(一年以内)出售而持有的其他股权,即企业以短期获利为目的而持有的、按照会计准则应当记入"交易性金融资产"科目的股权。

(四) 企业产权登记的类型

产权登记分为占有产权登记、变动产权登记和注销产权登记。

1. 企业有下列情形之一的,应当办理占有产权登记

(1) 因投资、分立、合并而新设企业的。

(2) 因收购、投资入股而首次取得企业股权的。

(3) 其他应当办理占有产权登记的情形。

占有产权登记应包括下列内容:

(1) 企业出资人及出资人类别、出资额、出资形式。

(2) 企业注册资本、实收资本、股权比例。

(3) 企业名称及在国家出资企业中所处级次。

(4) 企业法人代表、组织形式。

(5) 企业注册时间、注册地。

(6) 企业主营业务范围。

(7) 国有资产监督管理机构要求的其他内容。

2. 企业有下列情形之一的，应当办理变动产权登记

（1）履行出资人职责的机构和履行出资人职责的企业名称、持股比例改变的。

（2）企业名称、组织形式、法人代表改变的。

（3）注册资本、实收资本改变的。

（4）股东、股权比例改变的。

（5）企业注册地、主营业务改变的。

（6）其他应当办理变动产权登记的情形。

3. 企业有下列情形之一的，应当办理注销产权登记

（1）因解散、破产进行清算，并注销企业法人资格的。

（2）因产权转让、减资、股权出资、出资人性质改变等导致企业出资人中不再存续履行出资人职责的机构和履行出资人职责的企业的。

（3）其他应当办理注销产权登记的情形。

（五）企业产权登记管理

企业应当建立健全企业产权登记制度和工作体系，制定产权登记管理办法和工作流程，明确管理部门及管理职责，落实管理责任。

国家出资企业负责对其履行出资人职责的下属各级企业的产权登记工作进行管理，下属各级企业产权登记信息需按企业层级逐级提交审核，最终由国家出资企业审核通过后向国有资产监督管理机构申请办理企业产权登记。国家出资企业可通过定期汇总分析登记数据、下属企业自查上报登记开展情况、年度组织全面专项检查等方式，确保企业产权登记工作做到应登必登、应登即登、登则登准。

国家出资企业应当建立健全产权登记档案管理制度，明确工作流程，对已完成的产权登记事项，应当及时按合规性资料目录所列资料整理归档，分户建立企业产权登记纸质档案，确保产权登记档案的完整、准确、系统、安全和有效利用。

六、轨道交通企业营运期保险管理

（一）保险的定义

保险，是指投保人根据合同约定，向保险人支付保险费，保险人对于合

同约定的可能发生的事故因其发生所造成的财产损失承担赔偿保险金责任，或者被保险人死亡、伤残、疾病或者达到合同约定的年龄、期限等条件时承担给付保险金责任的商业保险行为。一般保险分为人身保险业务（包括人寿保险、健康保险、意外伤害保险等保险业务）和财产保险业务（包括财产损失保险、责任保险、信用保险、保证保险等保险业务）。

（二）轨道交通企业营运期面临的风险与等级划分

1. 营运期常见风险

（1）火灾、爆炸。电气设备线路老化、短路、机械碰撞摩擦引起的火花、乘客携带易燃易爆物品、维修及施工意外、地铁站内的商铺或和地铁站相通的商业空间发生火灾等因素，均会引起隧道、车站等结构及其中的机电设备发生火灾，造成财产损失和人员伤亡。地铁站内火灾的特点是高温高热、排烟困难、散热慢、扑救困难、疏散困难。

（2）列车出轨、碰撞、倾覆等车辆运行事故。从世界各城市地铁运行的情况来看，各地都曾或多或少发生过碰撞和出轨事故，在地铁运行过程中，存在着由于设备故障、人为因素、外来风险因素（如地震、洪水、塌方等）等原因造成列车相撞、追尾、倾覆、脱轨等重大事故的可能。

（3）公众责任。对地铁而言，责任损失风险主要来源于公众责任风险。在相对拥挤的地下公共交通网络中，通风状况、照明状况、疏散通道状况均不如开放的露天环境，一旦发生事故（即便是很小的事故），就可能引发公众的恐慌，导致公众的生命、财产损失。随着社会的进步，人们的法律意识增强，索赔行为也会增加，这使得企业随时可能因意外事故的发生而承受巨额的经济赔偿责任。

（4）恐怖主义。在当今造成严重损失的地铁事故中，恐怖活动和个人过激行为所造成的危害很大，如韩国大邱市地铁火灾事故、俄罗斯莫斯科地铁爆炸事故等，都造成了重大的生命财产损失。随着社会经济的发展，人们所面临的生活压力日渐增加，从而容易引发个人过激行为；同时国际恐怖主义活动的频繁发生，都会对人流密集的地铁交通系统造成严重的危害。一旦发生类似事故，不但会造成重大的人民生命财产损失，也会给当地政府带来严重的政治影响。

（5）水灾。地面洪涝灾害积水回灌、地下水渗漏进入隧道或车站内，可使设备元器件受潮浸水损坏，引起车辆运行事故；严重者甚至可以引起建筑结构的移位变形，造成巨大的财产损失。

（6）雷击。地铁电子设备众多，多为对雷击敏感的设备。一旦发生雷击事故，可能导致通讯中断，电力故障、设备受损，严重时引发火灾。

（7）地震。地震在给地铁主体结构带来损伤、破坏的同时，也可能给一些附属管道、电气设备带来更大的破坏，引发电气火灾或者管道破裂，造成冷却水等泄漏，影响地铁正常运营和行车安全。同时，地震还可能造成行进中的列车脱轨，造成重大事故。地震对于地铁的风险非常重大，不容忽视。

（8）其他自然灾害、意外事故。其他自然灾害指海啸、飓风、台风、龙卷风、风暴、暴雨、洪水、冻灾、冰雹、地崩、山崩、雪崩、火山爆发、地面下陷下沉及其他人力不可抗拒的破坏力强大的自然现象。意外事故指不可预料的以及被保险人无法控制并造成物质损失或人身伤亡的突发性事件。

2. 火灾、水灾等风险对资产的影响程度（表 8-6）

表 8-6　火灾、水灾等风险对资产的影响程度

风险指标		区间线路	机电设备	车辆
自然灾害	地震	C/Ⅱ	C/Ⅱ	C/Ⅱ
	洪水	C/Ⅱ-Ⅲ	C/Ⅳ	C/Ⅲ
	风暴	D/Ⅰ	D/Ⅰ	D/Ⅰ
火灾		D/Ⅰ-Ⅲ	B/Ⅳ	C/Ⅳ

注：A 为频繁发生；B 为多次发生；C 为可能发生；D 为不大可能发生。Ⅰ为影响轻微；Ⅱ为略有损失；Ⅲ为中等损失；Ⅳ为致命损失。

资料来源：摘自《关于印发第二批财产保险危险单位划分方法指引的通知》（保监发〔2006〕99 号）。

（三）财产保险的概念和作用

企业进入营运期，财产规模日益增大，面临的风险复杂多样。作为风险转移的主要方式，购买保险可以将企业自身难以控制的、损失幅度大但发生频率低的风险；发生频率较高、关系企业声誉的风险；或者是国家强制要求保险的风险有效地转移出去。

财产保险是以企业存放在相对固定地点，且处于相对静止状态的企业固定资产、流动资产和其他与企业经济利益有关的财产为主要保险对象的一种保险。使被保险企业在遭受到保险责任范围内的自然灾害或意外事故时，能够及时得到经济补偿，保障企业正常生产和经营，同时还配合企业开展防灾防损工作，保护社会财产安全。

保险具有以下的重要作用：

（1）转移风险，购买保险就是把自己的风险转移出去，为众多有危险顾虑的人提供保险保障。而接受风险的机构就是保险公司。

（2）均摊损失，转移风险并非灾害事故真正离开了投保人，而是保险人借助众人的财力，给遭灾受损的投保人补偿经济损失。自然灾害、意外事故造成的经济损失一般都是巨大的，是受灾个人难以应付和承受的。保险人以收取保险费用和支付赔款的形式，将少数人的巨额损失分散给众多的被保险人，从而使个人难以承受的损失，变成多数人可以承担的损失，这实际上是把损失均摊给有相同风险的投保人。

（3）实施补偿，实施补偿要以双方当事人签订的合同为依据，其补偿的范围主要有以下几个方面：其一、投保人因灾害事故所遭受的财产损失；其二、投保人因灾害事故使自己身体遭受的伤亡或保险期满应结付的保险金；其三、投保人因灾害事故依法对他人应付的经济赔偿；其四、投保人因对方当事人不履行合同所蒙受的经济损失；其五、灾害事故发生后，投保人因施救保险标的所发生的一切费用。

（四）财产保险的种类

财产保险主要分为有形财产保险和无形财产保险，这两类财产保险还可细分如下。

1. 财产损失保险

财产损失保险即为有形财产保险，是保障有形财产本身以及有关利益，因自然灾害或者是意外导致受到损失的风险。财产损失还分为企业财产保险、利润财产保险、家庭财产保险、运输财产保险、货物运输保险、工程保险、农业保险、特殊风险保险。

2. 责任保险

无形财产保险的一种，是指保险公司在被保险人依法应对第三者负民事赔偿责任，并被提出赔偿要求时，承担赔偿责任的险种。责任保险可分为公共责任保险、第三者责任保险、产品责任保险、雇主责任保险、职业责任保险等。

3. 信用保证保险

指保险人承保的信用保险，被保证人根据权利人的要求投保自己信用的保险是保证保险；权利人要求被保证人信用的保险是信用保险。包括合同保证保险、忠实保证保险、产品保证保险、商业信用保证保险、出口信用保险、投资（政治风险）保险。

（五）企业选择保险种类的主要原则

1. 有效性原则

通过保险转移风险，在发生保险事故时能够得到及时、有效的经济补偿，确保经营的正常运行。

2. 严密性原则

为最大限度发挥保险保障作用，在险种选择时，需注意纵向风险和横向风险保障体系的有效衔接。横向风险保障体系指各投保险种之间的合理衔接，使营运期处于保险的有效保障下；纵向风险保障体系指建设期工程保险与营运期保险之间的合理衔接。

3. 合理性原则

应明确保险所保障的是“可保风险”，而非全部的风险。

4. 经济性原则

在险种选择时，应尽量以最低成本，换取最大、最充分的风险保障。

（六）企业营运期险种选择

为有效管理各项自然灾害及意外事故风险，企业运营期可选择多项险种进行风险的转移，以下保险方式应与合同风险转移、风险避免、风险控制一并应用，以达到企业效益的最大化。

1. 财产一切险

财产一切险承保被保险人投保财产在除外责任范围之外，因自然灾害或意外事故造成的损失（主要指直接物质损失或灭失）。

2. 机器损坏险

机器损坏险是从财产保险中分离出来的一个险种，以机器设备为保险标的，以机器设备损坏为赔偿的前提，承担机器设备因除外责任之外所列明的意外事故造成的物质损失或灭失的一种保险。

3. 公众责任险

公众责任险基本责任是保障被保险人在保险有效期间从事所保业务活动，因意外事故对第三者造成的人身伤害和财产损害或灭失引起的法律赔偿责任。另外，保单还负责被保险人因发生损害事故而支付的有关诉讼费用。

4. 雇主责任险

雇主责任险承保被保险人雇用的员工，在受雇过程中，从事有关业务工作时，遭受意外或患与业务有关的国家规定的职业性疾病，所致伤、残或死亡，根据劳动合同和中华人民共和国法律、法规，被保险人须承担的医疗费及经济赔偿责任，保险人在约定的赔偿限额内予以赔付。

5. 机动车辆保险

机动车辆保险是以保险汽车的损失，或者以保险汽车的所有人或驾驶员因驾驶保险汽车发生交通事故所负责任为保险标的的保险。主要险种包括交强险、商业第三者责任险、车损险、盗抢险等。

（七）保险实施与管理

1. 保险工作制度体系建设

企业应当建立健全营运期保险管理制度和工作体系，制订营运期保险管理办法和工作流程，明确管理部门及管理职责，落实管理责任。营运期财产保险日常管理应综合统筹、分级管理，企业内部应指定保险综合管理部门及保险专职人员负责统筹安排，主要负责保险招标、合同管理、组织风险查勘及保险培训、协调、综合分析等，其他各部门（各分部）均需指定专职或兼职人员负责出险报案、收集资料、申请理赔等。

2. 保险方案制定

企业需了解相关保险政策，密切关注保险市场动态，仔细研读保险公司保险条款，结合自身风险管控能力、资产风险状况、出险情况及损失程度等，开展营运期财产保险方案策划，制订有效适用的财产保险投保方案；为提高保险方案有效性及性价比，企业可聘请保险经纪人提供专业化的风险管理服务，设计投保方案、办理投保手续。

为了能在最大限度内选择承保人，引入竞争机制以取得更合理价格及更优方案，企业可通过招标方式确定承保人。投保人与保险人通过签订合同来对双方当事人的权利义务进行一定的约束，合同应明确保险期限、保险责任、保险标的、保险金额、保险费率及保费、赔偿处理、特约条款、违约责任等内容。为有效降低招标成本及日常协调成本、保证保险执行的延续性，并应对市场费率波动，合同期限以3~5年较适宜，企业也可根据自身实际来调整确定。

3. 出险时企业内部保险处理流程

（1）施救与取证、保护现场。在发生引起或可能引起保险单项下索赔的事故时，被保险人或其代表应采取一切必要措施防止损失扩大并将损失减少到最低程度。在抢险的同时注意取证和保留实物，便于保险公司现场查勘，具体情形有以下几点。

1）如果财产受到损失，则妥善保留受损的财产实物，尽可能避免损失进一步扩大；

2）如果发生第三者的财产受损或人身伤亡，除了保留受损实物外，还应保留目击证人的姓名、地址、电话和书面陈述；

3）应及时拍摄事故现场照片，保留现场录像（能充分地反映损失现场的全貌和局部），保留抢险支出的详细记录，并负责保护现场；

4）当发生盗窃、恶意破坏、火灾等事故时应立即通知公安局、消防队等公共当局。

（2）判断与报案。事故部门经办人应立即通知本部门保险专管人员，部门保险专管人员对事故做初步判断，除明显不属于保险范围、保险责任的事故外，部门保险专管人员应立即（最迟不得超过合同规定的时间）向保险公司报案，并协助保险公司进行现场查勘工作。报案人或现场查勘配合人员不得向保险公司就事故原因、损失作出任何主观性评论。

（3）收集索赔资料，提交正式索赔函。部门保险专管人员在合同约定的时间内或保险公司书面同意延长的期限内以书面报告提供事故发生的经过、原因和损失程度。在现场清理和受损财产的修复或重置工作完成后，负责修复或重置工作的有关各方应向部门保险专管人员递交详细的损失报告，部门保险专管人员根据索赔资料填写正式索赔函，负责向保险公司索赔。

营运期财产保险处理流程可按企业授权体系实行分级处理机制，案件可分为大型、中型、小型三个等级，按不同等级规定不同处理流程，以满足企业内部管控要求。

第九章

城市轨道交通企业的会计与税务管理

第一节 城市轨道交通企业会计与税务管理概述

一、城市轨道交通企业会计与税务管理的特点

城市轨道交通企业会计管理包括会计政策的选择与执行，会计管理贯穿于会计确认、记录、计量和报告的全过程，以为企业内部管理者、外部监管机构、投资者等提供决策有用的会计信息。税务管理则主要包括税务核算及纳税申报、税务登记、税务筹划、税务管理组织分工等，涉及的主要税种包括增值税、城市维护建设税、企业所得税、土地增值税等。

作为国有企业，城市轨道交通企业既有国有企业集团的大部分特征，也在财务管理活动上体现出一定的特殊性，这些特殊性将影响企业会计与税务管理。其会计和税务管理强调对企业经营发展的职能支撑作用，主要有以下几个特点。

（一）专业性：重视管理会计，服务企业发展

城市轨道交通企业组织体系日趋层次化、复杂化，对企业会计和税务管理提出了较高的要求；轨道交通项目建设投资规模大、建设周期长，建成后沉淀成本高，同时运营成本、财务成本较高，票款收入无法覆盖全部成本支出，大部分企业在运营后相当长时期内仍然需要政府补贴，因此需要对成本进行严格控制，这对会计政策选用和税收筹划提出了更专业和严峻的挑战。

（二）指导性：业财融合发展，提升企业价值

城轨企业业务范围广、经营模式多元，其会计和税务管理须体现更好的业务指导性，通过会计、税务、业务管理“业财融合”的理念设计和执行，促进财务和业务相辅相成，协同发展，为企业创造更大价值。

（三）规范性：整合内部资源，实现信息共享

会计和税务管理是城轨企业财务管理的核心环节。越来越多的企业已通

过财务服务共享中心的方式实现会计和税务信息共享，运用集中化、标准化、规范化的流程，达到管控风险、整合资源、降本增效的目的，在集团内部形成整体规模效益。

二、会计与税务管理对城市轨道交通企业的意义

（一）是影响企业财务决策的重要因素

城市轨道交通企业的财务决策活动包括筹资、投资、生产、经营、利润分配等，这些决策都直接或间接地受企业会计和税务处理的影响。

（二）是企业实现财务目标的有效途径

会计与税务管理会影响企业财务指标的表现，而企业融资能力又在很大程度上取决于其财务表现。因此，适当的会计、税务管理可以提升企业融资能力。当前我国城市轨道交通行业已进入高速发展期，未来投资建设规模将持续扩大；同时，在城市轨道交通建设资金来源中，地方财政资金所占比重逐渐下降，作为市场主体的轨道交通企业自主融资需求逐渐增大。轨道交通融资模式正逐渐由依托“政府信用”向依托“企业信用”转变。

因此，只有充分发挥会计管理的专业水平，进行科学的税收筹划，才能实现轨道交通企业的财务目标，满足企业融资需求，保障企业的持续发展。

（三）是促进企业长远发展的关键基础

轨道交通企业加强会计管理，有助于优化企业的财务状况、经营成果、现金流等，从长远来看，有助于增强企业竞争力，促进企业可持续发展。

轨道交通企业加强税务管理，有助于企业提高管理水平和经济效益，规范各业务、各工程项目的经营行为，防范税务风险，形成良好的税务评价和信誉，维护企业信用，形成竞争优势。

第二节　城市轨道交通企业的会计政策管理研究

一、会计政策概述

（一）会计政策概念

探究会计政策之前，先要理解会计是什么。学术界对于会计的本质有多种观点，广为接受的一种观点是，会计本质上是一种以货币计量为主的对经济活动的价值形态进行反映和控制、进而维护和协调各种利益相关者的经济利益的管理系统。换言之，会计是一种人造系统，其产生源于管理需要。而会计政策就是企业管理与会计管理之间的桥梁、转换器。关于会计政策，国际上几个权威的会计准则制定机构都曾进行了界定，比较这些定义，有助于我们正确把握会计政策。

国际会计准则委员会（International Accounting Standards Committee，IASC）对会计政策的定义是："会计政策是企业在编制和呈报财务报表时所采用的特定原则、基础、惯例、规则和实务。"

英国会计准则委员会（Accounting Standards Board，ASB）将会计政策解释为："企业所选定并一贯遵循的特定会计基础。"同时还补充解释了会计基础是"出于财务报表的目的，为将基本会计概念应用于财务交易和事项所采用的方法"。

美国会计准则委员会（Financial Accounting Standards Board，FASB）把会计政策界定为："报告主体所依循的会计原则以及应用这些原则的方法。"

我国企业会计准则第 28 号《会计政策、会计估计变更和差错更正》认为会计政策是："企业在会计确认、计量和报告中所采用的原则、基础和会计处理方法。"

（二）会计政策的分类与特征

1. 会计政策分类

从会计政策制定主体来看，会计政策有宏观会计政策与微观会计政策之分。宏观会计政策的制定主体应是政府或特定的权威组织，通常是指一国政府或是特定权威组织为了规范特定组织会计行为以及实现一定的社会经济目标而制定和发布的各种规则。微观会计政策的制定主体是企业，是指企业出于编报财务报告或其他目的而采用的适合于企业的各种规则。

本书将结合企业会计准则，讨论以企业为主体的微观会计政策。

2. 会计政策特征

（1）会计政策具有多样性。首先，经营活动内容与形式的丰富、复杂决定了没有任何两个事项或交易是完全相同的，同时，经济活动发生的不确定性也使得会计人员在处理繁杂的交易事项时，所选用的会计政策不可能呈现完全的“统一性”。其次，企业利益相关者为了自身利益最大化，对会计规则有不同的诉求。最后，会计主体的形式也以多种形态存在，对会计政策的选用必然存在差异。综上所述，会计政策的多样性有其客观必然性。

（2）会计政策具有强制性。对会计主体的经济活动进行确认、计量、记录和报告时，需要遵循一定的规则，这就是会计政策。若各会计主体均根据自身特点制定仅适应自身的会计政策，则会计信息不具有可比性，整个经济社会将会陷入混乱。因此，随着经济与会计的发展，各地通过政府或权威民间组织，制定了统一的准则（或原则）。不管是约定俗成的非正式规定还是统一制定的正式规定，会计政策作为会计领域的规则，对于使用者都是有强制性的。

（3）会计政策具有可选择性。经济活动的多样性和不确定性、企业利益相关者利益不一致导致会计政策具有多样性。为了使会计报告能够真实准确地反映企业的财务状况、经营成果和现金流量，监管部门在制定会计制度和规范时会给会计主体留有一定的选择权，允许企业在多种会计原则、多样的会计处理程序和方法之间，根据企业自身特定状况进行自主选择，这就是会计政策的可选择性特征。

二、城市轨道交通企业会计政策选择与企业发展

城轨行业的可持续发展需要高质量的会计信息以供利益相关者作出正确的经营、投资决策，而高质量的会计信息又以恰当的会计政策选择为基础。因此，本部分将结合会计政策选择的信息传递观与经济后果论①，分析会计政

---

① 信息传递观：Holthausen and Leftwich 于 1990 年在 *Accounting method choice-Opportunistic behavior, efficient contracting, and information perspectives* 中提出，管理者所作出的会计政策选择往往表明了管理层对公司未来财务情况的预期。

经济后果论：Steven. A. Zeff 在 1978 年的论文 The rise of economic consequences 中最早对经济后果论给出了明确的定义。他认为，经济后果是指会计报告对企业、政府、工会、投资者和债权人决策行为的影响，即会计报告会影响管理者和其他人的决策，而不仅仅是反映这些决策的结果。会计政策选择的经济后果指因会计政策选择导致财务报表数据发生变化，从而影响到企业现金流、利益相关者利益分配及其决策。

策选择如何影响城市轨道交通企业发展。

（一）会计政策选择与会计信息质量

1. 会计政策选择与财务目标管理

财务会计的重要目标之一是反映企业总体财务状况与经营业绩，从而为会计信息使用者提供有用的决策信息。此目标的实现需要企业针对具体经济事项选择适当的会计政策以进行相应会计处理。作为会计信息生成的基础，对会计政策的选择贯穿于从会计确认到计量、记录、报告等整个会计过程。不同的会计政策选择产生不同的会计信息，企业利益相关者据此作出不同决策，从而影响到企业发展乃至社会资源的配置。因此，会计政策选择具有深刻的经济后果。

2. 会计政策选择与会计信息质量管理

关于会计信息质量，目前并没有统一的评判标准，但在决策有用性的原则下，会计信息质量的重要特征可归纳为会计信息的相关性和可靠性。相关性指会计信息应与财务报告使用者的投资、信贷、经营决策等相关，会计信息最终为会计信息使用者所使用，反映了会计信息对决策的影响力。可靠性指会计信息应如实反映企业财务状况与经营业绩，从而得到会计信息使用者的信赖。不可靠的会计信息难以帮助使用者作出正确决策，是对决策有用性的违背。

会计政策的选择会影响到会计信息质量。面对日益复杂的经营业务与市场环境，不当的选择无法公允、客观地反映企业状况，可能导致会计信息失真、降低会计信息可比性、增加审计判断的难度等，从而大大降低会计信息质量。

3. 会计政策选择的恰当性

会计政策选择有其存在的客观必然性与合理性。

首先，会计准则存在一定的不完备性与迟滞性。会计准则并不是对会计实务、会计政策的具体指导，而是给出对交易事项确认与计量的判断标准。市场环境的复杂性与不确定性、企业的异质性、经济业务的多样性，都使得会计准则不可能涵盖所有经济业务。另外，市场的发展不断催生出新业务、新领域、新行业，现有准则难以规范新形势下的会计业务，而对准则的修订往往难以做到实时跟进。这些都要求会计准则保留一定的空间，允许管理者在面对具体经济业务时在准则准许范围内选择适当的会计政策，从而恰当地反映企业业务结果、财务状况与经营业绩。如此才能提高会计信息质量，为利益相关者作出决策提供有用的会计信息。

其次，企业经济结构、发展阶段、组织形式、融资途径的不同，均需要选择不同的会计政策以适应企业自身的特点。例如，处于高速发展期的企业，可以合理选择较为积极的会计政策，而不是过于稳健；处于成熟期的企业，则需注重会计政策的稳健性，防范可能产生的经营风险。重资产行业需要格外关注固定资产折旧、减值的会计政策，高新技术企业则更注重无形资产的摊销，研究开发支出的资本化与费用化等。企业根据自身状况，合理选择会计政策，有助于建立适合企业特征的会计核算系统，更公允、真实地反映企业财务状况与经营成果，从而提高会计信息质量。

综上，尽管不当的会计政策选择可能沦为管理层盈余操纵的工具，但会计政策选择与高质量的会计信息也具有内在统一性。在会计准则允许的范围内，针对企业经营特点、具体经济业务选择恰当的会计政策，有助于提高会计信息质量。

（二）会计信息质量对企业发展的影响

城市轨道交通行业发展会受到三方面利益相关者（企业管理层、所有者、债权人）的影响。对市政府来说，可以通过会计信息评价管理层是否称职、投资管理水平是否达到预期；对管理层来说，会计信息是管理层审视企业经营状况、制定未来发展策略的重要依据；对债权人来说，可通过会计信息评估企业还款能力、投资风险大小进而作出投资决策。因此，会计信息质量高低会直接左右三者决策，从而影响城市轨道交通行业发展。

1. 影响管理层的经营投资决策

管理层是企业经营投资决策的制定者与监督者。管理层制定决策需要综合大量的企业内外部信息加以研判，而内部信息的重要来源就是企业会计信息。会计信息是企业生产经营状况的数据集合，会计信息质量低下，管理层经营决策缺乏可靠的数据支撑，决策制定将流于形式、脱离企业经营实际而导致目标失效，企业发展偏离正常轨迹。相反，真实客观、及时有效的会计信息则可以为管理层提供有益的参考，保证管理层在制定策略时拥有足够的灵活性与主动性。

在投资决策方面，高质量的会计信息可以提供对项目产品的需求估计、项目预期现金流量以及项目成长性等相关信息，形成对项目投资收益的精准预期，从而帮助管理层识别投资机会、避免投资风险，提高企业投资效率。

经营投资决策目标的最终实现又需要对决策的贯彻执行。一方面，执行决策需要资源的合理配置，高质量的会计信息是资源有效配置的保障；另一方面，决策执行效果需要通过会计信息所反映的经营成果进行衡量，通过执行效果的反馈及时发现既定目标或执行过程中的缺陷，保证决策目标与执行的科学性。

因此，对于管理层而言，高质量的会计信息在对决策的制定、执行、反馈、修正过程中都起着重要作用，是企业高效发展的保障。

2. 影响企业所有者的监管效果

委托—代理问题是现代企业治理中的经典问题。在所有权与经营权两权分离的情况下，企业所有者与管理层之间的信息不对称导致代理成本、逆向选择、道德风险等问题不可避免，从而造成管理层的短视行为，为了满足自身私利损害企业所有者的利益。而城轨企业作为典型的国有企业，其所有者与监管者是政府，政府任命企业管理层而不参与具体的经营决策，委托—代理问题相较于一般的私营企业更加突出。

会计信息是企业所有者监督管理层的重要信息来源。在管理层经营投资决策方面，当企业管理层出于自身利益投资于净现值为负的项目、导致所有者资本被侵占时，高质量的会计信息可以有效向所有者传递管理层的非效率投资行为，从而督促管理层及时纠正其投资行为，退出不利投资项目，提高企业投资效率。

此外，高质量的会计信息有助于所有者设立合理激励措施，使管理层能按照所有者利益最大化的方式经营企业。对管理层的激励措施，很大程度上依赖于财务报表所反映的企业经营成果，而低质量的会计信息无法真实反映企业绩效，最终造成激励扭曲，损害企业发展。

3. 影响债权人的贷款条件

对于债权人而言，高质量的会计信息能准确披露企业内部交易，提高公司财务状况透明度，降低企业隐藏不利信息的可能性，缓解逆向选择问题，降低债权人对公司经营的不确定性，从而降低企业融资成本。债务融资成本包括显性成本与隐性成本，显性成本指为签订借贷合同所付出的契约成本以及偿付的利息，隐性成本指债权人因信息不对称而索要的风险溢价。会计信息质量的提高，可以有效降低企业与债权人为达成借款合同而付出的调查成本与交易费用；信息不对称的缓解也可以降低债权人索要的风险溢价。因此高质量的会计信息可以降低企业融资的显性成本与隐性成本，缓解企业因融资约束导致的投资不足问题，提高企业投资效率。

综上，企业选择适当的会计政策可以提高会计信息质量，为管理层、所有者、债权人等作出决策提供重要依据，在企业监管、经营投资决策、融资约束等多方面起到重要作用，最终促进企业发展。

三、城市轨道交通企业会计政策管理体系

（一）组织架构

我国城市轨道交通企业以法人形式存续，本文所述的公司组织架构，均以法人为假设前提。

企业应当根据国家会计法律法规要求和内部业务需求，搭建会计政策管理的机构，配置专业财务人员实行分级授权管理。一般而言，公司的会计政策管理体系包括集团公司决策层、管理层和执行层。

1. 决策层

会计政策管理决策层由出资人、董事会、党委会、总经理办公会及公司高管层构成，根据公司章程和国有企业“三重一大”决策管理办法，对会计政策按管理程序进行分权管理。

2. 管理层

会计政策管理层一般是企业财务部门，其职责如下。

（1）贯彻执行国家有关财经法规政策，负责建立并完善集团公司会计政策管理体系，制定集团公司基本财务管理制度。

（2）参与集团公司重大的经济活动，为集团公司的经营活动提供会计政策支持与管理建议。

（3）负责统一管理和发布会计政策与会计估计。

（4）负责评估各单位会计政策执行情况。

3. 执行层

会计政策管理执行层一般为企业各业务单位与下属财务操作部门。

其根据企业颁布的会计政策，对具体业务运用会计职业判断，选取恰当的会计政策，以保证公司业务、经营成果能被客观反映。

（二）管理原则与要求

会计政策管理不是一个单纯的会计问题，也不是简单地根据业务对会计政策作出选择的问题，它是基于企业利益相关者视角实施的一项公司治理行为。企业选择恰当的会计政策，对于保证会计信息质量、促进企业健康发展有着非常重要的意义。所以企业在建立会计政策管理体系以及实施会计政策管理时，需遵循以下管理原则与要求。

1. 管理原则

（1）合规性与独立性相结合原则。企业的一切财务活动必须遵守国家法律、法规、公司章程的规定，严格执行国家规定的各项财务开支范围和标准，依法正确选择会计政策，正确处理并如实反映财务状况和经营成果，依法计算并缴纳国家各项税收，接受国资、发改、财政、审计、税务、证券乃至纪检等有关部门的检查监督。但会计政策与税收法规存在不一致时，会计政策应保持会计的独立性与稳定性，遵循会计核算的规律，允许存在财税差异。

（2）统一原则。企业内部要执行统一的会计政策，同一会计事项不得采用不同的政策，企业内部单户会计主体不得采用不同的会计政策。

（3）分级管控原则。企业的会计政策管理根据决策层、管理层和执行层的管理职责，分层级实施管控。

（4）谨慎性原则。企业会计政策管理要遵循谨慎性原则。在有不确定因素的情况下，所作出的预测、估计、变更，都应保持公允、谨慎的态度。

（5）成本与效益相结合原则。企业在管理过程中，在确保会计信息质量得到保证的基础上，要尽可能地考虑到操作的简便性，降低操作与管理成本。

2. 管理要求

（1）会计政策和会计估计由企业管理层统一发布与管理，下属单位拟定及修改的重大会计政策和会计估计，须提交管理层审核后，报决策层决策。如会计变更是因为遵循国家政策变化而产生，也应报管理层审批。

（2）各单位应执行与集团公司统一的会计政策及会计估计，不同单位对同一经济事项在会计核算原则、基础和方法上与集团公司保持一致，不同会计期间对同一经济事项的会计处理也应保持一致。

（3）会计政策的选择不是简单的个别原则方法汇集加总，而是一种整体优化，在管理过程中，要建立整体思路，有大局观。

（4）会计政策管理是一个动态的过程，既包括初始对会计政策的确认，也包括后续因环境变化而再次选择会计政策。会计管理活动贯穿于企业经济活动的整个过程中。

（三）管理程序与方法

会计政策管理工作贯穿于从政策预测到评估全过程，具体包括财务预测、政策规划、政策分析、政策选定、会计核算、检查评估六个环节，各环节不断总结和优化，构成会计政策管理循环的闭环。

1. 财务预测

建立科学的预测方法，合理预测政策影响，是会计政策选定的基础和依据。

2. 政策规划

与财务战略规划保持一致，促进财务战略的实施与落地，是企业实行会计监管与财务决策支持的依据。

3. 政策分析

运用财务预测或核算信息，进行分析总结，揭示政策影响或使用效果，提供有效决策信息。对成本、费用发生事项实施持续监控，及时发现并纠正偏差。

4. 政策选定

将政策分析结果提供给决策层决策，确定最终会计政策的选择。

5. 会计核算

运用选定的会计政策，对会计事项进行确认、计量，是会计信息的重要来源，应保证会计报告的准确性。

6. 检查评估

这是对会计政策运用效果的“回头看”。企业要定期考察评估会计政策的执行效果，及时发现并纠正执行过程中的问题，以确保政策执行到位。

四、城市轨道交通企业会计政策管理实践

在前文理论分析的基础上，本部分选取固定资产折旧方法、研发支出费

用化与资本化决策、投资性房地产后续计量模式、长期资产减值准备进行具体分析。这四项会计政策同时具有以下特点：在现行企业会计准则下拥有一定的选择空间、与企业经营投资决策密切相关。同时，本文选择在2015—2018年连续披露审计报告的中国大陆规模较大的七家地铁集团（北京地铁、广州地铁、深圳地铁、南京地铁、武汉地铁、杭州地铁、成都地铁）分析其会计政策选择与实际执行情况，并提出准则执行建议。

（一）固定资产折旧方法的会计政策选择

作为典型的资产密集型行业，城市轨道交通行业的持续发展离不开对固定资产的投资与使用，且其固定资产具有规模巨大、专业系统众多、使用寿命差别大等特点。而在轨道交通网络不断扩张的同时，企业固定资产投资额与日俱增。规模庞大的固定资产对企业管理提出了新的要求。固定资产折旧政策直接影响企业的经营成果、对外融资、固定资产更新改造等多个方面，进而影响到城市轨道交通未来的持续发展。因此，确定合理的固定资产折旧政策，对于轨交企业的运营管理及未来发展有着重要意义。

1. 固定资产折旧会计政策选择

现行准则下，对于固定资产可选用的折旧方法包括年限平均法、工作量法、双倍余额递减法和年数总和法等。其中，年限平均法又称为直线法，双倍余额递减法和年数总和法则又称为加速折旧法。

年限平均法将固定资产的应记折旧额在固定资产的预计使用寿命内平均分摊。该法计算简单，实务中易于操作，且由于各期间内折旧额相等，使得企业收益较为平稳。其缺点在于，一般情况下，固定资产在预计使用年限内带来的收益并不相同，在使用寿命前期固定资产生产效率较高，产生收益相应较高；在使用寿命后期生产效率则可能不断下降，产生的收益也随之减少。同时，随着使用年限的增长，固定资产的维修费用往往也会逐年增加。采用年限平均法并不能反映固定资产这一特点，使得收益成本无法配比。

工作量法根据固定资产在一定期间内完成的实际工作量计提折旧。与直线法相比，工作量法通过累计折旧额反映固定资产的实际使用情况，折旧额与实际完成的工作量成正比，弥补了直线法下固定资产的收益成本不配比的缺点。

同时，年限平均法与工作量法都只考虑了固定资产的有形损耗，却忽略了由于技术进步、产品迭代所带来的无形损耗。例如在信息技术、电子产品等技术进步、产品迭代迅速的行业，累计折旧额无法确切反映固定资产实际使用情况，导致资产负债表上的固定资产净值只是虚值。

加速折旧法在固定资产使用寿命前期多计提折旧，后期少计提折旧，使得企业可以较快回收对固定资产的前期投资，从而降低后期分摊折旧的风险。同时，加速折旧法提高了资金周转循环的速度，保证了即使在产品迭代日益加快的形势下导致设备提前报废，也不至于给企业带来过多的损失，符合谨慎性原则。但加速折旧法也有着明确的缺点，即工作量大，对固定资产规模较大的企业来说负担较为沉重。

2. 固定资产折旧会计政策选择现状

依据折旧政策选取的差异，城市轨交行业固定资产可以大致分为两类：地铁线路类固定资产（隧道洞体、车站、运输设备、轨道等）和非地铁线路类固定资产。其中非地铁线路类固定资产计提折旧方法较为一致，基本上均采用年限平均法；而对地铁线路类固定资产，则往往根据各公司自身经营特点选取不同的折旧方法。具体情况如表 9-1 所示。

表 9-1　固定资产折旧会计政策选择情况

<table>
<tr><th>固定资产类别</th><th>地铁公司</th><th colspan="2">折旧方法</th></tr>
<tr><td>非地铁线路类固定资产</td><td>—</td><td colspan="2">年限平均法</td></tr>
<tr><td rowspan="8">地铁线路类固定资产</td><td>北京地铁</td><td colspan="2">全部不计提折旧</td></tr>
<tr><td>广州地铁</td><td colspan="2">车站、洞体建筑物前 20 年不计提折旧，20 年后的折旧方法届时视国家有关规定和地铁的经营情况再行规定；运营设备类资产采用工作量法计提折旧</td></tr>
<tr><td rowspan="2">深圳地铁</td><td>2015 年</td><td>土建工程形成的资产，政府要求同步建设的市政公用、公益等配套设施，以及地铁车辆和运营生产类设备固定资产不计提折旧</td></tr>
<tr><td>2016 年及以后</td><td>土建工程形成的资产，政府要求同步建设的市政、公用、公益等配套设施，以及地铁车辆不计提折旧；对运营生产用固定资产计提折旧并进行追溯调整</td></tr>
<tr><td>南京地铁</td><td colspan="2">年限平均法</td></tr>
<tr><td>武汉地铁</td><td colspan="2">减半计提折旧</td></tr>
<tr><td>杭州地铁</td><td colspan="2">对除地铁轨道、地铁主变电站之外的其他与地铁一号线配套设施相关的已交付使用的固定资产暂缓计提折；旧对地铁轨道、地铁主变电站则按照年限平均法计提折旧。</td></tr>
<tr><td>成都地铁</td><td colspan="2">对线路建设形成的固定资产暂不计提折旧，运营类设备仍按直线法计提折旧</td></tr>
</table>

由表 9-1 可知，对地铁线路类固定资产折旧政策的处理可以分为三种，第一种是全部不计提折旧，如北京地铁。北京地铁承担的是日常运营成本，当线路类固定资产发生减损而需进行更新改造时，相关费用由北京市政府支付，从而保证了线路资产在运营期间账面价值不出现下降。因此北京地铁对线路类固定资产全部不计提折旧。第二种处理方法为部分资产不计提折旧，如广州地铁、杭州地铁、深圳地铁。而其折旧资产的划分标准也各不相同，如广州地铁对车站、洞体等建筑物不计提折旧，而对运营设备类资产采用工作量法计提折旧；杭州地铁对除轨道、主变电站之外的固定资产不计提折旧；对地铁轨道、地铁主变电站则按照年限平均法计提折旧。成都地铁则对线路建设形成的固定资产暂不计提折旧，而运营类设备仍按直线法计提折旧；深圳地铁在 2015 年及之前对所有线路类固定资产均不计提折旧，之后从 2016 年开始对线路运营设备计提折旧并进行追溯调整，而土建工程形成的资产，政府要求同步建设的市政、公用、公益等配套设施，以及地铁车辆仍然不计提折旧。第三种处理方法为全部计提折旧，如南京地铁、武汉地铁，其中武汉地铁虽然对全部线路类资产进行折旧，但采取的是减半折旧的方法。

从各公司折旧政策执行效果来看，其累计折旧额占固定资产原值比例差异较大，占比分布在 0~13%的区间内。具体情况如图 9-1 所示。

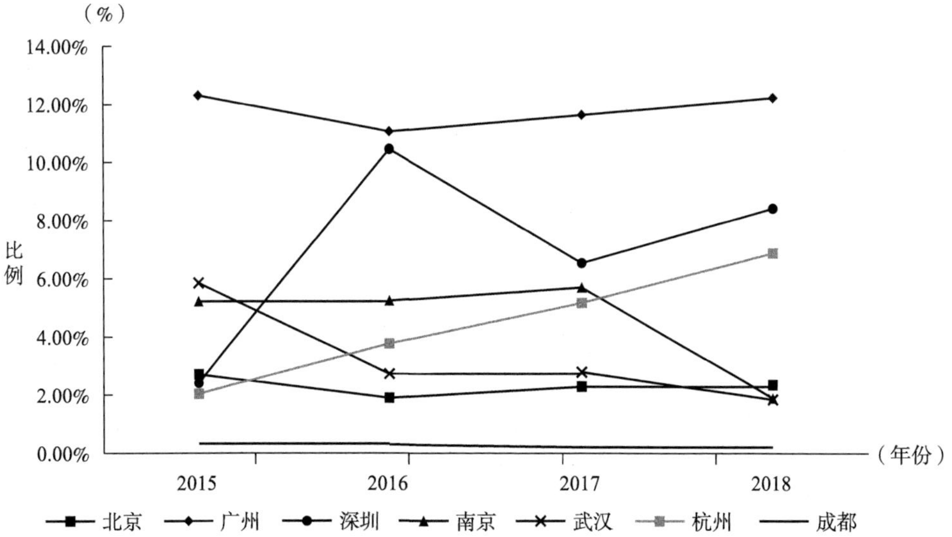

图 9-1　固定资产累计折旧占固定资产原值比例

由图 9-1 可以发现，广州地铁固定资产累计折旧额占比在样本公司中一直处于最高位置，而成都地铁则处于接近0%的低位。深圳地铁的折旧占比在2016年出现了较高的增长，因其在2016年决定对线路运营类固定资产计提折旧。

总结轨交行业会计政策选择，目前存在的问题主要是，折旧政策选择过于单一，与轨交行业固定资产种类繁多的特点不符。对此问题，提出如下建议：地铁线路类固定资产根据其特点可分为三种，一是建设形成的固定资产如隧道洞体、车站等，此类固定资产如要计提折旧可根据其预期使用寿命采用年限平均法；二是运营类设备如地铁列车等，随着使用年限上升其载客能力、运营效率等的下降幅度会加快，仍然采用年限平均法计提折旧无法真正反映其实际价值，因此，可以对运营类设备采用工作量法计提折旧，如通过运营客流或票价收入占预测总额的占比来计提折旧；三是专用设备、通信信号设备等，使用时间的延长可能会使得此类设备效能下降、故障率上升，且在使用寿命后期其实际使用价值下降也会加快，因此更适于采用加速折旧法。

（二）研发支出的会计政策选择

技术创新是企业获取核心竞争力、保证长期健康发展的重要途径，而研发投入作为企业重要的战略决策，是企业实现技术创新、获得长期竞争优势的内在动力与根源。对于轨交企业来说，复杂的建设环境、密集的运营客流都为企业运营提出了较高的技术要求，只有通过加大研发投入、不断创新、攻克技术难关，才能保证轨道交通的长期建设与发展。广州地铁建设了国内地铁行业首个国家工程实验室，重点攻克轨道交通系统安全与运维保障方面的难题；深圳地铁更是设立了两个国家工程实验室、博士后科研站点、院士研究平台，足见轨交企业对研发投入的重视。

1. 研究开发支出的会计政策选择

研发投入本身存在着一定的风险，不仅需要企业大量资金投入，最终能否形成无形资产运用到企业生产中也存在不确定性。研发投入的这种不确定性也为管理层选择研发投入费用化或资本化的会计政策选择提供了现实基础。

而在政策依据上，我国会计准则采用的是研发支出有条件的资本化。《企业会计准则第6号——无形资产》第九条规定，企业内部研发投入的支出，在同时满足五个条件时，可以确认为无形资产并将研发投入资本化[①]，从而为管理层在研发投入费用化与资本化的会计政策应用上提供了可选择性。

研发投入费用化是指将当年的研发支出全部计入研发费用，从而影响当期损益，是会计谨慎性原则的体现。研发活动的高风险决定了当期投入的研发支出在未来能否取得收益、取得收益能否可靠计量都存在极大的不确定性，为了避免这种不确定性对会计核算造成的影响而采用研发支出费用化。这样做不仅简化了会计核算过程，也降低了主观判断带来的操纵利润的机会。但其不符合配比原则以及历史成本原则，也违背了划分收益性支出与资本性支出的原则。

研发费用资本化则是将满足条件的研发支出在当年将其确认为一种无形资产，在以后期间发生了与该支出相关的收入时再进行摊销。有条件的资本化符合配比原则，但又无可避免地违背了谨慎性原则。将研发费用计入开发成本并不表示研发活动最终能获得成功并为企业带来收益，最终能形成产品的比例依然很低。造成很大的不确定性。同时，研发活动往往跨越数个会计期间，也会带来会计核算的不便。

2. 研究开发支出会计政策选择与企业发展

在披露企业研发支出的财务报表中，对研发支出的处理大致分为两种：全部费用化或有条件的资本化。会计政策选择的差异导致了报表反映不同的收益，向外部投资者传递出不同的信息，对管理层形成不同的激励，从而对企业业绩、企业价值及管理层决策产生不同的影响。

（1）影响企业资产状况与经营成果。在企业业绩方面，资本化或费用化决策会对财报数据产生影响。首先，费用化决策使得企业研发投入在当期全部进入损益，大大降低公司当期盈利；而资本化则使得研发支出在无形资产使用寿命内平均摊销，企业盈利数据更加平滑。其次，研发支出费用化使企业资产与权益账面价值低于研发支出资本化，从而提高资产负债率和权益负债率，扩大公司偿债风险。最后，从企业现金流来看，尽管资本化决策或费用化决策不会影响企业现金流总量，但会影响到现金流结构。研发支出资本化增加投资活动现金流出量，而费用化决策增加营运活动现金流出量，若企

---

① 五个条件分别为：①完成该无形资产以使其能够使用或出售在技术上具有可行性；②具有完成该无形资产并使用或出售的意图；③无形资产产生经济利益的方式，包括能够证明运用该无形资产生产的产品存在市场或无形资产自身存在市场，无形资产将在内部使用的，应当证明其有用性；④有足够的技术、财务资源和其他资源支持，以完成该无形资产的开发，并有能力使用或出售该无形资产；⑤归属于该无形资产开发阶段的支出能够可靠地计量。

业每年研发计划与研发支出变动较大，费用化决策使得企业营运活动现金流波动较大，恶化企业现金流状况。

（2）影响企业融资约束。在企业融资约束方面，从会计政策选择的信息传递观来看，研发活动资本化与费用化向报表使用者传递了不同的信息，从而影响到投资者对企业价值的判断。基于谨慎性原则的研发支出费用化无法区分研发项目成功概率的高低，财务报表无法反映企业研发活动的成果，且由于费用化决策使当期财务报表呈现出更低的收益、更高的偿债风险以及更高的经营活动现金流出量，报表使用者容易因此产生悲观情绪，从而低估企业价值。而有条件的资本化则反映了预期能为公司带来收益的研发部分，向外部投资者传递了公司未来可获得更高经济收益的信号，而相对乐观的信息传递往往有助于企业价值的提升。因此，研发支出资本化可以提升投资者信心，加大对企业债务投资，缓解企业融资约束。

（3）影响企业研发活动的投入。在企业研发投资活动方面，在现代企业两权分离的治理模式下，全部费用化容易激发经营者的短期行为。例如，将研发支出全盘费用化对损益影响较大，该项支出必然导致当期利润的较大下降，经营者为了保证当期盈利考核指标的实现，而对研发项目少投入甚至不投入。虽然短期内可以在一定程度上使企业受益平稳，但长此以往必然影响企业创新能力，从而使其可持续发展能力受损。而资本化决策使研发支出与收益形成较好的配比，降低管理层实施机会主义行为的动机，保证企业研发活动的持续性，从而实现保持企业长期的技术优势。

3. 研发投入会计政策选择与执行情况

从会计政策披露来看，并非所有轨交企业都会披露其关于研发投入费用化或资本化的判断标准。具体披露情况如表 9-2 所示。

表 9-2　研发投入费用化与资本化判断标准披露情况

	2015 年	2016 年	2017 年	2018 年
北京地铁	披露	披露	披露	披露
广州地铁	披露	披露	披露	披露
深圳地铁	未披露	未披露	披露	披露
南京地铁	未披露	未披露	未披露	披露
武汉地铁	披露	披露	披露	未披露
杭州地铁	披露	披露	披露	披露
成都地铁	未披露	未披露	披露	未披露

可以看出，深圳地铁、南京地铁、武汉地铁和成都地铁都有过不披露研发投入费用化与资本化判别标准的行为。而从已披露的政策来看，除北京地铁与深圳地铁外，所有企业的判别标准均与企业会计准则保持一致。北京地铁与深圳地铁则在准则针对研发投入资本化所需五项条件的基础上，加入条件“研究开发项目还需通过技术可行性及经济可行性研究，形成项目立项”。

从会计政策执行情况来看，样本公司可以分为三类：第一类是将研发支出全部费用化，如深圳地铁、南京地铁；第二类是将研发支出有条件地资本化，如北京地铁、广州地铁、武汉地铁；第三类则是不披露研发支出相关数据，如杭州地铁、成都地铁，其财务报表均未披露研发费用与开发支出，无法获取公司研发活动的任何信息。具体情况如图 9-2 所示。

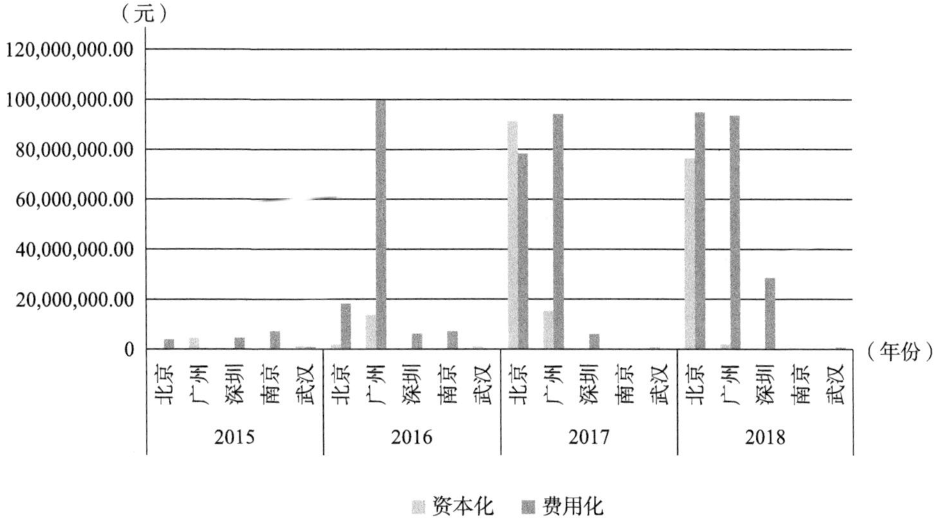

图 9-2 研发支出资本化与费用化披露情况①

结合财报数据与实际情况，轨交企业研发支出资本化与费用化执行情况存在以下问题：披露情况无法反映企业实际研究开发活动。如深圳地铁将所有研发支出费用化，无法反映其研发成果。在国家知识产权局查询“深圳市地铁集团有限公司”，可以查询到属于深圳地铁的专利有 2015 年 2 项、2017 年 6 项、2018 年 7 项②；且从深圳地铁官网可查询到，深圳地铁因建设地铁二

① 杭州地铁、成都地铁的研发费用、开发支出数据均为零或者未予披露，因此在制作图 9-2 时未纳入二者。

② 数据来源：国家知识产权局官网，http：//cpquery. sipo. gov. cn/.

号线对多项技术进行优化与创新，所获研发成果在轨交行业具有广阔的产业化前景，并因此获得广东省科学技术奖励重大工程类二等奖、深圳市科技进步一等奖、中国土木詹天佑奖等近 30 项奖励①。这些都证明了深圳地铁较强的技术研发能力及丰富的研究成果，但费用化的研发支出处理却让财报阅读者未能清晰了解其研发成果。

因此，建议轨交企业合理评估研发项目可行性及可能为企业带来的利益，对预期能为企业带来较为确定的经济利益的项目，及时考察对其所花费支出进行资本化的可能性，真实反映企业研发进展与成果。

（三）投资性房地产后续计量模式会计政策选择

作为准公益行业，轨道交通行业定价权由政府掌握而不执行市场化定价。受轨道交通建设周期长、投资规模大、沉淀成本高等特点的影响，非市场化的票价收入难以覆盖其建设成本与运营成本，需要巨额的政府补助，容易成为政府的财政负担。而在 TOD 建设模式下，通过地铁线网建设与城市开发相结合，轨交企业可以有效带动轨道沿线与枢纽站周边区域发展，交通通达性与土地综合利用率的提高为沿线房地产带来显著的外部增值效益。地铁企业作为轨道交通的建设者，在地铁沿线物业开发经营上有着天然优势。通过实行“轨道+物业”的经营模式，轨交企业可以利用房地产开发收益反哺轨道交通建设与运营。因此，投资性房地产是轨交企业重要的盈利资产，对其选择恰当的计量模式以反映其真实价值，对轨交企业的发展有着重要意义。

1. 投资性房地产后续计量的会计政策选择

2006 年之前，我国会计准则体系中未设立专门的投资性房地产准则，而是将房地产企业自行开发的房地产中用于对外出租的作为存货核算、建筑物计入固定资产科目核算、土地使用权作为无形资产核算。然而，在现实经济环境中，建筑物与土地使用权的实际价值与市场关联性较强，尤其是在近年来房地产市场逐年升温的情况下，房地产市场价值不断上升并大大背离其账面价值，此时仍按照固定资产或无形资产核算房地产无法反映其真实价值，无法向报表使用者提供及时、公允的会计信息。

为了使企业更清晰、明确地核算房地产，财政部于 2006 年正式颁布《企业

---

① 资料来源：深圳地铁官网，https：//www. szmc. net/ver2/news/detail? id = 181638&catgory = 5YWs5Y_ b45paw6Ze7.

会计准则第 3 号——投资性房地产》（2006），首次在我国会计准则体系中引入投资性房地产概念。该准则明确指出，对投资性房地产进行后续计量，企业一般应当采用成本模式，在达到必要条件时，可以变更为公允价值模式①。

采用成本模式计量与旧会计准则下的计量模式没有差别，建筑物后续计量仍适用固定资产计量模式、土地使用权仍适用无形资产后续计量模式。在成本模式下，期末投资性房地产的净值较容易取得，扣除折旧、摊销、资产减值准备后即可将投资性房地产净值列示于资产负债表上。但我国房地产市场的升温使得成本计量模式下的投资性房地产被严重低估，投资者无法据此了解到企业真实财务状况。

与之相对，房地产公允价值获取程序复杂、涉及环节繁多、执行难度较高，其确认条件在国内部分地区也无法满足，但 2014 年 1 月财政部出台《企业会计准则第 39 号——公允价值计量》，为获取投资性房地产公允价值提供了具体的操作规范，提高了投资性房地产采用公允价值模式计量的可行性。且随着中国资本市场不断发展与完善，相信公允价值模式的计量在实务上的可操作性将会日益提高。

2. 投资性房地产后续计量模式选择与企业发展

（1）对会计信息质量的影响。财务报表的一个重要作用是为报表使用者提供有利于投资决策的信息，而投资是面向未来的。在房地产市场持续升温的今天，成本模式计量下的投资性房地产的账面价值只能提供其被大大低估的历史成本，这是面向过去的历史价值，不能真实反映投资性房地产未来将带给投资者的价值，对投资决策者来说意义不大。

而作为一种面向未来的会计计量模式，公允价值可以及时提供更为可靠相关的会计信息，如实反映公司拥有的投资性房地产的真实价值，投资者凭借更为可靠相关的会计信息才可以作出正确的投资决策。从理论上来讲，公允价值的计量模式可以及时提供资产的真实价值，是一种更为理想的计量模式。

从会计账务处理程序来看，在房地产价格稳定上涨的情况下，企业以公允价值计量投资性房地产，确认估值收益，会调整企业资产和利润；而成本计量模式下，投资性房地产仅确认折旧或者摊销费用，从而降低企业资产和

---

① 采用公允价值模式进行后续计量的房地产应同时满足以下两个条件：①投资性房地产所在地有活跃的房地产市场交易；②企业能够从房地产交易市场上取得同类或类似房地产的市场价格及其他相关信息，从而对投资性房地产的公允价值作出合理的估计。

利润。反之，在房地产市场降温情况下，公允价值模式仅根据公允价值变动损失调减投资性房地产账面价值与当期损益；而成本模式除了要计提房地产减值准备外，还要继续计提折旧与摊销。比较两种模式可以发现，公允价值模式既反映利得，也反映损失，最大幅度缩小投资性房地产账面价值与市场价值之间的差距。

（2）对企业融资成本的影响。对投资性房地产采用公允价值计量可以从两方面降低企业融资成本。

首先，投资性房地产采用公允价值模式计量，通过当地活跃的房地产交易市场获取房地产市场报价、交易情况等相关信息，及时反映持有该等资产的现时价值，向债权人反映公司财务实力及偿债能力，在投资性房地产公允价值高于历史成本的情况下，采用公允价值计量有利于企业达到债权人的财务指标，从而降低其融资成本。

其次，投资性房地产凭借房地产市场的繁荣，已成为企业借款的重要抵押品。采用公允价值计量，企业用于抵押的房产价值随之大幅增加，降低了企业贷款的违约风险，从而降低其融资成本。

3. 投资性房地产后续计量会计政策选择现状

从会计政策披露情况来看，除杭州地铁 2015 年未披露投资性房地产相关会计政策外，所有公司在样本期内均披露了关于投资性房地产后续计量的会计政策。

从会计政策选择看，武汉地铁在样本期内采用了公允价值模式进行后续计量，其他地铁公司则采用成本计量模式。武汉地铁采用公允价值后续计量模式的原因在于：公司投资性房地产全部位于湖北省会武汉市，存在活跃的房地产交易市场，且能从房地产交易市场上获取同类或类似房地产的市场价格及其他相关信息。

从会计政策执行情况来看，北京地铁、广州地铁、南京地铁、武汉地铁均在样本期内持续披露投资性房地产账面价值；深圳地铁、杭州地铁在 2015 年无投资性房地产数据，但从 2016 年起开始披露；成都地铁则始终未披露投资性房地产相关数据。具体情况如图 9-3 所示。

武汉地铁采用公允价值计量投资性房地产，与其他房地产公司截然不同，这也为比较政策选择差异所带来的财报差异提供了很好的对比。在成本模式计量下，投资性房地产要持续计提折旧并进行减值测试，由此带来折旧成本。

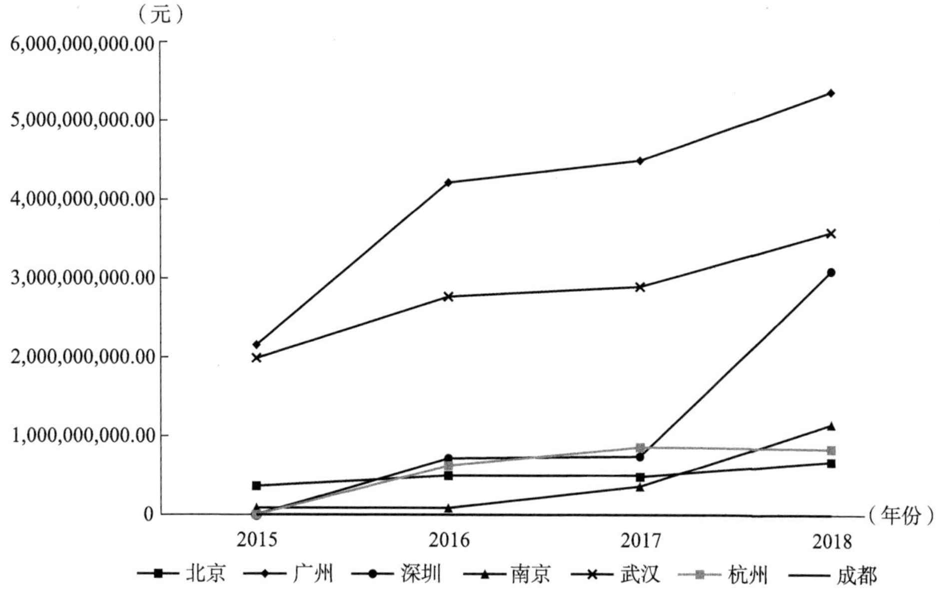

图 9-3 投资性房地产账面价值

相比之下，采用公允价值模式的房地产不需要计提折旧，房价上涨会带来公允价值变动的收益。

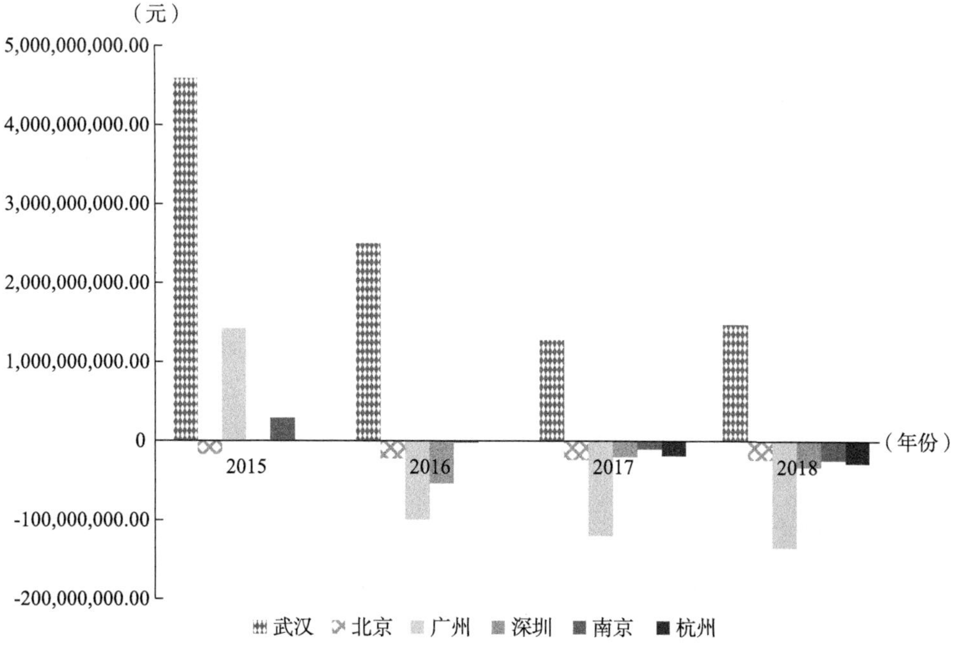

图 9-4 投资性房地产计量模式差异对当期损益的影响

从图 9-4 中可以发现，武汉地铁采用公允价值计量模式，投资性房地产公允价值的上升每年都会为企业带来收益，而其他企业采用成本模式计量，则因为折旧每年带来额外的成本费用。同时，2015 年出现了例外，广州地铁与南京地铁投资性房地产折旧为企业带来正收益。其中广州地铁是因为 2015 年实行企业改制，对投资性房地产进行增值评估导致当年折旧额大幅减少；而南京地铁并未说明当年计提折旧为负值的原因①，这也反映了部分企业对折旧信息披露的不严谨。

总结各企业对投资性房地产后续计量的政策选择，主要问题在于：一方面，简单地采用成本模式不利于体现会计信息相关性，加大了信息不对称程度。虽然企业会计准则对于投资性房地产后续计量偏向于成本模式，但对于“存在活跃的房地产交易市场、能从房地产交易市场上取得同类或类似房地产的市场价格及其他相关信息的”，仍然可以采用公允价值模式。从样本企业所处城市看，据德勤、南洋理工大学、睿意德联合发布的 2018 年度《中国商业地产活力 40 城》报告，2018 年中国商业地产活力指数前 10 名的城市分别是上海、北京、深圳、成都、广州、杭州、重庆、武汉、苏州、南京，在样本企业所在城市中，仅有南京商业地产活力指数低于武汉②。据此可以推测大部分企业应当具有活跃的房地产交易市场。另一方面，轨交企业开发的投资性房地产大都处于地铁站内或地铁上盖，与一般地产相比具有更高的活跃度。因此，轨交企业投资性房地产基本上已经具备采用公允价值模式的条件。此时仍然采用成本模式，不利于反映企业投资性房地产的真实价值。

因此，建议各轨交企业重新评估对投资性房地产后续计量模式的选择，采取更有利于公允反映会计信息、支持企业发展的会计政策。

（四）长期资产减值准备的会计政策选择

轨交行业的高速发展带来了资产规模的急剧扩张，同时也给轨交企业资产泡沫埋下了隐患。合理运用资产减值政策，客观反映企业资产的减损情况以及实际价值，可以为企业管理层改进经营投资决策提供有用信息，避免低

---

① 南京地铁 2015 年审计报告在“重要前期差错更正及影响”中指出，其子公司中铁电化 2014 年南延线 PPP 项目转固后在地铁集团母公司计提折旧，但根据配比原则应当在中铁电化计提折旧。2015 年地铁集团母公司调减本期及以前年度折旧额，中铁电化相应调增本期及往期折旧额。但该调整仅影响单体报表，不影响合并报表，除此之外无其他折旧调整项目。

② 资料来源：睿意德官网，https：//www. ret. cn/report/index？page=2&per-page=6.

效的投资行为，促进企业长期的持续发展。

1. 资产减值准备的会计政策选择空间

资产减值是会计信息稳健性在会计实务中的具体体现，其目的在于挤出企业资产中的“水分”，从而更加公允、真实地向外界传递企业资产信息。作为会计的重要原则之一，稳健性要求财务报告尽可能地向财报使用者提供潜在的损失风险信息。具体到资产减值，要求企业在资产账面价值高于可收回金额时将其损失部分计入当期损益，并且及时披露资产的减值信息。

长期以来，资产减值一直是学术界与实务界探讨的热点话题，财政部也不断地出台、修改有关资产减值的会计准则以规范资产减值的披露。整体来看，我国资产减值制度经历了1992年的二项资产减值制度（自愿计提存货减值准备、应收账款坏账准备）、1998年的四项资产减值制度（计提坏账准备、存货跌价准备、短期投资跌价准备和长期投资减值准备）、2001年的八项资产减值准备（在四项减值准备的基础上再增加对固定资产、无形资产、在建工程、委托贷款的减值准备），直到2006年2月15日颁布的新会计准则体系下的《企业会计准则第8号——资产减值》(2006)。

有关资产减值的规定长期散落在各项资产的具体准则中，直到2006年2月颁布的《企业会计准则第8号——资产减值》(2006)，才形成了系统的资产减值制度。该制度对资产减值规定进行了归集，首先明确了本准则的适用范围，不适用该准则的资产①，仍从其对应资产的减值规定。

新旧资产减值规定最大差异有两点：一是新准则对公允价值、处置费用和预计未来现金流量现值等的计算做出了详细的操作指导，增加了可收回金额计量的操作性，从而使得资产减值计量更准确；二是旧准则允许已计提的减值准备在资产价值恢复的情况下转回，新准则规定已计提的减值准备不允许转回。

在原有准则下，资产减值可以转回的规定使得资产减值沦为企业管理层进行盈余操纵的主要工具，不利于会计信息质量的提高。新准则实施后，管

---

① 不适用《企业会计准则第8号——资产减值》的资产包括：存货、采用公允价值模式计量的投资性房地产、消耗性生物资产、建造合同形成的资产、递延所得税资产、融资租赁中出租人未担保余值、金融工具、未探明石油天然气矿区权益。适用该准则的资产包括：长期股权投资、采用成本模式计量的投资性房地产、固定资产、生产性生物资产、无形资产（包括资本化开发支出）、探明天然石油气矿区权益和井及相关设施、商誉等。

理层将无法再利用减值准备转回改善财务状况、操纵企业盈余，从而有助于报表信息更加客观真实地反映企业资产信息。

2. 资产减值会计政策选择现状

从长期减值政策披露情况来看，大多数轨交企业（包括深圳地铁、南京地铁、武汉地铁、杭州地铁和成都地铁）都按照新企业会计准则的做法，将长期资产减值政策归集到“长期资产减值”或“非流动非金融资产减值”政策中进行集中披露；但北京地铁和广州地铁仍然在各项资产会计政策中单独披露各自减值政策。

从资产减值政策的执行情况来看，本文统计了样本企业对长期股权投资、固定资产、在建工程、无形资产、商誉计提减值准备的情况。总体来看，计提减值准备的情况并不多见，只有北京地铁、广州地铁、深圳地铁有计提减值准备，且主要集中在固定资产减值准备，另外北京地铁还对商誉计提了坏账准备、深圳地铁对长期股权投资计提了坏账准备；而南京地铁、武汉地铁、杭州地铁和成都地铁则从未对长期资产计提过减值准备。具体情况如表 9-3 所示。

表 9-3　长期资产减值准备计提情况

年份 地铁公司	2015 年	2016 年	2017 年	2018 年
北京地铁	固定资产、商誉	固定资产、商誉	固定资产、商誉	固定资产
广州地铁	固定资产	固定资产	固定资产	固定资产
深圳地铁	长期股权投资、固定资产	长期股权投资、固定资产	长期股权投资、固定资产	长期股权投资、固定资产
南京地铁	—	—	—	—
武汉地铁	—	—	—	—
杭州地铁	—	—	—	—
成都地铁	—	—	—	—

从执行情况来看，轨交行业长期资产减值准备政策执行情况主要问题在于所反映的会计信息不够充分，这包括两方面：一是对长期资产的减值准备过于谨慎，减值准备的计提无法反映企业资产实际减损情况；二是对计提的减值准备未做充分说明，如对合营企业、联营企业计提减值准备但未说明该企业经营情况。这可能是因为，在长期资产减值准备无法转回的情况下，计

提减值准备即代表了管理层在经营、投资决策上无法弥补的损失。如计提长期股权投资减值准备可能是因为其投资的联营企业、合营企业将会长期亏损，导致盈利不达预期，反映了管理层投资决策出现管理偏差或失误。计提固定资产减值准备可能表明固定资产使用价值大幅下降、无法为企业带来购置固定资产时预期的经济收益，反映了公司在固定资产管理上的缺陷或者进行固定资产投资决策出现管理偏差或失误。因此管理层往往倾向于少计提折旧，使得企业潜在损失被掩盖。针对此现象，轨交企业必须建立切实有效的考核机制，定期对企业资产、下属投资企业进行运营状况评估，对盈利不达预期、需要计提减值准备的长期资产及时计提减值准备，以真实反映企业运营的潜在风险。

第三节　城市轨道交通企业的税务管理研究

一、城市轨道交通税务管理概述

税务管理作为公司财务管理的重要组成部分，在规范企业的经营行为、降低企业税负成本、提高企业经营效益、规避税务风险、提高企业管理效率等方面均有积极作用。轨道交通企业自身性质特殊，业务规模庞大、种类繁杂，对税务管理水平也提出了更高的要求。

目前，很多企业管理者对企业税务管理的观念仍停留在财务核算的阶段，认为只需做完简单的计税、纳税申报，就完成了企业所有的税务事项。但从多年的轨道交通税务管理实践中我们发现，企业大部分税务风险都产生于业务端，有些事项看起来与财务风马牛不相及，但最后却成为税务风险的聚集点。因此，必须将企业的税务管理向业务端延伸，这样才能做到早管理、早控制，尽可能将企业的税务风险降到合理的范围。而怎样将企业的税务管理向业务端延伸，延伸到什么程度，覆盖面多大，其实每个企业都有自己的选择，而怎样选择，其实很简单，只需将企业的经营业务涉及的税务风险点一一排查出来，再一一进行评估，并通过评估结果找到企业税务管理的切入点，就达到了企业税务管理与业务经营的有机结合，自然而然企业税务管理贯彻到哪个层面、抵达哪个深度就很明晰了。

通过对城市轨道交通企业全产业生态链的整理，以及对轨道交通企业税务风险点的分析，我们认为，轨道交通税务管理应当涵盖城市轨道交通的基本建设阶段、运营阶段、附属资源开发阶段等。税务管理人员只要做好这几个阶段的税务管理工作，便可以抓住轨交企业税务管理的核心环节，使税务管理更贴合企业业务经营实际，从而更加精准与有效。

二、城市轨道交通基本建设阶段税务管理研究

（一）建设阶段税务管理概述

轨道交通企业因各地地方政府所赋予的定位不同，其建设前期任务也不同。如有的轨交企业在建设前期仅负责可研报告、设计方案等工作，而征地拆迁等疑难工作则由政府相关部门负责。有的轨交企业则在可研报告、设计等工作之外，还承担或与政府共同承担轨道交通的征地拆迁工作。可研报告、设计方案等建设前期技术工作大多是以委外方式进行，与第三方合作共同完成，所涉及的税务管理并不复杂，因此，要做好这些前期技术工作的税务管理，只需关注其合同签订的税务条款即可。轨道交通建设前期的技术工作以咨询、设计等现代服务业为主，提供这些服务的公司很多都是小规模纳税人，为尽可能地获得增值税抵扣优势，轨交企业在招投标以及合同中应当约定相关税务条款，比如需提供增值税专用发票等，如此便可将前期涉税事务的税务风险保持在可控范围内。

（二）征地拆迁阶段的税务管理研究

轨道交通征地拆迁工作一般包括三项内容：①征地、征房、管线毁损、青苗等征拆补偿工作；②临时借地、测量、评估，管线迁改工程、房屋拆卸等前期工作；③按标准支付给实施拆迁单位的劳务费或工作经费。

征地拆迁工作涉及面广、涉及关系也多种多样，轨道交通企业一般将此工作委托给政府部门完成，但也有部分轨道交通企业自身负责征地拆迁工作。下面就轨交企业自行进行征地拆迁工作的模式具体进行分析。

在这种模式下，轨道交通企业一般通过成立专门的征地拆迁部门来负责征拆工作。此时，做好征拆工作税务管理的核心是管理好征地拆迁业务的票据，因为这关系到轨道交通建设成本列支是否合法合规。管理好征地拆迁的票据，主要是需要识别征拆业务哪些应该开发票，哪些无须开发票，哪些需开增值税专用发票，哪些可以开具其他票据。现就征地拆迁的内容具体分析如下。

（1）无须开具增值税发票的业务。根据《财政部、国家税务总局关于全面推开营业税改征增值税试点的通知》（财税〔2016〕36号）中《营业税改征增值税试点过渡政策的规定》“一、下列项目免征增值税……（三十七）土地所有者出让土地使用权和土地使用者将土地使用权归还给土地所有者。”据此，征地、征房、管线毁损、青苗等征拆补偿工作属于增值税的免征增值税的行为，资金往来可以以合规的收据作为结算凭证。

（2）需开具增值税专用发票的业务。临时借（租）地、测量、评估，管线迁改工程、房屋拆卸这些前期工程都属于涉税的业务，根据其业务实质，临时借（租）地应该开具现代服务业—租赁业增值税专用发票；测量、评估等应该开具现代服务业—技术服务增值税专用发票，管线迁改、房屋拆卸等应按照建筑业—其他工程服务开具增值税专用发票。

（3）按标准支付给负责拆迁的单位的劳务费或工作经费。这些款项的结算票据要看资金来源。如果拆迁劳务费或工作经费由财政统一支付，且拆迁单位属于政府部门，则可以开具财政往来票据进行结算；负责拆迁单位属于企、事业单位的，应按照现代服务业—代理业开具增值税专用发票。如果拆迁劳务费或工作经费由轨道交通企业支付，则无论负责征地拆迁的单位是政府机关还是企、事业单位，都应该按照税法规定开具增值税发票作为资金结算的依据。

总之，轨道交通建设前期的税务管理主要关注业务票据收取的合法合规性，重点在于区分哪些是不征收增值税业务、哪些是免税业务、哪些是经营性业务，通过区分业务，再根据业务的实质来取得相应的票据，做好票据管理，就能将轨道交通前期业务的税务风险控制在合理范围内，达到早防范早管控的目的。

（三）城市轨道交通建设施工阶段的税务管理研究

轨道交通的建设施工主要涉及土建施工、设备采购及安装、车站装修等业务。业务涉及税种多、供应商种类繁杂，因此涉税事项非常复杂。下面就轨道交通建设施工阶段需重点关注的税务事项进行阐述。

1. 关于简易计税的问题

建设施工阶段涉及的业务，除小规模纳税人可采用简易计税方式外，一般纳税人在某些特定形式下，也可以采用简易计税的方式，具体包括如下内容。

（1）一般纳税人以清包工方式提供的建筑服务，可以选择适用简易计税方法计税。

以清包工方式提供建筑服务，是指施工方不采购建筑工程所需的材料或只采购辅助材料，并收取人工费、管理费或者其他费用的建筑服务。

（2）一般纳税人为甲供工程提供的建筑服务，可以选择适用简易计税方法计税。

甲供工程，是指全部或部分设备、材料、动力由工程发包方自行采购的建筑工程。

（3）一般纳税人为建筑工程老项目提供的建筑服务，可以选择适用简易计税方法计税。

建筑工程老项目，是指：①《建筑工程施工许可证》注明的合同开工日期在 2016 年 4 月 30 日前的建筑工程项目；②未取得《建筑工程施工许可证》的，建筑工程承包合同注明的开工日期在 2016 年 4 月 30 日前的建筑工程项目。[①]

（4）一般纳税人销售自产机器设备的同时提供安装服务，应分别核算机器设备和安装服务的销售额，安装服务可以按照甲供工程选择适用简易计税方法计税。

一般纳税人销售外购机器设备的同时提供安装服务，如果已经按照兼营的有关规定，分别核算机器设备和安装服务的销售额，安装服务可以按照甲供工程选择适用简易计税方法计税。[②]

税法将一般纳税人是否选择简易计税方式的选择权给予了纳税人。纳税人符合税法规定的条款，就可以自行决定是否选择简易计税方式。因此，为尽可能减少轨交企业建设期的交易成本，建议轨交企业在选择供应商、签订采购合同时，就与供应商就是否选择简易计税方式进行明确约定，以免在合同执行过程中发生争议。也可以在设计合同的招投标控制价时，根据简易计税方式与一般计税方式设计不同的招标控制价，在招标文件中，要求供应商在投标书中明确其提供的业务是否采用简易计税方式。通过这两种方式，可以有效减少合同执行的争议，降低采购合同的税务风险。

---

① 出自《财政部、国家税务总局关于全面推开营业税改征增值税试点的通知》（财税〔2016〕36 号）。

② 出自《国家税务总局关于明确中外合作办学等若干增值税征管问题的公告》（国家税务总局公告 2018 年第 42 号）。

2. 关于混合销售的问题

轨道交通企业建设期购进的劳务与货物涉及面广，且经常出现同时购进货物与劳务的情况。如何辨别是否属于混合销售，是轨道交通建设阶段重要的税务管理问题。首先解释税收法规对混合销售的定义。

（1）一项销售行为如果既涉及服务又涉及货物，为混合销售。从事货物的生产、批发或者零售的单位和个体工商户的混合销售行为，按照销售货物缴纳增值税；其他单位和个体工商户的混合销售行为，按照销售服务缴纳增值税。

本条所称从事货物的生产、批发或者零售的单位和个体工商户，包括以从事货物的生产、批发或者零售为主，并兼营销售服务的单位和个体工商户在内。①

（2）纳税人销售活动板房、机器设备、钢结构件等自产货物的同时提供建筑、安装服务，不属于《营业税改征增值税试点实施办法》第四十条规定的混合销售，应分别核算货物和建筑服务的销售额，分别适用不同的税率或者征收率。②

由上述两份文件可知，混合销售的法律定义清晰明了。除另有规定外，一项销售行为如果既涉及服务又涉及货物，则属于混合销售。税务管理人员在处理货物与服务混杂的设备采购合同时，需明确区分所采购的销售是否属于混合销售。只有供应商提供的货物是自产货物，且同时提供建筑、安装服务才不属于混合销售，可以分别开具发票。如果提供的自有货物，但提供的服务是除建筑、安装服务以外的诸如调试、设计联络、培训等其他服务（这种合同在轨道交通企业设备采购合同中较常见），则不符合 11 号公告（具体名称见下）规定不属于混合销售的情形，无论该设备采购合同是否单独计价，都应按照混合销售开具货物销售增值税发票。

3. 关于建筑施工合同中的三流不一致问题

在轨道交通建设施工合同的招投标过程中，经常会因为施工单位建设资质的问题，而出现由集团投标、子公司负责施工的情况，从而引发税务管理

① 出自《财政部、国家税务总局关于全面推开营业税改征增值税试点的通知》（财税〔2016〕36 号）。

② 出自《国家税务总局关于进一步明确营改增有关征管问题的公告》（国家税务总局公告 2017 年第 11 号）。

实务中的一个常见问题，即合同流、发票流、货物流（服务流）不一致。这是企业经营业务与税务执行口径相背离的一种特殊情况。“营改增”全面实施后，税法对这种背离进行了明确规定。根据《国家税务总局关于进一步明确营改增有关征管问题的公告》（国家税务总局公告 2017 年第 11 号）第二条“建筑企业与发包方签订建筑合同后，以内部授权或者三方协议等方式，授权集团内其他纳税人（以下称“第三方”）为发包方提供建筑服务，并由第三方直接与发包方结算工程款的，由第三方缴纳增值税并向发包方开具增值税发票，与发包方签订建筑合同的建筑企业不缴纳增值税。发包方可凭实际提供建筑服务的纳税人开具的增值税专用发票抵扣进项税额。”这个公告的出现解决了轨道交通企业所签订的建设施工合同，在税务处理上是否违反了税务征管上的三流一致原则的问题，降低了被认定为虚开增值税专用发票的涉税风险。

三、城市轨道交通开通运营阶段的税务管理研究

轨道交通企业新建线路试运行后，即进入正式开通运营阶段，此阶段的税务管理主要关注两个方面：一是轨道交通运营业务的日常税务管理；二是轨道交通运营业务涉税优惠的税务管理。下面分别进行说明。

（一）轨道交通运营业务的日常税务管理

轨道交通运营业务日常涉及的税种主要有增值税及附加、印花税、环保税、房产税与土地使用税等。此阶段税务管理主要分为两部分：一是税务申报管理，即准确申报所涉税种的各项税收；二是涉税票据管理，主要是管理好涉及运营业务的各种票据。下面分别进行阐述。

1. 税务申报管理

（1）增值税及附加申报管理。轨道交通运营业务的主要收入来源是票务收入，运营的票务收入分为开票收入与未开票收入。因轨道交通客运的特殊性，未开票收入远远大于开票收入。因此，对运营收入进行准确地核算就非常重要。轨交企业一般以轨道交通票务系统计算的月度票务收入金额为应税申报金额。如因进行收入清分导致票务系统收入金额在申报前产生变化而需要调整报表，建议在以后月度进行调整，以确保收入数据的准确。

除票务收入外，轨道交通运营也会涉及少量零星收入，如运营罚款收入、雨伞租赁收入等。此种零星收入涉及交通站点及人员众多，且没有经过信息

系统统计数据，很容易造成增值税的漏缴。为做好零星收入的管理，须在运营收入中心配备专人负责统计，所有的零星收入通过台账进行登记，并按规定时间汇总到收入中心，由收入中心人员汇总后报给税务人员申报增值税。

（2）印花税申报管理。轨道交通运营阶段涉及的印花税大致可分为两类，一是日常运营业务涉税合同的印花税，另一类是轨交新线路转经营增加的资本金所需缴纳的印花税。

针对第一类日常运营所涉合同（如设备采购合同）的印花税管理，有两点需要特别关注，一是如何按时全面收集涉及印花税的合同，二是涉税框架合同的印花税处理。对于第一点，因轨道交通运营日常涉及的采购合同数量多、种类杂，为保证印花税缴纳的及时、准确，需通过专门的合同部门及人员定期收集所有合同，并交由税务人员辨别，再分类缴纳印花税。对于第二点，对于框架合同印花税的处理，在签订框架合同时缴纳印花税，等到发生业务时，再根据采购清单的实际金额缴纳印花税。因此，针对框架合同，须做好框架合同的台账管理，以便按时准备缴纳印花税。

针对第二类公司资本金增加需缴纳的印花税，需要关注公司的轨交新线转经营的账务处理时间。轨交新线转经营会增加公司的资本金账面总额，按印花税的规定，纳税人在公司资本金增加的次月就须一次性缴纳印花税，因此，在实务操作中须及时关注轨交新线转经营的账务处理时间，以便及时完成印花税的纳税义务。另外，根据印花税的规定，资本金印花税计税基础的统计范围不仅包括实收资本的增加额，还包括资本公积等项目的增加额。在实务操作中，资本金印花税的计税基础须逐项全面统计，避免出现因为漏项导致少交印花税的情形。

（3）环保税申报管理。轨道交通企业环保税缴纳主要涉及两个方面，一是车辆段污水等事项的环保税，二是建设工地粉尘及噪声等事项的环保税申报。因环保税核定的局限性、企业对环保事项的不熟悉，为保证准确申报环保税、降低税务风险，建议轨交企业聘请第三方环保机构对企业业务进行全面摸查，核定企业需要缴纳环保税的事项，并报环保部门备案，按照报告的结果进行环保税的申报。

（4）土地使用税申报管理。轨道交通线路涉及多区、多地段，各地块因区位不同，所涉及的定额税款也不同。为做好土地使用税的管理，轨交企业须全面统计轨道交通线路的各个区位地段及地点，完善地铁车站等建筑物坐落地的管辖街道等基础资料，以保证在申报土地使用税时资料齐全。

（5）房产税申报管理。除商业房产外，轨道交通企业房产税的缴纳主要分为两部分，一部分是地铁车站商铺的房产税，按照从租计缴的方式缴纳，另一部分是地铁车站建筑物的房产税，按照从价计征的方式缴纳。车站建筑物的房产税计缴须关注两个方面，一是车站建筑物的原值的变化，主要是车站建筑物的更新改造引起原值的变化。二是车站建筑物等附属设备的账面价值的变化，车站建筑物的附属设备通常包括通风、通水、照明、制冷、环保、消防以及监控等设备，在划入车站建筑物原值时须准确区分并计入，防止在房产税计缴过程中出现错漏。

2. 涉税票据管理

轨道交通企业运营业务的涉税票据主要包括增值税发票、定额印刷车票、增值税电子发票、区块链发票等。轨道交通运营业务次数多、单价低，涉及的票据种类也比较多，因此，运营业务发票量大、管理困难，特别是随着电子发票、区块链发票的逐步应用与推广，给轨道交通企业的涉税票据管理带来新的机遇与挑战。

（1）轨道交通企业各类涉税票据的基本管理方法。为更好地管理好运营业务的发票，需采取分类管理、分散管理的方法。首先，对增值税发票，需统一保管、统一开具，并制定专门的发票管理办法。其次，对定额印刷车票，因需分发到各个车站站点，须进行分散定点保管，制定专门的定额印刷发票管理办法，采取专人分发、台账记录、月末盘点、定时收缴核销等方法。最后，对于增值税电子发票，由于其成本低廉、操作方便、保管简单，是一种面向未来的电子票据，其管理主要关注电子发票的领取、核销、电子开票程序等，防止电子发票的错开以及重复开具。

（2）电子发票、区块链发票在轨道交通企业的应用。随着金税三期的不断推广与深入，电子发票、区块链发票在各个行业领域落地应用成为大势所趋。因此，电子发票、区块链发票在轨道交通企业的落地与推广也逐渐成为轨道交通企业新的重要关注点。电子发票、区块链发票能有效运用新的数据加密技术，打通企业与税务部门之间的数据间隔，不仅可以大幅提高企业的开票效率，而且存储方便，费用较低，还可以提高税务票据数据的安全性。另外，推广电子发票、区块链发票还可以有效解决轨道交通企业涉税票据种类多、数量大、金额小、保管困难等问题，值得轨道交通企业大力推广及应用。但因轨道交通企业内部的系统比较繁杂，涉及的经营业务也比较多，推广电子发票、区块链发票也有需要重点关注的问题。首先，需关注电子发票、区块链发票的抵扣问题。目前，电子发票已经有法规明确可以作为企业抵扣增值税进项税的依据，但区块链发票的抵扣问题仍一直未明确，因此，在推广运用时，需要在电子开票平台对申请开票人进行有效提示，由申请开票人自主选择开电子发票还是区块链发票。其次，需要重点关注电子开票、区块链开票系统的数据安全问题。在电子发票与区块链发票的开票平台推广应用时，需要与轨道交通企业多个数据系统进行对接。因此，在推广应用时，需要时刻注意电子开票系统与轨道交通企业各数据系统对接的安全性，并做好防火墙、隔离墙，避免因数据接口问题而出现数据的丢失与错漏。最后，还需关注电子发票、区块链开票平台推广应用的费用问题。在应用推广电子发票、区块链发票时，选择第三方服务商时，不仅需要关注电子发票、区块链发票的开具费用，还需要关注所开发票的保管费用，因为，发票的底层数据有法定的保管期限，随着电子发票、区块链发票累计开票量的不断上涨，发票底层数据的保管费用可能会因此大大增加。因此，在推广电子发票、区块链发票时需重点关注。

（二）轨道交通运营业务涉税优惠管理

轨道交通企业运营业务的涉税优惠主要有两种类型：一种是法定税收优惠，即税法政策明确规定轨道交通企业可以享受的税务优惠；一种是政策税收优惠，即通过政策机构审批，轨道交通企业可以享受的税务优惠。

1. 法定税收优惠

（1）车辆购置税优惠。根据《中华人民共和国车辆购置税法》以及《关于车辆购置税有关具体政策的公告》（财政部税务总局公告 2019 年第 71 号）第一条“地铁、轻轨等城市轨道交通车辆，装载机、平地机、挖掘机、推土机等轮式专用机械车，以及起重机（吊车）、叉车、电动摩托车，不属于应税车辆”的规定，轨道交通企业购置的地铁、轻轨列车不征收车辆购置税。

（2）城镇土地使用税优惠。根据《财政部、税务总局关于继续对城市公交站场道路客运站场、城市轨道交通系统减免城镇土地使用税优惠政策的通知》（财税〔2019〕11 号）第一条“对城市公交站场、道路客运站场、城市轨道交通系统运营用地，免征城镇土地使用税。”第二条“城市轨道交通系统运营用地，包括车站（含出入口、通道、公共配套及附属设施）、运营控制中心、车辆基地（含单独的综合维修中心、车辆段）以及线路用地，不包括购物中心、商铺等商业设施用地”的规定，地铁车站、控制中心及车辆基地等地块免征城镇土地使用税。

（3）耕地占用税优惠。根据《中华人民共和国耕地占用税法》第七条“铁路线路、公路线路、飞机场跑道、停机坪、港口、航道、水利工程占用耕地，减按每平方米二元的税额征收耕地占用税”的规定，轨道交通企业建设地铁线路占用耕地时，可以与主管税局协商，参照铁路线路的减税优惠政策申请减免轨道交通修建占用耕地须缴纳的耕地占用税。

（4）契税优惠。根据《中华人民共和国契税暂行条例细则》第二条规定，以划拨的方式取得土地使用权，不属于契税的征收范围，不征税契税。据此，轨道交通企业以政府划拨方式取得的轨道交通设施用地，不征收契税。

（5）环保税优惠。根据《中华人民共和国环境保护税法》第十二条“下列情形，暂予免征环境保护税：（三）依法设立的城乡污水集中处理、生活垃圾集中处理场所排放相应应税污染物，不超过国家和地方规定的排放标准的”规定，轨道交通企业车辆段的污水处理站，如符合政府标准可以享受免征环保税优惠。

（6）增值税优惠。根据《财政部、国家税务总局关于全面推开营业税改征增值税试点的通知》（财税〔2016〕36号）附件3第一条第（二十六）款“技术转让、技术开发免征增值税优惠”的规定，轨道交通企业技术转让等业务免征增值税。根据《财政部 税务总局关于明确养老机构免征增值税等政策的通知》（财税〔2019〕20号）第三条“企业集团内部单位之间的资金无偿借贷免征增值税优惠”的规定，轨道交通企业集团之间资金无偿占用免征增值税。

（7）企业所得税优惠。根据《中华人民共和国企业所得税法》第三十条第二款的规定，轨道交通企业安置残疾人员所支付的工资可以在所得税汇算清缴时享受加计扣除优惠。根据《中华人民共和国企业所得税法》第三十条第一款的规定，轨道交通企业研发新技术和新产品的研发费用可以在企业所得税汇算清缴时享受研发费用加计扣除优惠。根据《中华人民共和国企业所得税法》第三十四条“购置用于环境保护、节能节水、安全生产等专用设备的投资额，可以按一定比例实行税额抵免”的规定，轨道交通企业购置的符合政策规定的相关设备可以享受企业所得税优惠，环境保护、节能节水、安全生产设备的目录可以参照《财政部、国家税务总局关于执行环境保护专用设备企业所得税优惠目录、节能节水专用设备企业所得税优惠目录和安全生产专用设备企业所得税优惠目录有关问题的通知》（财税〔2008〕48 号）规定执行。

2. 政策税收优惠

轨道交通企业在运营业务中所享受到的政策税收优惠，不同的城市有不同的税务支持政策，有些城市采用政策条款直接减免轨道交通企业的各种税收，有些城市则采用财政专项返还的方式以先征后返的方式减免轨道交通企业的各种税收。而随着各个城市轨道交通线网的逐步铺开，轨道交通车站等建筑物的从值房产税金额也在逐年增加，目前已成为各个城市轨道交通企业申请政策优惠的一个重要关注点。轨道交通企业的从值房产税主要是由轨道交通车站等建筑物产生，因轨道交通企业车站众多、构造金额大，如按照房产税的规定从值缴纳房产税，则须负担巨额房产税。因此，根据《中华人民共和国房产税暂行条例》（国发〔1986〕90 号）第六条规定，轨道交通企业可以向主管税务机关申请政策性减免轨道交通企业车站等建筑物的房产税，从而减少从值房产税的税收负担。

四、附属资源开发阶段的税务管理研究

轨道交通企业的附属资源主要包括车站物业资源、车站车体广告、通信业务等。附属资源开发阶段的税务管理主要是对上述几个车站附属资源开发进行税务管控，防范税务风险，使轨道交通企业附属资源开发效益有效提升。

（一）车站场地物业经营业务的税务管理概述

轨道交通企业的车站物业资源主要是车站商铺和站场空地，可以用来出租商铺、摆放银行柜员机等。下面分别对车站商铺和站场空地的经营业务税务管理进行阐述。

1. 车站商铺租赁业务税务管理

车站商铺经营与正常商铺基本趋同，只是车站商铺受消防验收等的限制，一般难以办理产权。但从实际控制人即轨道交通企业角度考虑，对车站商铺的租赁应该按照正常的商铺租赁缴纳各项税费，包括增值税、房产税、印花税等。

（1）增值税。出租车站商铺除了要收取租金外，还可能需要收缴管理费与水电费等。为减少车站商铺租赁的增值税税费，在签订车站商铺租赁合同时，应明确区分向租户收取的各项费用。因为各种收费涉及的税率不同，准确区分各项收费，可以按照不同税率缴纳增值税，避免统一采用高税率。

（2）房产税。车站商铺的房产税缴纳按照从租方式，即租金×12%计缴，计算比较简单，但需要关注房产税的计缴方式。根据税法规定，房产税的计缴基数为租金的不含税金额；如没有分开，租金计缴基数为向租户收取的全部金额。为准确核算商铺的房产税，在与租户签订合同时，须准确划分各项收入，并进行价税分离，减少房产税的缴交。

（3）印花税。车站商铺的印花税须关注商铺租赁合同的计价组成，根据税法规定，印花税的计价以不含税价为计税依据，鉴于此，在签订商铺租赁合同时，租金计价须做好价税分离。

2. 站场空地经营业务税务管理

车站场地（站场）的经营业务主要是向商户提供车站场地以及保管服务，如提供银行柜员机及其他自助商铺售卖机的摆放等。此种业务如果按照场地租赁的方式处理，则需要按照租赁业务缴纳增值税与房产税。但轨交行业具有自身的特殊性，从安全性及管理角度来看，车站场地占用与普通商铺租赁存在区别。鉴于此，可以就车站场地占用签订管理费合同，收取管理费，按照仓储业缴纳相关税费。

（二）广告业务的税务管理

车站广告业务包括站场广告、车体广告以及车内媒体广告等。广告业务收入须按照一定比例缴纳文化事业建设费，且比例偏高。为降低税费负担，建议严格区分广告合同的收费。广告发布收入与广告设计费在广告合同中要分别列示，因为广告发布收入须缴纳文化建设费，但设计、印刷等附带业务的收入无须缴纳文化建设费。严格区分收入类型，可以有效降低文化建设费的缴纳基数。

（三）通信业务的税务管理

轨道交通进行旅客运输需要独立空间，也因此获取了独立的信号资源。通信公司要在该空间内提供相应的通话、网络服务，须与轨道交通企业合作，获取轨道交通企业地下空间的使用权，并按照标准支付相关费用。

通信行业属于政府许可行业，轨道交通企业一般不能直接提供通信服务。但轨交企业在线路建设过程中投入了大量通信设备，通信企业可以通过这些设备给乘客提供相关服务，此时轨交企业收取的费用可分为两种：一种是通信设施租用费；一种是地下空间使用费。二者属于不同业务收入，税率不同，建议在与通信企业签订合同时予以区分。同时，部分轨交企业在线路建设时，所需通信设施由相关通信企业负责。此时轨道交通收取的费用则是设备维护费或报关费、空间使用费，涉及的收入类别与税率就有了不同。因此，轨道交通企业在与通信企业签订通信费合同时，须注意区分收入类型，以规避税务风险，降低通信收入的税负。

五、城市轨道交通企业税务管理研究总结与展望

轨道交通企业税务管理涉及业务广、税种多，情况复杂。上文对其税务管理的阐述，只是对轨道交通企业核心业务所涉税务管理的要点进行了阐述，无法涵盖全部业务的税务管理的流程与涉税申报的具体操作。但总的来说，轨交企业税务管理的整体框架仍建立在企业内控与对税务政策的遵从上。要降低企业税务风险，核心还是对企业经营业务中的合同进行合理的税务安排，以合法、合规、合理纳税。

企业税务风险一般源自业务端及业务端的变化，管理好业务端，跟踪好企业业务端的各种变化，是企业税务管理的核心；另外，制定贴合企业经营实际的税务管理制度与发票管理制度，是控制企业税务风险的有力保障；最后，随着中国目前税制改革的不断深入，增值税、个人所得税、企业所得税、房产税等税种改革不断向纵深处推进，企业的税务管理也须根据税务政策的变化而持续变革，企业的税务管理永远走在持续改进的路上。

第十章

城市轨道交通企业的竣工财务决算管理

第一节　城市轨道交通企业竣工财务决算概述

一、竣工财务决算的作用和意义

竣工财务决算是指在工程竣工验收交付使用阶段，由建设单位编制的建设项目从筹建到竣工验收、交付使用全过程中实际支付的全部建设费用。竣工财务决算是整个建设工程的最终价格，是作为建设单位财务部门汇总固定资产的主要依据。

城市轨道交通建设多为政府重点基础设施投资项目、重大民生工程，财政资金是其项目建设的重要资金来源。因此，城市轨道交通项目的竣工财务决算作用与意义也具有普遍性与特殊性。

（1）建设项目竣工财务决算是综合、全面地反映竣工项目建设成果及财务情况的总结性文件，它采用货币指标、实物数量、建设工期和各种技术经济指标综合、全面地反映建设项目自开始建设到竣工为止的全部建设成果和财务状况。

（2）建设项目竣工财务决算是正确核定新增固定资产价值，反映竣工项目建设成果的文件，是办理固定资产交付使用手续的依据，也是全线竣工验收报告的重要组成部分。

（3）建设项目竣工财务决算是分析和检查政府批复的初步设计概算执行情况的主要依据。

（4）建设项目竣工决算是评估政府投资效果、社会效益的重要基础。

（5）建设项目竣工决算对未来其他工程造价、定价具有实质性参考意义。

二、城市轨道交通竣工财务决算当前形势

与传统公共交通建设项目不同，城市轨道交通项目投资成本高、建设

工期长，相应的设备资产繁多复杂。而全部的工程成本都将被归集到竣工财务决算中，并反映到项目新增资产价值上。高效、准确地编制竣工财务决算，寻找概算与决算中的差异并分析原因、提出解决措施，有助于提高后续工程管理质量、降低工程成本。但与现实需求不相匹配的是，轨道交通竣工决算的管理水平远落后于轨道交通的建设。财政部于 2016 年颁布了《基本建设项目竣工财务决算管理暂行办法》，为基建工程竣工财务决算提供了指导。但对轨道交通行业而言，尚无一套系统科学、行之有效的竣工财务决算办法。

（一）竣工财务决算启动滞后

城市轨道交通竣工财务决算时点一般确定在载客试运营合格之后，试运营期间需要经过长时间、多层次、多阶段的测试、评估、调整，才能达到正式运营状态，因此也决定了竣工财务决算启动具有先天的滞后性。早期的城市轨道交通企业把资源投入到项目建设，并未意识到竣工财务决算的重要性，因此出现多个试运营项目已经达到正式运营状态，但仍未确认竣工财务决算时点，启动竣工财务决算工作的情况。这是早期城市轨道交通企业的通病。

（二）竣工财务决算推进缓慢

竣工财务决算是一项综合性工作，是对建设项目的全面总结，需要收集大量的资料，整理庞大的历史数据。加上启动时间过度滞后，时间跨度较长，众多资料缺失需要补办，早期信息化系统不完善，历史数据质量偏低，需要耗费大量时间。

竣工财务决算涉及的程序繁多，尤其是合同结算程序，需要送外部单位审查或开展财政评审，不可预计或不可控制的情况较多，需要反复沟通、补充资料，这是影响工作推进的重要因素。

面对如此困难的工作，在企业不重视、缺乏考核指标的情况下，竣工财务决算更是无力推动，只好顺其自然，遇到困难就先搁置，进度十分缓慢。

（三）竣工财务决算行业经验较少

我国城市轨道交通行业目前仍然处于大规模建设阶段，“保建设，保开通”依然是行业主调。在开通城市轨道交通的 40 个城市当中，开展竣工财务决算工作的为数不多，能够全面铺开、持续深入开展的更是寥寥无几。

竣工财务决算本身就是阶段性的项目工作，企业建设多少个项目，就只必须开展多少次竣工财务决算，相对于每月每年编制财务报表，竣工财务决算可谓“历久常新”，开展次数少、经历时间长，随着人员变动，工作经验难以沉淀和传承，无法形成完整、成熟的工作思路和工作方法。

（四）竣工财务决算速度远不及建设及开通运营速度

2019 年全国城市轨道交通共完成建设投资 5958.9 亿元，在建线路总长 6902.5 公里，在建线路规模稳步增长，年度完成建设投资额创历史新高。同时，城轨运营规模持续增长。2019 年 5 家城市首次开通运营地铁线路，全国新增运营线路 25 条，新增运营线路长度 974.8 公里。但竣工财务决算的速度远远跟不上建设与开通运营速度，导致竣工决算工作滞后，线路开通运营多年仍未完成竣工财务决算。

三、城市轨道交通竣工财务决算工作难点

（一）认知不够，重视不足，缺乏有效组织

竣工财务决算是一项综合性工作，需要各个部门通力合作，但在实际中往往是企业领导认为竣工财务决算仅仅是财务部门的工作，无须调度太多的企业资源支持，也未号召各个部门协同协助，导致财务部门单枪匹马，举步维艰。

（二）基础工作不扎实，管理不够细致

由于轨道交通建设项目从项目启动至竣工财务决算时间跨度大，一般长达 8 年及以上，早期建设的财务系统简陋，功能不全，明细科目及辅助信息未能合理设置，加大后期财务竣工决算工作难度。甚至有些项目，需要根据决算要求重新处理业务账务信息，也制约了竣工财务决算工作开展的进度。

（三）数据量、信息量、工作量十分巨大

一条线路，涉及合同数量上千个，会计凭证行数十万条，资产数量 1 万多项，信息系统的不完善导致人工工作量十分巨大。同时，由于合同结算不及时，在竣工决算工作启动后才扎堆办理，导致后续工作堆积，难以推进。

（四）机构和人员频繁变动，资料交接不完整、甚至没有交接

建设单位的经办部门和人员，平时仅注重合同进度支付，忽视结算管理，在机制变动和人员变动的情况下，又缺乏有效的工作交接，导致财务决算时缺乏必要的资料，甚至缺失资料，无法办理结算工作，影响了财务决算工作的开展。

（五）缺乏有效的工作计划和工作流程

某些单位缺少对竣工财务决算的工作经验，没有制订有效的工作计划，工作流程混乱无序，工作效率极低，打击工作推进信心。因此，目前多数城市轨道交通企业采用委外方式，聘请外部专业机构代理完成竣工财务决算工作。

第二节　城市轨道交通竣工财务决算编制内容、方法与建议

一、竣工财务决算编制内容

（一）决算的费用构成

竣工财务决算基准日前所发生一切符合规定的、与项目建设相关的支出，构成该项目竣工财务决算的费用，在财务账上体现为建筑安装工程投资、设备投资、待摊投资和其他投资四大类投资。

费用必须发生在竣工财务决算基准日前所属期间。城市轨道交通工程建设期间较长，合同结算周期也长，对成本费用确认的时效性会有一定影响。如工程合同结算，还需要经过一系列的政府评审，取得评审结果的时候可能已经是决算基准日之后相当长一段时间，会计也只能在取得评审结果当期调整账面建设成本，会计期间在决算基准日之后。但费用实际是发生在决算基准日之前，应列入决算费用。还有一些服务费用会横跨建设期到运营期，应当按服务所属期间，分期确认费用。

不符合相关规定的费用不能列入决算范围。行政罚款、违约赔偿等非正常损失，未经上级主管部门批准，不能列入建设成本。在建设过程中，由于管理不当，面临行政机关处罚，如未完备用地报批手续的违法用地处罚、环保局开出的环境污染类处罚通知书，合同纠纷造成赔偿、预付款项无法追回等造成的损失，不属于工程建设的必要支出，除非特殊情况无法避免，经上级主管部门批准后才可以列入建设成本。

（二）竣工财务决算组成及其说明

竣工财务决算的内容主要包括：竣工财务决算报表［具体内容见（三）］、竣工财务决算说明书、竣工财务决算评审情况及相关资料。

竣工财务决算说明书主要包括以下内容：

（1）项目概况；

（2）会计账务处理、财产物资清理及债权债务的清偿情况；

（3）项目建设资金计划及到位情况，财政资金支出预算、投资计划及到位情况；

（4）项目建设资金使用、项目结余资金分配情况；

（5）项目概（预）算执行情况及分析，竣工实际完成投资与概算差异及原因分析；

（6）尾工工程情况；

（7）历次审计、检查、审核、稽查意见及整改落实情况；

（8）主要技术经济指标的分析、计算情况；

（9）项目管理经验、主要问题和建议；

（10）预备费动用情况；

（11）项目建设管理制度执行情况、政府采购情况、合同履行情况；

（12）征地拆迁补偿情况、移民安置情况；

（13）需说明的其他事项。

城市轨道交通项目竣工决算最终还要经有关部门或单位进行项目竣工决算评审，出具完整的审核报告及审核表，审核报告内容应当翔实，主要包括：审核说明、审核依据、审核结果、意见、建议。

相关资料主要包括：

（1）项目立项、可行性研究报告、初步设计报告及概算、概算调整批复文件的复印件；

（2）项目历年投资计划及财政资金预算下达文件的复印件；

（3）审计、检查意见或文件的复印件；

（4）其他与项目决算相关的资料。

（三）竣工财务决算报表

基本建设项目竣工财务决算报表包含 8 张报表，分别是项目概况表、项目竣工财务决算表、资金情况明细表、交付使用资产总表、交付使用资产明细表、待摊投资明细表、待核销基建支出明细表、转出投资明细表。

其中项目概况表、项目竣工财务决算表、资金情况明细表、交付使用资产总表是主要报表，承载了整个项目的业务、财务基本信息，是评审单位重点评审的对象。其他明细表起辅助说明作用，交付使用资产明细表作为后续资产移交入账的重要依据。

二、竣工财务决算编制程序与方法

（一）编制工作方案

竣工财务决算是一项系统性工作，是对项目从立项到交付使用全过程的重新梳理，涉及立项、合同管理、建设、财务、实物资产管理等众多部门的协同合作，工作流程、分工、职责都需要有清晰的界定，才能按部就班，各司其职，顺利推进工作。

1. 竣工财务决算编制程序

城市轨道交通工程竣工财务决算编制程序主要包含确定竣工决算基准日、收集竣工决算资料、合同结算及财务清理、尾工投资价值确认、待摊投资分摊、确定建设成本、填列竣工决算报表、编写竣工决算财务说明书，如图 10-1 所示。

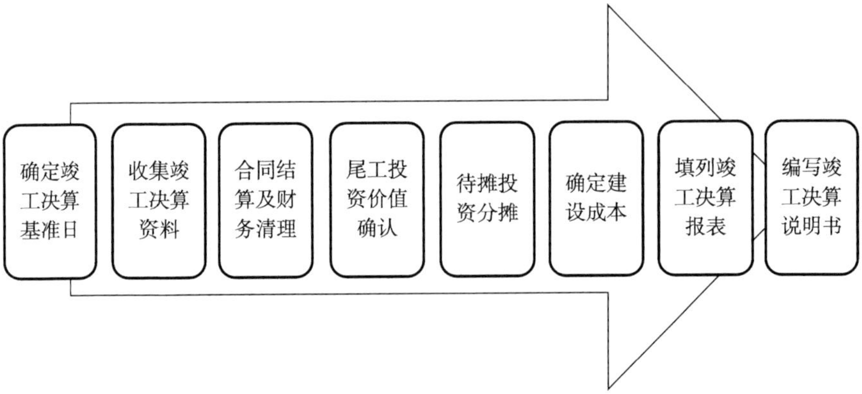

图 10-1 竣工决算工作流程

（1）确定竣工财务决算基准日。竣工财务决算基准日是确认项目建设成本的重要时间节点依据，是划分相关支出的资本化与费用化的重要标志。《基本建设项目竣工财务决算管理暂行办法》（财建〔2016〕503 号）第二条规定，基本建设项目（以下简称项目）完工可投入使用或者试运行合格后，应当在 3 个月内编报竣工财务决算，特殊情况确需延长的，中小型项目不得超过 2 个月，大型项目不得超过 6 个月。

城市轨道交通工程的竣工财务决算基准日一般由政府部门批复确定，同时会下达工程竣工验收大会时间安排。竣工财务决算基准日以及竣工验收大会时间是制订验收方案和工作计划的关键因素。

（2）收集竣工财务决算资料（见表10-1）。竣工财务决算涉及资料较多，日常管理中应该都已经在各个归口管理部门归档，按需要调阅即可。部分资料在竣工财务决算工作过程中需要频繁使用，应该统一调阅，集中存放，如可行性研究报告、初步设计、总概算、概算调整等批复文件，各类合同的结算书及结算评审批复，会计档案。其他资料则主要用于竣工财务决算评审备查。

表10-1 竣工财务决算资料

序号	资料	序号	资料
1	建设项目可行性研究报告、初步设计、总概算、概算调整等批复文件	10	工程监理合同及结算书
2	财政部门概算、结算评审处理意见通知书	11	工程地质勘查、测量合同及结算书、成果报告书
3	历年相关资金安排（批复）文件	12	白蚁防治工程合同
4	建设用地规划许可证	13	桩基试验合同及结算书、成果报告书
5	建设工程规划许可证	14	招投标代理合同
6	建设工程规划验收合格证	15	其他服务类合同
7	开工报告，建设工程报建审核书	16	房产证等权属证明
8	中标通知书	17	与建设项目相关的会议纪要
9	工程设计合同及结算书	18	项目涉及会计科目账页

（3）合同结算及财务清理。竣工财务决算的核心环节，涉及分解工作最多、耗时最长，包括合同决算清单整理、合同结算、往来对账、投资账务清理、合同决算及末次计量等分解工作。

（4）尾工投资价值确认。确定已发生的尾工投资以及预留费用。

（5）待摊投资分摊。待摊投资分摊是指将待摊投资按一定的原则，分摊到相关的各项固定资产、无形资产，形成实物资产价值的一部分。

（6）确定建设成本。确定建设成本主要有两方面，确定工程各单项资产建设成本以及确定工程总体建设成本。

（7）填列竣工决算报表。所有数据复核、稳定后，填列（编制）竣工财务决算报表。

（8）编写竣工决算财务说明书。竣工决算财务说明书有相对固定的内容框架，各项内容力求简洁明了，同时也应该结合工程特点，对个别内容作重点描述，如项目概况、社会经济指标等。

2. 竣工验收工作行动计划

竣工验收工作行动计划主要包括竣工验收范围、总体时间目标、里程碑任务及时间节点。

竣工验收范围应明确本次竣工验收的具体项目，如项目涉及多个分部工程，还应明确整体验收还是部分验收。如城市轨道交通工程，可全线验收，也可以分段验收。

总体时间目标可划分为竣工财务决算时点、完成竣工验收大会准备工作时间、竣工验收大会召开时间。

根据总体时间目标要求，制定里程碑任务及时间节点。里程碑任务通常包括合同结算评审、尾工申报、竣工财务决算、环保、消防、安全专业政府验收、竣工验收大会筹备、召开竣工验收大会。如表 10-2 所示为样例。

表 10-2 里程碑任务及关键时间节点（样例）

<table>
<tr><th>序号</th><th colspan="2">里程碑任务</th><th>责任部门</th><th>责任人</th><th>责任领导</th><th>关键时间节点</th></tr>
<tr><td>1</td><td colspan="2">完成所有合同结算集团公司内部审查</td><td>各主办部门</td><td></td><td></td><td>2018 年 6 月 30 日</td></tr>
<tr><td>2</td><td colspan="2">完成所有结算的资料送评审单位</td><td>各主办部门</td><td></td><td></td><td>2018 年 9 月 30 日</td></tr>
<tr><td>3</td><td colspan="2">完成所有结算的单方/三方定案</td><td>各主办部门</td><td></td><td></td><td>2018 年 12 月 30 日</td></tr>
<tr><td>4</td><td colspan="2">获取所有结算评审结果通知单</td><td>法律合约部</td><td></td><td></td><td>2019 年 3 月 30 日</td></tr>
<tr><td rowspan="5">5</td><td rowspan="5">尾工工程项目申报</td><td>完成申报尾工项目至法律合约部（授权外）</td><td>法律合约部</td><td></td><td></td><td>2019 年 4 月 30 日</td></tr>
<tr><td>完成申报尾工项目至验交办公室（授权内）</td><td>各主办部门</td><td></td><td></td><td>2019 年 4 月 30 日</td></tr>
<tr><td>完成尾工项目立项审查</td><td>总工程师室</td><td></td><td></td><td>2019 年 5 月 15 日</td></tr>
<tr><td>上报尾工项目至市发改委</td><td>验交办公室</td><td></td><td></td><td>2019 年 5 月 30 日</td></tr>
<tr><td>获取市发改委关于尾工工程项目的批复</td><td>验交办公室</td><td></td><td></td><td>2019 年 6 月 20 日</td></tr>
<tr><td rowspan="2">6</td><td colspan="2">完成竣工财务决算报告审查并取得验收文件</td><td>资源服务中心</td><td></td><td></td><td>2019 年 9 月 30 日</td></tr>
<tr><td colspan="2">完成竣工决算审计并取得验收文件</td><td>审计部</td><td></td><td></td><td>2019 年 11 月 30 日</td></tr>
</table>

续表

序号	里程碑任务	责任部门	责任人	责任领导	关键时间节点
7	完成环保专业验收并取得验收文件	建设总部			2019 年 6 月 30 日
	完成消防专业验收并取得验收文件	建设总部			2019 年 6 月 30 日
	完成工程安全专业验收并取得验收文件	建设总部			2019 年 7 月 30 日
8	完成竣工验收大会各项准备工作	验交办公室			2019 年 12 月 15 日
9	组织召开竣工验收大会	验交办公室			2019 年 12 月 31 日

3. 竣工财务决算工作方案

财务部门作为竣工财务决算的组织部门，应根据竣工验收工作行动计划中竣工财务决算完成时间要求，结合竣工财务决算编制程序，制订竣工财务决算工作方案。

工作方案内容主要包括工作任务、工作内容、完成目标及输出结果、完成时间、牵头部门、主办部门、配合部门。

工作任务、工作内容实际是对决算编制程序的工作分解，对每个程序所涉及的工作进行层层梳理、细化，对每项工作进行清晰、准确的描述，让每个工作人员清楚了解应该要做什么。

如合同结算及财务清理，可以进行梳理分解，如图 10-2 所示。

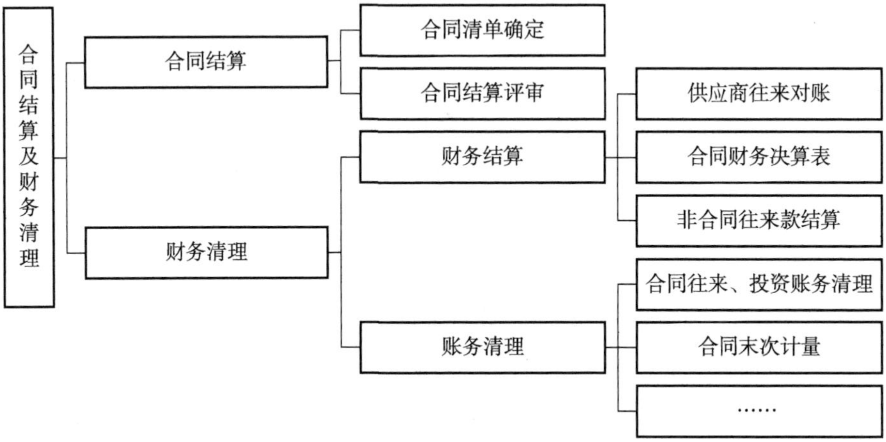

图 10-2　合同结算及财务清理工作内容

完成目标及输出结果用于定义每项工作最终完成后应达到的标准和呈现形式。如供应商往来对账，完成标准是基于单个合同，双方收付款明细核对一致，输出结果为双方盖章确认的合同支付明细表。让每个工作人员清楚了解应该做成什么样。

完成时间，一般采用倒排法，即以竣工验收大会时间为起点往前推，如需要预留 15 天作会议准备，那么 T-15 这个时点就必须完成竣工财务决算工作的最后一个环节（T 表示时间），取得决算评审报告，出具评审报告必须预留 6 个月时间给评审单位评审，那么竣工财务决算报表完成时间就要再往前推 6 个月，以此类推，确定每项工作的完成时间。让每个工作人员清楚了解什么时候做完。

最后对每项工作分配牵头部门、主办部门、配合部门，也就是谁去做，要做什么、做成什么样、什么时候做完，一连串下来，整个竣工财务决算工作就形成了一条清晰思路，就会有一个明确的指引。除此之外，工作方案还能方便工作进度统计、过程控制、部门考核等管理工作的开展，可谓是整个竣工财务决算工作的导航地图。

（二）合同结算

1. 合同的重要性

大部分基建业务都是依托于合同开展，包括设计合同、勘察合同、监理合同、施工合同、设备采购合同、征地拆迁合同等，大型项目更是涉及上千个合同。每个合同的价格最终构成项目的建设成本，因此，合同结算价是准确核算建设成本的根本依据。

合同是开展竣工财务决算工作的最小单位，是跟踪工作的重要线索。结合决算工作任务分解，可以把单个合同处理过程拆分为合同结算、供应商往来对账、合同财务决算、末次计量、形成资产清单、剩余物资处理等，把每个合同都执行一遍工作方案，那么账、物都会核算、核实清楚，竣工财务决算工作就算完成一大半了。

合同也是工作量化的主要工具。竣工财务决算是一项系统性工作，工作环节多，历时长，在推进过程中需要实时监控完成进度，合同是最直观的量化工具。通过合同数量、工作任务组成二维矩阵，就可以清晰地统计出有多少合同完成至哪个工作节点，哪项工作任务的合同完成量较低，从而有针对性地进行干预，及早发现问题解决问题，确保工作按时推进。如表 10-3 所示为合同结算表。

2. 合同清单确定

合同清单确定，是指由合同管理部门列出属于竣工财务决算项目范围内的合同清单，并提供合同号、合同名称、供应商、主办部门、经办人、合同金额、结算金额、评审文号等合同基本信息。

合同清单应该以合同管理部门为主，主办部门、财务部门共同配合予以确定。在多项目同时建设的情况下，合同数量非常多，尤其是信息系统未完善时期的旧项目，合同容易出现漏报、错报、窜报，合同管理部门、主办部门、财务部门各自掌握的合同信息不一致。因此需要各方部门共同整理确定最终的合同清单。

在实际工作中，还会有多项目合同，即一个合同涉及多个项目分摊，在提供合同清单的时候就需要特别注意，合同金额、结算金额应该仅提供归属于本次竣工财务决算项目的部分，以免多列多计。另外一种情况就是，分摊到本次竣工财务决算项目的部分，由于在本项目未发生过支付，漏列入本项目合同清单，少列少计，都是值得特别留心的。

可行性研究、环境评价、客流预测等项目前期研究合同，在未立项之前，合同管理、财务核算可能都未赋予明确的项目，在整理合同清单时也容易遗漏。因此，在基本确定合同清单之后，还应该判断是否已涵盖各个环节的业务，如上述几项前期研究，对于城市轨道交通项目是必不可少的。

3. 合同结算评审

合同结算是财务确认最终建设成本的根本依据。基建项目的合同结算评审程序比较复杂，除了公司内部结算，还需要按相关规定，送政府投资评审部门审定或报备。

合同结算书、结算评审结果是竣工财务决算中重要的基础资料，是后续开展合同财务决算、末次计量、资产清单、概算回归等工作的重要前提。合同结算进度直接影响到竣工财务决算的进度以及质量，必须予以高度重视。

表 10-3　合同结算表

序号	合同基本信息								合同结算信息		账目处理情况			与承包商对账		财务决算表		资产价值匹配			剩余物资处理		
	属地财务	是否涉及多线	合同号	合同名称	对方单位	经办总部（中心）	经办部门	经办人	财局审定价	财局批文号	待核销预付款金额	已入投资数	应付款余额	核对情况	核对截止日期	资料是否提交	提交时间	是否要做	资料是否提交	提交时间	是否要做	资料是否提交	提交时间
	运营财务																						
	后勤财务																						
	财务总部																						

城市轨道交通工程还会涉及大量的征地拆迁业务，一般由项目业主单位委托，政府土地征收部门实施，两者签订委托实施框架合同。征拆实施单位直接与征拆户签订补偿协议，作为框架合同的子协议。征拆规模较大的，子协议数以千计，资料繁多、琐碎，对合同结算造成相当大的困难。提交到财务的最后一份结算评审结果往往就是征地拆迁委托合同，因此征地拆迁合同结算应该作为合同结算管理的重点内容，要采取有针对性的管理手段。

由于结算评审程序复杂，所需时间长，合同管理部门应该通过制定管理制度，督促主办部门合同执行完后即刻启动结算程序，把合同结算作为日常工作看待，业务完结合同就同步结算，切忌等整个建设项目完工后才扎堆结算。

（三）财务清理

财务清理是指对财务数据进行全面清理，主要包括合同财务决算、非合同费用清理和往来款清理、资产匹配。

1. 合同财务决算

合同财务决算的目的是对合同费用进行准确、完整的计量，前提条件是财务数据清晰，因此需要对合同财务数据进行全面清理。以合同为维度，清理合同清单中每一个合同的账面投资金额、支付金额、应付余额，根据清理结果和结算评审结果编制合同财务决算表、概算分解表。

合同清理难度取决于财务工作的信息化程度。第一数据来源为财务系统的合同辅助核算明细账，结合合同业务系统数据，相互验证。但是城市轨道交通行业起步较早，当时的信息化管理程度不高，财务系统、业务系统并不完善，记载信息不完整，因此需要借助台账、会计凭证附件获取关键信息，或者向供应商发起对账。

合同清理另一个难点在于合同清单。合同清单是合同清理的范围和线索，合同清单的准确程度会极大地影响合同清理工作的整体推进。经过清理后，可能会出现两种情况：财务项目专账上有发生数但合同清单没有该合同，合同清单部分合同在财务项目专账上没有发生数。第一种情况比较好处理，通过查阅会计档案确认合同是否属于本项目，属于则补充合同清单，列入决算范围，不属于则调整账务，移出本项目专账。第二种情况则相对复杂，首先应通过业务系统或业务台账查出合同执行过程的相关业务记录，确认合同是否未曾做过财务报账，在合同结算后一次性报账支付；如果有报账记录，则检查是否列入了其他项目专账，在财务系统进行一次全局性检索。

财务决算表是合同财务决算的核心成果，包含应收款项、以往收款累计、应收工程结算尾款等三大类信息（如表 10-4）。应收款项一般与合同结算金额一致，但如果存在合同拆分，则按实际拆分至本决算项目的金额填列。以往收款累计则根据合同清理结果，与供应商对账一致后填列。应收工程结算尾款则以应收款项减去以往收款累计后计算填列。各项数据必须准确填写，合同各方盖章确认，并由建设单位的经办部门、合同预（结）算管理部门、财务部门审批。

表 10-4 项目竣工工程财务决算表（工程类）

建设单位		合同名称	
		合同编号	
质保期		自　年　月　日　至　年　月　日	
结算内容		金额（元）	备注
一、应收款项			
应收工程结算款			该项填写最终审定价，附经企业审批的结算书[若需财评/发改委审定的，还需提供财局/发改委终审报告、财局/发改委委托评审单位的审核表（复印件即可）；若仅需企业内部审批的，还需提供财评和发改委备案资料]
二、以往收款累计			附×××项目合同支付明细表
1. 承包商已收工程款（包括预付款）			支付明细表中的“承包商进度款”累计数
2. 已收劳保金金额			支付明细表中的“劳保金”累计数
3. 已收甲供/甲招乙供料金额			支付明细表中的“材料合计”累计数
4. 已收其他款			支付明细表中“分包商进度款”累计数
三、应收工程结算尾款			一-二=1+2+3+4+5+6+7+8
1. 剩余未付钢筋			附与材料供应商核对过的甲供/甲招乙供料明细表原件 1 份（双方盖章）
2. 剩余未付混凝土			
3. 剩余未付防水材料 1			
4. 剩余未付防水材料 2			
5. 剩余未付防水材料 3			
6. 剩余未付防水材料 4			
7. 其他扣款			审计保留金、未付分包商进度款（需说明扣款计算明细）
8. 承包商工程款			

续表

建设单位		合同名称		
		合同编号		
乙方	承包商：	经办人：		
	（公章）	负责人：		
	日期：			
甲方（或代建方）	经办部门意见	经办人：	部门经理：	总部领导：
	预结算部或者相关部门意见	经办人：	部门经理：	总部领导：
	财务部门	经办人：	部门经理：	总部领导：

概算分解表是对合同费用进行概算回归的表格，是财务进行概算辅助核算，编制整个项目的概算执行情况表的重要依据，编制口径应与项目初步设计概算口径吻合，具有可比性才能达到分析执行情况的目的，如表 10-5 所示。

表 10-5　项目合同结算书概算分解表

合同名称：　　　合同编号：　　　施工单位：　　　　　　　　　　财局审定价：

概算名称	概算代码	工程投资额	资产名称	资产代码	金额	备注
填表说明：	填写至最明细级	使用该概算的金额		参考固定资产分类及单元划分标准		
合计						

项目部制表：　　　　　　预结算审核部门审核：　　　　　主办部门盖章：

说明：概算代码按“概算代码表”中最底层编码填列，资产代码按“固定资产分类及单元划分标准表”中末级资产单元填列。

合同结算评审通知书、财务决算表和概算分解表是合同财务决算必不可少的材料依据，财务部门获得上述资料后，即可对合同进行末次计量，据此调整账面投资。

2. 非合同费用和往来款清理

非合同费用包括的内容比较多，但真正需要在竣工财务决算时进行清理的非合同费用主要是一些前期费用，如临时用电、临时用水、占道开挖等。该类费用的特点是频发性、临时性和预付性，无合同依托，经办人通过个人借支或费用报销形式办理支付，当时未能取得发票或费用未能最终确认的，财务账上只能体现在往来款上。因此，非合同费用与往来款结合起来清理，能够提高工作效率。

通过对往来款的清理，对于应该确认费用的业务，经办部门应该及时启动报销流程，提供相关资料和发票。在往来款中，可能还会存在逾期押金，如向供电企业租赁临时变压器交付的押金，通常为 3 年期，逾期不予退还。城市轨道交通建设期一般为 3~5 年，逾期比例极高，在办理竣工财务决算时，需要特别注意，在确定无法退还的情况下，应向供电企业索取发票，列入建设成本。

总之，非合同费用及往来款清理主要目的是避免漏计成本，完整反映建设成本，该费用化的往来款全部核销，剩余的往来款就是纯粹的资金往来。

非合同费用中，还有一项比较重要的费用值得关注，就是贷款利息费用。城市轨道交通企业在建项目较多，通常由企业统一贷款，按需分配到各个在建项目，以提高资金使用效率，贷款利息则按各项目使用额度占比分摊，计入建设成本。在办理竣工财务决算时，就必须将竣工决算时点作为贷款利息资本化截止时点，对时点后已计入建设成本的贷款利息转出。

3. 资产匹配

资产匹配是指为实物资产匹配账面投资金额，达到账实相符的一个过程。

需要进行匹配的资产清单主要包括房屋构筑物和轨道设施清单、设备资产清单、剩余物资清单、随机备件及工器具清单、办公及生活家具清单。

剩余物资清单、随机备件及工器具清单、办公及生活家具清单相对比较容易匹配，通过合同价格清单即可获得基础数据。剩余物资清单主要指库存中未被领用消耗完的主要工程物资、设备，通过盘点和出入库记录核实剩余数量，对照合同价格清单即可得出剩余物资的数量和金额。办公及生活家具清单亦是如此，通过实物资产台账和价格清单得出。

随机备件及工器具，通常出现在设备采购合同中，与主材料或设备区分，种类多、价值小，移交给运营部门用于对应设备的日常运维。通过合同价格清单、入库记录、运营部门接收记录三者数量、价格匹配，确认随机备件及工器具清单的完整性、准确性。随机备件及工器具还会在竣工决算时点前的试运营期被领用消耗，被消耗部分则转入负荷联合试车费，剩余部分才作为最终的随机备件及工器具清单，形成交付使用资产。

在城市轨道交通行业，房屋构筑物和轨道设施主要指房屋、车站、构筑物、轨道、隧道、高架等资产，该类资产通常由施工单位负责包工包料承建。建成后以单个资产单元移交，如 1 栋房屋、某个车站等，并将合同造价分摊各资产单元价值。因此，房屋构筑物和轨道设施清单主要来源各个施工合同所建成移交的资产，如表 10-6 所示。

表 10-6　房屋构筑物和轨道设施清单（车站）

固定资产编码	序号	资产名称	结构	工作量			实际占地面积	实际成本			合计
				单位	设计	实际		建筑工程投资	安装工程投资	待摊投资	

设备资产清单涉及的类别更多，如机电系统、供电系统、AFC 系统、通信系统、车辆设备等。各类系统所需要设备、零部件绝大部分由建设单位自行采购，再由对应专业的安装承包商负责安装，安装完成后，也会按单个资产单元移交建设单位。整个过程中，需要对设备采购清单、安装承包商领用清单、资产移交清单进行一致性校验，就是通常所说的“三单匹配”。部分设备采购合同还会包含服务费，应在合同所形成的资产范围内进行费用分摊，构成资产价值。因此，设备资产清单结构也较其他资产清单更加复杂，反映了各项资产的组成部分，即采购清单的各项设备、物资最终形成了哪些资产，形成资产的价值是多少，如表 10-7 所示。

表 10-7 资产清单表

序号	资产目录号	资产名称	采购合同编号	名称	规格型号	计量单位	竣工数量	单价人民币	合价人民币	安装服务费（合同内）	人民币小计

通过上述资产匹配过程，竣工决算项目的资产清单及基础价值已初步形成。对其完整性，还应对合同清单重新检查，辨别是否还有其他应形成实物资产的合同未做资产匹配。

在匹配过程中，固定资产目录也起到至关重要的作用。每一类别的资产划分标准都必须界定得十分清晰，而且在实物形态上也应当具有独立性、可分割性。建设部门充分理解固定资产目录的划分标准，在实物资产验收和移交时，都严格按照标准执行，才能在竣工财务决算时编制出高质量的资产清单。

完成资产清单编制后，还应由资产接收部门核实清单。城市轨道交通项目，从实物资产移交到竣工财务决算，需要经历较长的试运营期，其间部分资产可能已经报废、更新、改造，导致该部分资产无法通过实物盘点确认，只能基于历史事实，以当时移交部门与接收部门签署的实物资产移交表为依据，确认该部分资产确实"存在"。

（四）概算与核算口径的对应分析

竣工财务决算其中一个重要作用就是对比初步设计概算，分析概算执行情况。

完成合同财务决算和非合同费用清理后，项目实际投资金额基本得到确认，但概算与核算口径会存在细微差异，无法直接用于编制概算回归表。差异主要来源于以下几个方面。

（1）前面提到，概算作为其中一项会计辅助核算项目，由于概算回归的颗粒度与会计辅助核算可能不在同一层面，不可避免会出现不能一一对应的情况。因此，需要对两者进行对应分析，编制概算与辅助核算项目的对照表。

（2）财务人员在核算与概算规则之间，对部分界定不十分清晰的成本费用可能会更偏向于核算规则，如在车站施工合同内发生的勘察设计费、临时施工便道费用，在概算结构中有直接对应的概算单元，但按照成本对象，财务人员更偏向于列入车站概算单元。概算回归，更多应该由概算管理部门结合管理要求、初步设计概算编制原理对财务数据进行二次分析，重分类后再进行回归。

（3）增值税影响，尤其是全面“营改增”之后，概算与核算口径出现重大差异。由于增值税的可抵扣性，会计核算的成本费用口径不包含增值税，但初步设计概算更多是资金投入口径，包含一切税费，当然也包含增值税。因此，编制概算回归时，必须考虑增值税因素才具有可比性。

在实际操作中，可以对合同与非合同成本费用区分处理。在合同财务决算环节，建设部门其实已经对每个合同编制了概算分解表，金额是基于合同结算评审金额，就是含税总额，而且建设部门作为概算执行部门，反映的数据会更贴近业务实际，因此由建设部门对每个合同作概算回归，保证每个合同回归总金额与提交给财务部门的财务决算表数据一致，经过汇总，就可以得出合同部分的概算回归表。至于非合同费用，则可以运用概算与辅助核算项目的对照表，对需要调整的成本费用进行重分类，重点对大额的非合同费用分析，调整核算与概算规则产生的差异。最后将合同与非合同成本费用的回归数据汇总，就可以得出整个项目的概算回归表。

（五）尾工工程投资确认及预留费用

在竣工决算中，建设项目基本符合竣工验收标准，但有部分零星工程和少数尾工未按规划或设计规定的内容全部建成，不能完全满足营运要求或与标准化营运管理不匹配，但并不影响正常生产和使用，也应对其组织竣工验收。

国家相关法规中并未对尾工工程进行明确的定义，但针对其管理作了一定的要求，财政部发布的《关于解释〈基本建设财务管理规定〉执行中有关问题的通知》规定，建设项目收尾工程的确定，可根据项目投资总概算 5%掌握，尾工工程超过项目投资总概算 5%的情况，不能编制项目竣工财务决算。

尾工工程一般可以分为三大类：概算内项目、概算外项目、整改项目。

概算内项目是指初步设计概算范围内的项目，如 A 车站设计有 5 个出入口，其中一个因征地拆迁问题暂未建成开通，预计仍需要按原设计继续推进建设，则应将该出入口建设工程列为尾工工程概算内项目，并相应预留建设费用及其他相关费用。

概算外项目是指初步设计概算范围外的完全新增的项目，此类项目一般涉及初步设计变更，还需要走相关程序向上级主管部门报批，不可轻易列入，因此也很少预留该类尾工工程。

整改项目是指已完工项目部分功能因不能完全满足营运要求、与标准化营运管理不匹配或不符合监管部门相关规定，需要对其做出整改，如消防方面的整改、地面沉降整改等。

尾工管理部门应严格审核尾工清单，对于确实无条件实施或无须实施的概算内项目，不应列入尾工。严格控制尾工工程不能超过建设项目投资总概算的5%。各项尾工都应制订明确的实施计划以及完成时间。同时应注意，已实施未完工的尾工工程在预留相关费用时，应按照完整工程量预留，不可仅按剩余工程量预留。

尾工与尾款的区别。有些经办人员容易混淆尾工与尾款，经常将合同尾款认为是尾工，需要预留资金在达到条件后支付，不预留以后就没有资金出处，这是一个错误的认识。尾工预留的是工程投资概算，尾款预留的是债务，也就是资金支付，在合同财务决算及确认投资的过程中已通过应付款科目确认相应的应付款项。

（六）待摊投资分摊

待摊投资是在基建过程中发生的共同性费用，一般不能由某一项使用资产负担，而应由各项交付使用资产共同负担。以下是待摊投资分摊的基本原则。

（1）有明确或指定受益资产对象的待摊费用，由该项资产单独承担；

（2）有明确或指定受益资产组的待摊费用，应由该资产组内各项资产分摊；

（3）负荷联合试车费由所有设备类资产分摊；

（4）建设单位管理费、贷款利息费用、前期研究费及其他无法明确或指定受益资产对象的待摊费用，由建设项目所有资产分摊。

由于在建设过程中，还不能明确形成哪些资产，因此在成本费用的会计核算过程中，也无法运用辅助核算项目对有明确或指定受益对象的成本费用进行分类归集。到竣工财务决算阶段，基于整理出来的资产清单，有了明确的资产对象，就可以对待摊投资进行分析、分摊。

分析方法应该遵从由简到难。首先，在资产匹配阶段，对于直接形成实物资产的合同，其所有造价就已经直接形成了资产基础价值，其中包含的待摊投资就不需要再分摊，因此也不需要拿出来分析。其次，待摊投资中的建设单位管理费、贷款利息费用、前期研究费等，不需要分析，就是全资产分摊，直接从对应的会计科目取数。最后，负荷联合试车费，在所有设备资产分摊，也可以直接从对应的会计科目取数。这样就可以快速地剥离几大部分的待摊投资。

对于剩下未分摊的待摊投资，采用个别分析法逐一分析。分析工作主要由建设部门完成，财务部门协助。财务部门整理剩下未分摊的待摊投资明细以及资产清单，由建设部门根据合同或业务实际选定要分摊资产对象。选定资产对象后，财务部门就可以据此分摊投资。待摊投资分摊表如表 10-8 所示。

表 10-8　待摊投资分摊表

合同编号	合同类型	合同名称	待分摊金额	××区间	××区间	轨道工程	供电系统	通信及信号系统	综合监控系统
	分摊					√			
	分摊						√	√	√
	分摊			√	√				
	分摊						√		
	分摊			√	√				
	分摊								
	分摊							√	
	分摊						√		√
	分摊			√	√				
	分摊						√		
	分摊			√	√				

当待摊投资全部都已经指定到了资产对象，财务人员就可以计算分摊率和分摊金额。计算公式如下：

分摊率=待分摊金额÷分摊资产对象的基础价值总和×分摊资产对单项资产分摊金额=资产基础价值×分摊率

一个城市轨道交通建设项目，最终会形成成千上万项固定资产，把待摊投资分配到这么多的资产，是一个相当复杂的数据处理过程，单靠人工几乎不可能完成，由信息系统自动计算时，也需要把所有运算逻辑设置清楚、分摊对象指定好，目前还没有专门的系统能满足如此的需求。因此，目前最可靠、最灵活的手段还是借助电子表格（Excel）工具。分摊工作也不是一张表格就能完成的事情，它涉及多方数据来源，相互联动、钩稽的一套运算表格，至少会包含 3 张基础数据表：待分摊的待摊投资明细余额表、带基础价值的资产清单、指定分摊对象信息表，还有多张的分摊计算过程表，结果输出表格就直接使用带基础价值的资产清单，因为分摊最终的目的就是赋予资产完整的价值。整套运算表格的框架搭好之后，表格之间要建立一个清晰的交互的取数逻辑和计算逻辑，通过编写函数固化下来。固化的作用就是半自动化，可以反复使用。毕竟一个长达几年的城市轨道交通建设项目，账面投资数据不可能一次性稳定，还需要经过多次的纠正、评审、审计，随时都可能面临金额调整。半自动化的目标效果，就是当账面某个投资金额调整后，仅需要对 3 张基础数据表对应的信息单独修改，后续即可由表格自动重新计算调整后的分摊金额，完成整个调整过程的自动更新。随着业务和核算更加精细化的管理，前端输入的信息更加丰富、精细，分摊工作的信息系统化也必定会逐步成熟。

三、竣工财务决算工作常见问题及管理建议

（一）竣工财务决算基准日管理

城市轨道交通企业的重心在于建设和运营，在发展早期都是大规模建设，交付运营，然后再继续新一轮大规模建设，中间忽略了建设项目的竣工验收。当投入运营的轨道交通项目增多，且已经运营了多年，不办理竣工财务决算和竣工验收的弊端就日益显现。此时只能再回头对运营项目办理竣工验收，把竣工财务决算基准日往前追溯，这就是当前城市轨道交通行业的普遍现象。

竣工财务决算基准日往前追溯带来的问题就是资本化的追溯调整。在基准日未确定之前，项目建设成本和运营费用一直都可以纳入资本化范围，当基准日往前追溯确定，就意味着基准日至目前已经资本化的投资需要转出费用化。除了对账务处理带来困扰，更大的问题是这部分费用的金额是巨大的，包括累积多年的贷款利息、运营费用，可能需要一次性转入当年费用，对经营成果造成巨大冲击。

因此，在竣工财务决算基准日的管理方面，就需要有前瞻性的规划，科学合理地预估试运营周期，例如 2 年，且一经确定，就不能轻易变更，账务处理、竣工财务决算等一切工作就按这个时点部署。

对于竣工决算基准日的具体确定时点，有如下建议。

（1）选择合理的竣工决算基准日。城市轨道交通工程在正式投入运营之前，一般都要通过联合调试、空载试运行、负荷试运行、载客试运营等环节，以确保站体、隧道、设备及各项运行指标正常、安全。但建设项目本身只是生产工具，城市轨道交通的终端产品是载客运输服务，生产工具合不合格最

终应该体现在生产出来的终端产品是否合格上。载客试运营期间，列车运行图的效率及准确率、服务体系的完整性、乘客体验的满意度等软性指标，也可以适当列入评估范围。因此，在实际应用中，城市轨道交通工程的竣工财务决算基准日确定在载客试运营合格以后更为合适。

（2）区分竣工决算基准日与财务决算编制日。城市轨道交通工程的竣工财务决算基准日还需要政府部门批复确定，获取批复的时间往往会滞后于竣工财务决算基准日。由于建设项目后续的结算及支付和会计核算的不可间断性，竣工财务决算报表截止日为实际编制日，而与建设成本相关的支出截止日为竣工财务决算基准日。

（二）合同结算及决算管理

前面已经介绍过合同对于竣工财务决算工作的重要性，也正因为其重要性，成为竣工财务决算工作推进的最大痛点。合同结算未完成，合同财务决算无法开展，投资无法确定，资产价值无法匹配，这是竣工财务决算工作中最常见的问题。

合同结算不及时，更多原因在于资料缺失以及重视不足。城市轨道交通建设项目历时较长，合同执行期也长，由于过程中的资料管理不善、不及时归档，导致后期结算资料不完备，迟迟不能送审。有的建设单位对合同结算的时效性不重视，未能充分认识到合同结算的重要性，当下达建设项目竣工验收工作任务后，才将合同结算提上“赶工”日程，扎堆、匆忙办理合同结算。

另外也存在合同已经办理结算，但迟迟未办理合同财务决算的情况。主要原因在于当前城市轨道交通企业在竣工财务决算方面的经验并不丰富，还没有形成一套完整、清晰的竣工财务决算思路，财务部门缺少合同结算的概念，建设部门不理解合同财务决算的意义，两个环节无法串联，建设部门甚至根本不知道合同结算完就可以办理合同财务决算，就一直等到竣工才启动。

对此，有以下管理建议。

（1）内外结合，加强合同结算管理。建设单位合同管理部门完善管理制度，提出合同结算及时性的管理要求，明确合同执行完毕后，经办人员必须在限定时间内完成结算工作。把合同结算时效性落实在合同条款，要求合同各方在合同执行完毕后，积极、及时办理合同结算。

（2）编制、发布相对固化、完整、清晰的竣工财务决算程序及工作方案。制定决算程序有助于决算工作人员掌握竣工财务决算工作有哪些环节、各环节的执行次序、相互影响关系。而工作方案就是让相关经办人员知道自己要做什么、做成什么样。

(3) 通过定期培训、宣贯，把竣工财务决算工作思路灌输到日常工作。从整个建设项目全历程来看，竣工财务决算是一项工作结果，优秀的结果来源于优秀的过程管理。以结果为导向，返回去思考、优化过程管理，把合同结算、合同财务决算工作分解到日常工作当中，形成常态化的工作机制。

(三) 资产移交及价值匹配管理

城市轨道交通工程是一项线性工程，资产繁多且分散，很难做到一次性整体移交，通常是竣工验收多少就移交多少，移交多少就接收多少，无法掌握完整的资产清单，不能确定究竟最终需要接收多少资产。

实物资产移交表与合同开项清单脱节，资产组成部分与合同开项不相符，资产价值无法匹配。

上述问题导致在竣工财务决算环节，建设部门需要对合同开项清单重新梳理、组合资产，再对照原实物资产移交表核实移交情况，对于无实物资产移交表记录的要重新办理移交手续，工作量极大。

因此，需要通过完善资产移交系统功能来解决该类问题。从来源抓起，即以合同管理系统的合同清单作为基础数据来源，传输到资产移交系统，勾选已完工的清单，组合成符合固定资产目录标准的资产，然后再做移交。移交部门和接收部门都可以通过系统查到已经移交了哪些资产，还有哪些合同开项清单有待形成资产。

(四) 信息系统支持

城市轨道交通工程的竣工财务决算是一项庞大而复杂的工作，需要处理大量的数据、资产信息、费用分摊。因历史原因，信息系统功能无法满足当前竣工财务决算要求，导致工作量巨大，工作效率不高，出错率高，数据、信息传递不畅，需要重复加工等问题。

随着城市轨道交通继续的大规模建设，竣工财务决算工作压力也越来越大，寻求信息系统支持是必经途径。

第三节　地铁竣工财务决算管理“四驱”模式

一、地铁竣工财务决算管理“四驱”模式内容

为系统性解决地铁竣工财务决算进度滞后、工作经验无法传承等问题，本书根据实际工作情况，提出城市轨道交通企业竣工财务决算管理“四驱”模式（图 10-3）：以制度建设驱动部门协同，以信息系统建设驱动效率提升，以过程管控驱动质量提高，以固化流程驱动规模扩张。

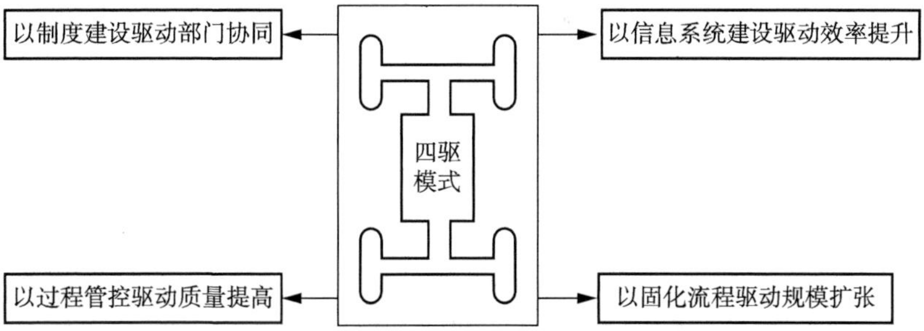

图 10-3　竣工决算四驱模式

（一）制度建设驱动部门协同

竣工财务决算不是财务一个部门的事情。很多企业认为财务决算就该是财务部门的工作，这是导致竣工决算财务工作推进缓慢甚至无法推进的宏观性原因。在竣工财务决算中，财务部门是组织部门，但所有参与部门的责任同等重大。

在制订决算工作方案时，应针对每一工作阶段的每项具体任务，配置牵头部门、主办部门、配合部门。通过制度约束，搭建起竣工财务决算工作环境，驱动部门协同作业，专业的部门完成专业的工作，各司其职，才能保障竣工财务决算工作全面推进。如财务结算类 4 项工作任务，见表 10-9。

表 10-9　财务结算工作任务明细表

阶段	任务编号	工作任务	工作内容描述	完成时间	牵头部门	主办部门	配合部门
财务结算	财务结算-01	与承包商的收付款往来、账面投资核对及清理工作	财务部应组织开展往来账清理工作。经办部门应与对方单位核对款项收付情况，并与财务部核实，对账结果经办部门、财务部各留存一份		财务部	业务经办部门	
	财务结算-02	对照结算书，完成财务决算表和末次计量	各合同经办部门完成合同结算后，按结算结果完成合同计量（调整或补充未计量部分），并提供末次计量资料给财务部，对于需跨线进行分摊的合同及非合同费用，经办部门应拆分至对应线路并报财务部进行账务调整		财务部	业务经办部门	
财务结算	财务结算-03	征地拆迁、管线迁改、排水、临水临电、永久水电等框架合同情况清理，并完成计量	经办人员在收到征地拆迁、管线迁改、排水、临水临电、永久水电等框架合同范围内的结算书后，及时登记，其中，征地拆迁、管线迁改委托合同，应将所有结算书收齐，统一办理财务决算和末次计量，预付款项要及时结清。临水临电、永久水电等合同按站点结算的要按站点归集结算书及明细发生情况和预留尾款		财务部	建设部门	
	财务结算-04	非合同前期费用结算	经办部门根据收到的结算结果，办理结清预付款手续报财务部		财务部	建设部门	

（二）信息系统建设驱动效率提升

概算—合同—物流—会计—资产，这是整个竣工财务决算最核心的业务主线，主要工作量也聚集于此。

地铁单线资产往往数量超过 1 万项，涉及合同 1000 多个，合同清单数十万多条。城市轨道交通行业是新兴产业，其工程建设采购安装并未标准化，信息系统建设远远落后于业务需要。早期的合同签订支付、基建物流到货安装以及竣工资产移交等核心业务全部通过手工处理纸质传递。工具的限制带来了诸多工程财务管理问题，比如合同支付用人工台账控制超付、不能实时获取合同到货信息、资产移交清单的价值信息需要财务人工计算、财务待摊投资分摊需要财务人员手工分摊等。

通过建设集团范围内的信息系统，可以有效解决以上问题。

首先，城轨企业应当建立一体化资产管理系统平台，打通资产全生命周期业务流程，实现全程业务可视化，将资产流、财务流、信息流有机融合在一起，可以极大提升竣工财务决算效率。

在合同管理方面，实现与合同管理系统全面对接，合同的计量、到货及支付数据直接传递财务系统，生成会计凭证；合同编号、供应商、概算信息同步生成辅助核算项目。合同结算及末次计量是竣工决算的难点及关键步骤，通过合同结算清单与已计量清单比对，生成合同末次计量申请，数据直接传递财务系统，自动生成调账凭证。

在概算管理方面，通过将概算信息前置进合同管理系统，将概算成本管控贯穿到整个基本建设全过程，实现从合同招标、合同签订、合同支付、合同结算全过程的动态概算回归。

信息系统建设可以实现单项资产与组合资产多种移交方式、全过程记录移交人员信息、合同费用与跨合同费用的分摊、财务系统非合同费用的分摊等功能，解决竣工财务决算的痛点。

（三）过程管控驱动质量提高

竣工财务决算看似是一项阶段性、项目性工作，但在积累了一定的工作经验之后，可以实施竣工财务决算的常态化转变，将工作方案中的每一阶段的每一项具体任务拆解融入日常工作，并以竣工财务决算完成标准为结果导向，对项目开始至竣工决算全过程进行管控。

合同结算常态化。合同结算是财务确认最终建设成本的根本依据。由于结算评审程序复杂，所需时间长，可以通过制定相关管理制度，要求主办部门对执行完毕的合同及时启动结算程序，禁止等待整个建设项目完工后扎堆结算。合同结算书、结算评审结果是竣工财务决算重要的基础资料，是后续开展合同财务决算、末次计量、资产清单、概算回归等工作的重要前提，合同结算进度将会直接影响竣工财务决算的进度以及质量。

合同决算常态化。合同财务决算的目的是依据合同结算资料，对合同费用进行准确、完整的计量。当充分掌握了竣工财务决算的完成标准，例如竣工财务决算报表的编制要求，概算回归分析所需维度，待摊投资分摊原则等，就可以制定出日常核算、财务决算的管控要求，提高决算数据质量。

资产移交常态化。地铁项目资产的独立性和分散性要求实现常态化的资产移交，分部工程竣工验收时即开始办理资产移交，竣工多少移交多少。但早期的资产移交更多的是为开通运营、资产管理服务，并未结合竣工财务决算完成标准，是不完整的常态化移交。因此，可以将资产移交系统与合同结算功能结合，实现资产移交—资产定价常态化，为竣工财务决算提供高质量的交付使用资产清单基础数据。

除了上述三大常态化管控，在一些细节方面也应注意日常管控，如竣工决算时点对贷款利息资本化的影响管控等。把过程看为结果，精准的过程管控才能输出高质量的结果。

（四）固化流程驱动规模扩张

竣工财务决算究竟要做什么？先做什么，再做什么？这也就是竣工财务决算的工作流程。此处建议通过总结竣工财务决算工作经验，形成一套固化的基本工作流程。

如其中一个核心工作流程，即合同工作流，以表格形式呈现，总共58列字段，一个合同对应一行，顺着58列字段执行、填写完毕，那么这个合同的工作就算完结，直至所有合同完结。财务人员对着表格，就能清楚地知道要做什么、先做什么、再做什么，看懂了表格也就掌握了工作流程。合同工作流表格（部分截取）见表10-10。

表10-10　合同工作流表

	合同基本信息								合同结算信息		账目清理情况			与承包商对账		财务决算表		资产价值匹配			剩余物资处理		
序号	属地财务	是否涉及多线	合同号	合同名称	对方单位	经办总部（中心）	经办部门	经办人	财局审定价	财局批文号	待核销预付款金额	已入投资数	应付款余额	核对情况	核对截止日期	资料是否提交	提交时间	是否要做	资料是否提交	提交时间	是否要做	资料是否提交	提交时间
	运营财务																						

续表

	合同基本信息								合同结算信息		账目清理情况			与承包商对账		财务决算表		资产价值匹配			剩余物资处理		
	后勤财务																						
	财务总部																						

把固化流程编制成可视化、可填列的表格，竣工财务决算工作也不再是专业化工作，而是可复制的规模化“生产作业”，一个项目一张表格一个财务人员。通过表格就可以清晰地统计出有多少合同完成至哪个工作节点，哪项工作节点的合同完成量较低，通过统计分析，有针对性地进行干预，及早发现问题解决问题，确保工作按时推进。同时还能利用表格评估工作量，编制竣工财务决算项目的“量产计划”。

二、地铁竣工财务决算管理“四驱”模式的优势

（一）提升竣工财务决算效率，控制财务人员规模

竣工财务决算是对建设项目的全面总结，涉及程序繁多，需要收集大量的资料、整理庞大的历史数据。竣工决算中的各种困难使得工作进展缓慢、效率低下，一条线路的竣工决算需要配备较多财务骨干人员，决算工作耗时数年。

而“四驱模式”下，通过制度建设明确各部门职责，提升跨部门协同工作效率；通过信息系统建设大大降低信息核对工作量，使工作人员集中于竣工决算核心工作；通过过程管控实现竣工财务决算的常态化转变，将大部分任务迁移至日常工作中；通过固化流程明确每一阶段工作任务，为财务人员提供切实可行的操作指引。“四驱模式”的四个方面可以显著提升竣工财务决算工作效率，降低决算工作时间跨度，有效控制需要配备的财务人员数量。

（二）财务人员综合能力增强

“四驱”模式竣工财务决算通过提高效率、控制人员规模，最终可实现一条线路的竣工决算只需配备一名财务人员，让财务人员都有机会经历完整的竣工财务决算过程，增强专业、业务、组织、沟通、汇报等方面的实操能力，利用结果导向，指导和改进日常工作。

（三）模式变革创造高端财务价值

从“人海”战术到“四驱”模式的转变，可以给财务人员的工作内容带来实质性变革，将更多财务人员从具体繁杂的数据核对中解放出来，投入到工程财务决算分析、投入产出效益分析等高端财务工作中去。

（四）理清国有资产产权关系

在国家轨道交通投资高峰期，该模式也能保证按设计要求 2 年内完成项目竣工财务决算。由于政府投入大量资本金，及时决算有利于理清国有资产产权关系，及时结转国家资本，加速企业对资产的正式运营，提高国有资产保值增值率。

（五）规范内部控制管理

众所周知，大型基本建设工程的建设过程容易忽略管理细节，比如出现计价不清、支出不实、资金挪用等不良现象。其重要原因之一就是管理制度不健全、信息系统不完善等内部控制措施不到位。实施“四驱”模式竣工决算，可以促进制度建设与信息系统建设，完善内部控制制度，为打造规范廉洁地铁奠定基础。

后　记

历时一年多，《城市轨道交通企业财务管理理论与实务》终于完成。感谢广州地铁集团财务管理部的全体同事，在业务工作之余积极对财务的各项工作进行了总结、提炼，为本书的编写提供了大量素材。

由于时间比较仓促，作为实务工作者在理论素养上有所不足，本书难免存在一些错误，恳请读者将阅读和使用过程中发现的错漏及时向编者反映；此外，由于本书中的实务操作内容主要是参照广州地铁集团的实际情况编写，未必适用于所有轨道交通企业，建议同行们在应用时要注意结合企业自身实际情况。

此外，在本书的编写过程中，部分高校的专家学者参与了讨论和审查，在此对他们表示衷心的感谢。

本书编委会

2021年2月